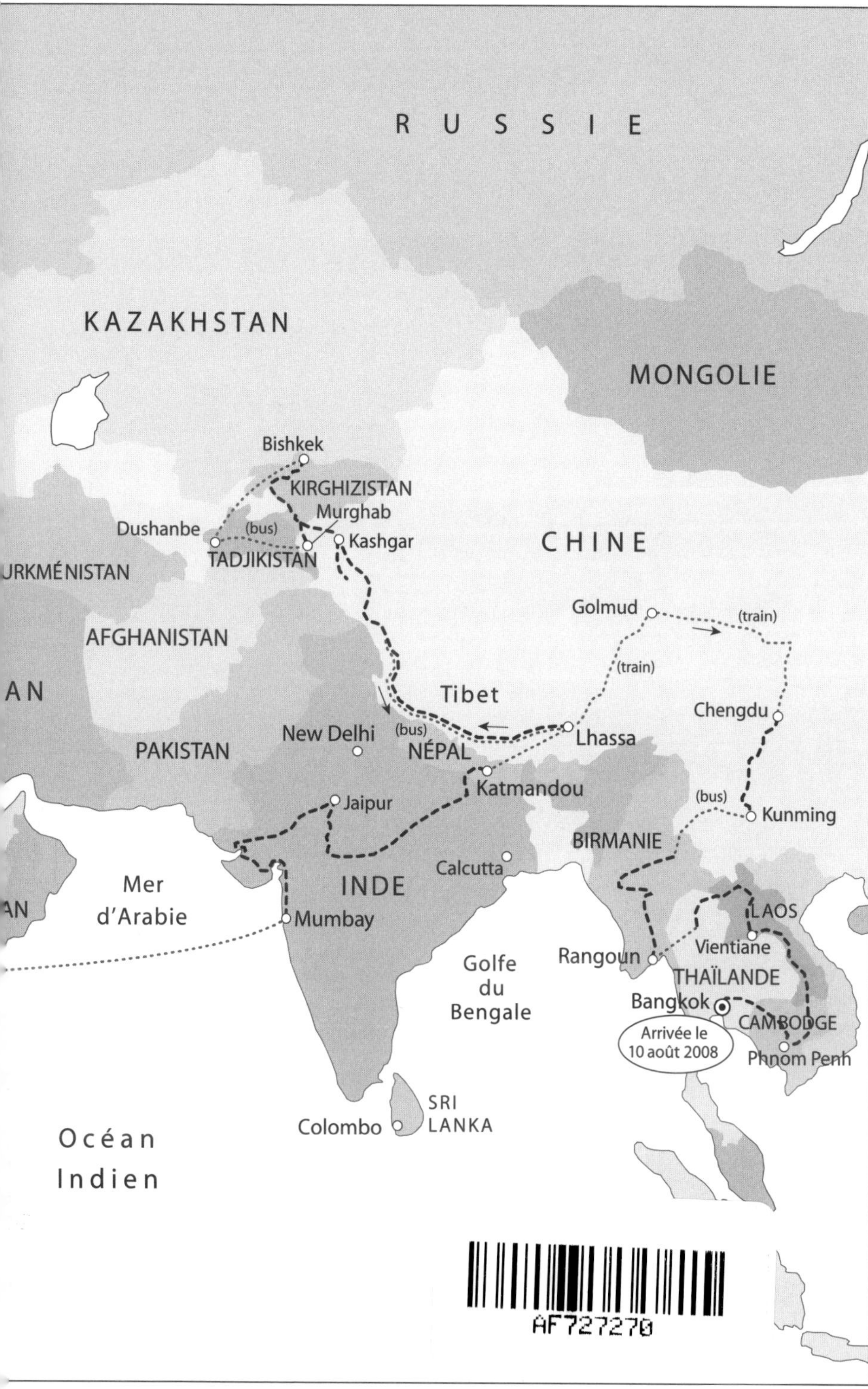

RUSSIE
KAZAKHSTAN
MONGOLIE
Bishkek
KIRGHIZISTAN
Murghab
Dushanbe
(bus)
Kashgar
TADJIKISTAN
URKMÉNISTAN
CHINE
AFGHANISTAN
Golmud
(train)
(train)
AN
Tibet
Chengdu
New Delhi
(bus)
Lhassa
PAKISTAN
NÉPAL
Katmandou
Jaipur
(bus)
Kunming
BIRMANIE
Calcutta
Mer
d'Arabie
INDE
AN
Mumbay
LAOS
Vientiane
Golfe
du
Bengale
Rangoun
THAÏLANDE
Bangkok
CAMBODGE
Arrivée le
10 août 2008
Phnom Penh
SRI
LANKA
Colombo
Océan
Indien

Soweit das Rad uns trägt

Claude Marthaler

Soweit das Rad uns trägt

Drei Jahre mit dem Fahrrad durch Afrika und Asien

Illustriert von Bertrand Soulié

Photographien Claude Marthaler und Nathalie Pellegrinelli

MAXIME
Verlag Maxi Kutschera

Die Originalausgabe erschien unter dem Titel: Entre Selle Et Terre. 3 Ans à Vélo en Afrique et en Asie, Editions Olizane 2009

Bibliografische Information Der Deutschen Bibliothek
Die Deutsche Bibliothek verzeichnet diese Publikation in der Deutschen Nationalbibliografie
Detaillierte bibliografische Angaben sind unter http://dnb.ddb.de abrufbar.

ISBN 978-3-931965-46-4
www.maxime-verlag.de

Cover: Maxime-Verlag, Leipzig
Innenlayout und Satzherstellung: Arnold & Domnick, Leipzig
Coverfoto: Nathalie Pellegrinelli (West Tibet, 2007)
Karte: Sylviane Janin
Illustrationen: Bertrand Soulié

Für Nathalie
Für meine Eltern

Einführung

Unser Leben besteht aus Abreise und Ankunft, und doch sind wir auf ewig verankert. Ziel ist nie ein Ort, sondern einen neue Art die Dinge zu sehen.

Henry Miller

Im Freilauf davonfahren ... So etwas Verrücktes. Der Gedanke berauscht einen oder er macht Angst. Im Schweiße seine Angesichts Länder, Ja Kontinente zu durchqueren, ein zweifelhaftes Unterfangen, dass nur den Sinn haben kann, den wir ihm selbst geben. Viele träumen davon, viele sprechen davon, doch am Tag der Abreise ist man oft ganz alleine.

Als ich Nathalie kennenlerne, bin ich von ihrer spontanen Art begeistert. Wer hätte gedacht, dass wir uns so schnell verlieben könnten! Im Gespräch über meine Pläne und die bevorstehende nächste Reise fassten wir den Entschluss, zusammen loszuziehen. Ich kann mir nicht vorstellen, mich von Nathalie zu trennen, und sie sagt, sie sei bereit alles aufzugeben, um sich mit mir auf dieses Abenteuer einzulassen. Gemeinsam reisen macht die Sache interessanter. Die Welt sehen, Abstand gewinnen, völlig schwerelos zwischen Himmel und Erde – soweit unsere Räder uns tragen ...

Jetzt bin ich 45, das ist die erste Fahrt die ich mit jemand gemeinsam unternehme. Noch dazu ist dieser jemand eine Frau ...

Das macht uns Freude und Angst zugleich. Was, wenn einer die Erwartungen des anderen enttäuscht? Eine entschlossene mutige Frau und mein unabhängiges Temperament – wie soll das gut gehen ... und doch, wie herrlich, ich habe einen Menschen gefunden, der ebenso unkonventionell reisen will wie ich.

Mir ist das Radeln schon zur zweiten Natur geworden, für Nathalie ist alles neu. Aber wir haben vieles gemeinsam: Wir sind neugierig, lieben die Berge und die Natur und bewegen uns gerne. Drei Monate brauchen wir um uns aufeinander einzustimmen.

Ohne Inspiration kommt keine Reise zustande. Ohne Spannung und Gleichgewicht fährt kein Rad. Das gleiche Prinzip gilt für den der im Sattel sitzt.

Selbst wenn der Drahtesel unter dem Gewicht der schweren Taschen schwankt, die Muskel ziehen und der Sattel brennt, am Lenker hat man den Eindruck, sein Schicksal in der Hand zu haben Die Zweifel verfliegen und weichen dem berauschenden Gefühl der Freiheit.

Begeisterung ist unser einziger Treibstoff, Wie ein Dynamo laden wir uns auf indem wir uns verausgaben. Vom Sattel aus gesehen, öffnet sich der Horizont, die Welt wird groß und macht uns reich. Sie gehört uns in ihrer ganzen Unermesslichkeit.

Paradoxerweise geht alles rasend schnell, wenn man seine Sachen packt um die Reise anzutreten, bei der es langsam gehen soll. Mit einem Schlag wird einem bewusst, welche Last die Dinge bedeuten, die sich im Laufe der Jahre angesammelt haben. Um in Bewegung zu kommen muss man Ballast abwerfen. Nur das mitnehmen, was man tragen kann. Das schwerste Gepäckstück kommt natürlich noch dazu: man selbst.

Am 8. Oktober 2005 ist es soweit. Wir fahren ab in Richtung Genua. Zwei Tage später schiffen wir uns auf der Fähre nach Tunis ein.

Im Freilauf

Als erstes schuf Gott die Reise.

Seferi, ottomanischer Dichter des 17. Jahrhunderts

Schnurgerade zieht die Fähre ihre Bahn durch das Mittelmeer Richtung Süden. Es ist der 10. Oktober 2005; wir sind mitten im Ramadan, und die meisten Passagiere warten auf die abendliche Unterbrechung des Fastengebotes. Bei Anbruch der Nacht wirft sich ein Mollah auf dem Teppich nieder und ruft zum Gebet. Daraufhin strömen alle zum Ältesten unter ihnen, dem Hadschi (Mekkapilger), um ihm eine Handvoll Datteln zu reichen. Die leere Cafeteria, in der nur ein paar Motorradfahrer auf ihrer Reise in die Wüste herumsaßen, füllt sich rasch, und der angenehme Duft von Tee mit Minze verbreitet sich im Raum.

Auf dem Deck weht uns der kühle Nachtwind ins Gesicht. Das Meer in seiner Unendlichkeit verschluckt alle unsere Bezugspunkte, unsere Sorgen versinken. Der Begriff von Grenzen löst sich auf: Die Schönheit dieser Welt ist unfassbar. Reisen bedeutet Gewohnheiten ablegen und auf jegliche Sicherheit verzichten. Wir fahren auf dem *Mare Nostrum* der Römer – für sie Mittelpunkt der Welt – das Europa und Afrika, Abend- und Morgenland miteinander verbindet und gleichzeitig voneinander trennt. Wir fühlen uns wie neugeboren.

Mit Getöse wird die Fähre festgemacht. Rasch unsere Fahrräder hinausgeschoben, und schon stehen sie auf afrikanischem Boden. Unsere Lampen zeigen uns eine Landzunge zwischen zwei Lagunen. Durch die nordafrikanische Nacht radeln wir den Lichtern von Tunis entgegen.

Wir installieren uns in einem Hotelzimmer, in dem zwei Fahrräder und zwölf Taschen fast keinen Platz finden. Noch haben wir keine Ahnung, wie schwierig sich die Proviantbeschaffung während der Fastenzeit erweisen wird – etwas Ungewohntes für Nathalie, die zum ersten Mal den Ramadan in einem muslimischen Land im Sattel erlebt.

Wenn eine unbekannte Stadt erwacht, zeigt sie ein anderes Gesicht als die Nacht vorher bei der Ankunft. Am frühen Morgen entdeckt man eine andere Welt, man fühlt sich reich beschenkt. Die kleinen Dinge machen den großen Unterschied. Ein Sonnenstrahl, dünn und hell, dringt in die Straßen des Bazars. Eine Katze räkelt sich im ersten Fleckchen Licht. Geschlossene Rollläden, aufgestapelte Stühle. Lokale mit wohlklingenden Namen: «Ali Baba», «Tuaregg», «Tarzan», die allerdings bis Sonnenuntergang ihren Dienst verweigern. Tunis scheint Opfer eines geheimnisvollen Streiks: Einen Monat lang durchleben die frommen Mohammedaner die Hedschra (den Weg des Propheten Mohammed durch die Wüste, von Mekka nach Medina), einen Monat lang ist Fastenzeit.

Mit Mühe bahnen wir uns den Weg durch das bunte Gewimmel der Marktbesucher. Von einem Heer von Fliegen umschwärmt, hängen in den Schlächtereien tote Hammelleiber, von denen die Metzger mit geübten weit ausholenden Bewegungen große Stücke heruntersäbeln. Südfrüchte und Gemüse, kunstvoll zu farbenfrohen Bergen aufgetürmt, sind herrlich anzuschauen.

Bei jedem der fünf Rufe des Muezzins leeren sich die Straßen. Nach dem letzten Gebet ist das Fasten für den Tag zu Ende, und die *Umma*, die muslimische Gemeinde, strömt in die Stadt. Im Nu sind die Terrassen voll. Die Männer schlürfen Tee, spielen Karten und rauchen *chicha* (Wasserpfeife).

Nathalie hat zum ersten Mal Probleme mit der Verdauung, doch selbst die Opuntie, die hier wie Unkraut wächst, und deren Früchte gegen Durchfall helfen sollen, kann nichts ausrichten. Manchmal fehlt nicht viel, und man fragt sich, wie die Reise wohl ausgehen wird. Eine Mikrobe oder einfach nur ein Streit, und alles scheint zu wanken.

Als wir uns zum ersten Mal in die Haare gerieten, waren wir noch keine 600 Kilometer von Genf entfernt. Über der Poebene lag dichter Nebel, Nathalie träumte von einer ordentlichen Dusche und einem Hotelzimmer. Doch es war spät, und so campten wir ganz diskret hinter dem Friedhof. Für mich war das der ideale Ort, Nathalie protestierte: «Wir sind doch keine Zigeuner». Seit vier Tagen waren wir permanent in Schweiß gebadet. Nathalie war erschöpft. Kein Wunder, dass unsere eigensinnigen Naturen aufeinanderprallten. Es war schon dunkel, und ging nicht darum, wer Recht hatte; was wir brauchten, war Essen und Schlaf.

Wir lassen Tunis hinter uns, fahren durch eine Landschaft mit Olivenplantagen, Pinien, Tamarisken, Zypressen und Eukalyptusbäumen, die uns einwenig Schatten spenden. Fast in jeder Stadt findet man noch Spuren der alten Römer: Hier ein Forum, dort Bäder, Tempel, Wasserleitungen, Kanalisationen. Bei jeder Radumdrehung werden wir daran erinnert, dass das römische Reich Nordafrika durch ein befahrbares Straßennetz von nicht weniger als 20.000 Kilometer erschloss.

Schwindelerregend hoch mit Heu beladen, rasen uralte Klepper der Marke Peugeot, mit Todesverachtung jeder Gefahr trotzend, schwankend an uns vorüber. Bremsen können diese Wahnsinnsvehikel nur, wenn Schafe oder Kamele die Straße überqueren, oder eine Polizeikontrolle auftaucht.

Drei Tage vor Ende des Ramadan kommt die Nacht des Schicksals, die tausend Monate zählt. Was man sich in dieser Nacht wünscht, geht in Erfüllung. Unser Wunsch ist bescheiden und realistisch: Wir hoffen, jeden Tag einige Zentimeter auf der Tunesienkarte weiterzukommen und den Süden des Landes in einer knappen Woche zu erreichen. Zwei Tage später ist Aid el-Fitr, das Fest, mit dem die Fastenzeit beendet wird. Im Morgengrauen, vor Anbruch der Hitze, stehen die Männer vor den Geschäften und zerlegen die geschlachteten Ziegen und Schafe. Die herrenlosen Hunde, die zu Nathalies Entsetzen ständig hinter uns herjagen, kriegen nichts davon. Gläubige Mohammedaner haben jetzt die Gelegenheit, die rechte Schulter des Opfertiers den Armen zu schenken und so eine ihrer fünf Pflichten zu erfüllen: Almosen zu geben.

In Kasserine sind wir dabei, ein paar Aufnahmen zu machen, da hält ein Jeep abrupt neben uns an. Ein Mann steigt aus, der Polizeikommissar höchstpersönlich. Er fragt uns, was wir photographiert haben und was wir in der Stadt wollen. Daraufhin befiehlt er uns, ihm zum Revier zu folgen, wo eine Atmosphäre absoluter Lethargie herrscht. Wir stellen unsere Fahrräder ab, hier sind sie zweifellos in guter Obhut. Wir brauchen uns anscheinend keine Gedanken zu machen, denn nach ein paar gutmütigen Bemerkungen begleiten uns zwei Polizisten zum Einkaufen. Das Geschäft ist überfüllt, in jeder Abteilung stehen die Kunden Schlange. Trotzdem läuft unsere Proviantbeschaffung wie am Schnürchen: Überall sorgt einer unserer Bewacher dafür, dass wir vor allen anderen Kunden bedient werden – wobei niemand eine Miene verzieht! Grotesk!

Kaum sitzen wir wieder im Sattel, da versperrt uns eine Bande Halbwüchsiger den Weg. Nathalie stürzt, als sich einer an ihrem Gepäckträger festhält. Mit einem energischen «Rühr meine Frau nicht an» gehe ich auf die Kerle los. Sie wollen von uns Zigaretten, Geld und Kugelschreiber. Als sie merken, dass mit uns nicht zu spaßen ist, laufen sie weg und lassen uns vorbei. Etwas weiter fliegt ein faustgroßer Stein – natürlich uns zugedacht – in meine Speichen. Nathalie wird ständig von aufdringlichen Blicken verfolgt, die sie von Kopf bis Fuß ausziehen, Blicke, die Bände sprechen über den sexuellen Frust und die Wertschätzung der Frau. Für die Zukunft denken wir uns eine Strategie aus: Wenn verdächtige Gestalten auftauchen, legt Nathalie Geschwindigkeit zu und überholt. Das gibt mir die Möglichkeit, bei einem Angriff dazwischenzufahren und sie zu verteidigen.

Je weiter wir in den Süden kommen, umso trockener wird die Landschaft. Die Kulturen, durch Erdwälle und Zäune aus geflochtenen Palmwedeln vor Sandstürmen geschützt, können nur mit Tropfbewässerung überleben. Die Oueds (breite Flussbetten) sind ausgetrocknet.

Es wird Abend und wir nehmen die Gelegenheit wahr, bei der Nationalgarde unsere Wasservorräte aufzufüllen. Hier verrät man uns ein «ruhiges Eckchen», wo wir unser Zelt aufschlagen können, nur ein paar Kilometer entfernt. Kaum haben wir uns dort niedergelassen, erscheint eines der Fahrzeuge der Nationalgarde für eine Stippvisite: «Alles ok? Damit Sie es nicht falsch verstehen, Sie sind hier nur 20 Kilometer von der algerischen Grenze entfernt.» Um 21 Uhr erscheinen wieder Polizisten. Nathalie, im Schutz der Dunkelheit gerade dabei, sich den Staub vom Leib zu waschen, kann sich im Evaskostüm gerade noch ins Zelt retten. Um ein Uhr in der Frühe sind sie schon wieder da. Diesmal haben sie einen Scheinwerfer dabei, den sie auf uns richten. Um 2 Uhr das gleiche Szenario!

Am nächsten Morgen entdecken wir verblüfft zehn Meter von unserem Zelt entfernt ein Fahrzeug, über dem Steuer schläft ein Polizist! Wir sind überrascht, dass wir so streng überwacht werden. Hält uns die Polizei für Globalisierungsgegner? In zwei Wochen findet ja in Tunis der Informationsgipfel statt... Wie dem auch sei, in dieser Nacht haben wir kein Auge zugetan.

Auf einer Nebenstraße werden wir von einem jungen Mann angehalten. Erst möchte er Wasser, dann bietet er uns eine Zigarette an. Sein Name ist Khaled, er könnte aber auch Bachir oder Mohammed heißen. Er zieht sein Mobiltelefon aus der Tasche, wohl um sich wichtig zu machen, und sagt uns, dass ihm der Ramadan gestohlen bleiben kann. Doch das haben wir schon erraten. Wie die meisten jungen Tunesier möchte er nach Europa. Heiraten, um einem Leben ohne Zukunft zu entrinnen. Ringsum felsige Hügel ohne jede Spur von Vegetation. Er deutet auf die umliegenden Hügel. «Dort ist der schwarze Wolf», «und hier zelte ich oft drei Monate und hüte mit meinen zwei Hunden 120 Schafe.» Die unumgängliche Frage bleibt nicht aus: «Gibt es in der Schweiz Arbeit?» Wieder einmal wird mir bewusst, wie wichtig die tektonische Platte sein kann, auf der wir zur Welt kommen. Der höchste Luxus liegt darin, nicht aus Notwendigkeit zu reisen, sondern aus Leidenschaft. Für die Menschen hier höchstwahrscheinlich unvorstellbar. Vielleicht könnte mich ein Student verstehen, der die Abenteuer des Ibn Battuta (1304–1369), des arabischen Marco Polo, gelesen hat, der – ein unermüdlicher Läufer – in 28 Jahren nicht weniger als 120.000 Kilometer zurücklegte.

Auf Reisen hat man nur dann Gelegenheit, sich wirklich nützlich zu fühlen, wenn man jemandem einen Dienst erweisen kann. Eines Tages treffe einen alten Mann, der mit seinem Enkelsohn auf dem Boden hockt und versucht, sein Mofa zu reparieren. Mit Hilfe eines Schraubenziehers hat er den Hinterreifen, der bereits hundertmal zurechtgeflickt wurde, abmontiert und einen ansehnlichen Riss im Schlauch entdeckt. Wir helfen ihm, das Unmögliche zu vollbringen. Zum Dank schenkt er uns eine Flasche Ziegenmilch. Kaum haben wir den Berber mit seinen hellen Augen hinter uns gelassen, treffen wir 200 Meter weiter zwei junge Burschen, die ein Leichtmotorrad vor sich her schieben: Ein Reifen ist platt. «Leim», rufen sie, «Leim», und schon bin ich wieder am Werk.

Der Wind treibt uns voran in Richtung Bergoasen, einst letzte Bastionen des römischen Imperiums Diese Dörfer liegen, in Abständen von etwa 10 Kilometer, wie auf einer Schnur aufgereiht, zwischen den Orten Tebessa und Gafsa. Sie waren Teil des Limes und bildeten eine starke Verteidigungslinie an einer Grenze, die ständig von den Stämmen aus der südlichen Sahara bedroht war. Die Römer konnten sich von einer Oase zur anderen Spiegelsignale senden, und so gegen Einfallsversuche schützen.

Leider haben die sintflutartigen Regenfälle, die 1969 in Südtunesien niedergingen, einige Dörfer völlig zerstört. Eines von ihnen war Tamerza. Da, wo früher das Dorf stand, ist inzwischen ein grüner Palmenhain gewachsen. Total verwüstet wurde auch Chebika, das im Lauf der Zeit neben den Ruinen wieder aufgebaut wurde.

Touristen gibt es in den südlichsten Oasen eine Menge, und mit ihnen das übliche Gefolge von Teppichverkäufern und fliegenden Händlern.

Der Tankwart von Tozeur schenkt uns ein strahlendes Lächeln. Lässig füllt er mit einer Hand den Kanister für unseren Kocher, und raucht mit der andern in aller Gemütsruhe weiter. Wir haben jetzt über tausend Kilometer zurückgelegt. Grund zum Feiern!

Vor uns liegen 80 Kilometer Fahrt durch das Schott El-Jerid. Die Salzwüste liegt in der gleißenden Sonne vor uns und blendet uns mit ihrem harten weißen Licht. Wenn wenigstens dieser verdammte Gegenwind nicht wäre. Nathalie hat mehr als einmal die Nase voll, obwohl seitlich auf ihrem Sattel optimistisch «*conquest all terrains*» zu lesen steht. Alles ist hart, die Straße, die Steigung, der Sattel … der Wind im Gesicht, das knappe Essen, die brennende Hitze, die Monotonie der Bewegung. Radfahren ist tatsächlich nicht immer ein reines Vergnügen.

Die Dattelernte ist in vollem Gange. Solange die Büschel noch an den Palmen hängen, werden sie mit Plastikfolie abgedeckt, um sie vor einem zwar wenig wahrscheinlichen, dafür aber umso fataleren Regen zu schützen. Die Dattelpalmen stehen in einem Abstand von zehn Metern, und eine jede produziert 40 bis 60 Kilogramm Früchte; die beste Sorte ist die berühmte Deglet Nur, die Lichtdattel. Mit nackten Füßen klettern die Dattelpflücker die Stämme hoch und hauen die Büschel mit der Machete ab.

In der Oase Douz beschließen wir, uns für eine kleine Weile zu trennen. Jeden Tag 24 Stunden zusammen unterwegs, brauchen wir eine Verschnaufpause – für den guten Fortgang unserer Fahrt ist das absolut nötig. Nathalie fährt auf die Insel Djerba und macht einen Besuch bei ihrer Mutter, ich, als bedingungsloser Fan der Zweipedal-Fortbewegungsmaschine strample alleine weiter Richtung Süden.

Zwar mache ich mir Gedanken, ob Nathalie bei diesem Abenteuer mit ganzem Herzen dabei ist, aber andererseits freue ich mich, eine Zeitlang etwas Tempo zulegen zu können und meinem eigenen Rhythmus zu folgen.

Ich verbringe eine Nacht in Tamerzet, einem Troglodytendorf oben auf einem Hügel. In den Schlafzimmern befindet sich unter den Betten der Zugang zu einem unterirdischen Labyrinth, durch das die Bewohner bei einem Überfall flüchten konnten. Ahmed, ein junger Berber, den ich in einem dieser engen Gänge kennenlerne, lädt mich zu sich nach Hause ein. Ich frage ihn, ob er einen sicheren Ort weiß, an dem ich mein Zelt aufschlagen kann. «Solange du den Dörfern fernbleibst, ist es ok. Sonst zupfen sie (die Araber, versteht sich) dich am Ärmel, locken dich in ihr Haus, sagen, du darfst ihre Mutter in ihrem schönen traditionellen Gewand photographieren und wollen Geld dafür.» Aus seinen Worten höre ich die ganze Feindseligkeit der Berber gegenüber den Arabern heraus. Die Berber, die Urbevölkerung Nordafrikas, waren zuerst Christen, und kamen dann durch die Invasion der Araber aus dem Osten zum Islam. Für Aristoteles waren alle Menschen, die außerhalb Griechenlands wohnten, Barbaren. Daraus ging das Wort «Berber» hervor.

Im Licht der untergehenden Sonne ein Minarett. Endlich, endlich ein bewohnter Ort. Hier ruft der Muezzin noch mit eigener Stimme, die Hände vor den Lippen zum Trichter geschürzt, zum Gebet auf. Die meisten Moscheen verfügen über Lautsprecher und manchmal sogar Kassetten- oder CD-Geräte. Im einzigen Cafe des Ortes, in dem die Männer sich mit Domino oder Backgammon die Zeit vertreiben oder hinter dem sakrosankten Fernsehapparat sitzen, löst mein plötzliches Erscheinen Erstaunen aus. Ich bestelle einen *Cappucin* (Cafe -Creme) und werde angenehm aus meinem Alleinsein herausgerissen. Ein junger Mann namens Boualidi spricht mich an und lädt mich ein, die Nacht in seiner Familie zu verbringen. Sobald wir in die Nähe des Hauses kommen, verschwinden die Frauen im Innenhof. Mein Gastgeber bietet mir auf einer Matte einen Platz an; der Raum ist nüchtern und über dem Fernseher sorgt ein Jagdgewehr für Respekt und Ordnung. Wir essen gemeinsam Kuskus mit Gemüse und sitzen vor dem Match Tunesien-Congo Brazzaville. Gleichzeitig überwacht Boualidi die Hausaufgaben seiner kleinen Schwester und seiner beiden Cousinen. Auch ich werde eingespannt: Ich muss einen Text von Victor Hugo erklären, er ist unklar und von den örtlichen Realitäten Lichtjahre entfernt. Wir unterhalten uns noch lange bis in die Nacht hinein. Immerfort schreien die Esel oder die Hunde stimmen ihr Geheul an. Boualidi, jung, unverheiratet und ohne Stelle, meint abschließend: «Eine Lösung gibt es nicht, doch nichts ist unmöglich.» In diesem Ort, weitab von allem, der, nehme ich an, eine gute Dosis Fatalismus erforderlich macht, schwankt Boualidi zwischen Hoffnung und Resignation. Alle seine Sätze enden unweigerlich mit dem in aller Munde gebührend missbrauchten *Inch Allah*, das er mit großem Nachdruck von sich gibt.

In Chenini und Diouret baute man früher die Dörfer auf den Hügel unterhalb des Ksar. Man schlug die Festungen im Norden der Sahara direkt in den Felsen. Die Häuser verschmelzen mit dem orangeroten Fels, der Blick öffnet sich auf ein Meer aus Dunst und Nebel, aus dem hie und da abgestumpfte Bergkegel herausragen. Mohammed, der Ladenbesitzer des Ortes, begleitet mich mit dem Motorrad zum nächsten Dorf, wo wir zum Essen haltmachen. Auf Fahrradtouren lernt man schnell die sogenannte Kameltechnik: Bei jeder Gelegenheit Kalorienreserven anlegen. Übrigens kann jeder bestätigen, der es miterlebt hat: Lieber einen Cyklonauten auf dem Photo als bei Tisch. Mohammeds Mutter trägt uns einen riesigen Kuskus auf, dazu Limonade, und danach Früchte und Cafe. Mein Gastgeber liebt die Wüste und wird nicht müde, den Glauben des Propheten zu predigen. Von Beruf Lehrer für Staatsbürgerkunde, zeichnet er in großen Zügen ein Bild der Zivilisationen, ein Thema, das auch mir zusagt. Fazit? Er ist felsenfest davon überzeugt, dass Tunesien «an der Spitze der arabischen Länder steht, Europa aber hinterherhinkt.»

Noch am gleichen Abend erreiche ich Ezzarah und besichtige den Ksar. Die Befestigungsbauten und Vorratskammern, die auf mehrere Etagen verteilt, einen Innenhof umschließen, werden nach außen von hohen Mauern geschützt. Früher lagerten alle Familien hier ihre Olivenöl- Datteln- und Getreidevorräte, um der Hungersnot und dem Feind trotzen zu können. Hier mache ich die Bekanntschaft von Boujenah, er ist 57 Jahre alt, und war Emigrant in Frankreich. 1964 arbeitete er zunächst in Libyen, damals unter der Herrschaft von Emir Idris, bevor er den großen Sprung nach Europa wagte. Stolz zählt er alle Berufe auf, die er im Laufe seiner Karriere ausgeübt, alle Länder Europas, die er besucht hat. Von der Metro in Paris spricht er, als stünden wir am Bahnsteig und warteten gemeinsam auf den nächsten Zug. Der betagte Vater Boujenahs kommt, in seine Djellaba gehüllt, und setzt sich zu uns. Er erzählt mir, dass er im zweiten Weltkrieg bei den Franzosen diente und in deutsche Gefangenschaft geriet. Später arbeitete er für den Widerstand, der Tunesien 1956 zur Unabhängigkeit verhalf. Er will mir unbedingt einen alten Koffer zeigen, das einzige Stück, das er damals bei seiner Abreise nach Frankreich 1967 bei sich hatte. Aus dieser Schatztruhe fördert er seine vergilbte Aufenthaltsbewilligung zutage und eine Unzahl alter Dokumente, Erinnerungen an ein reiches Leben, an echte Abenteuer…

Im ganzen Land erinnert in Schulen und Regierungsgebäuden ein überdimensionales Bild von Ben Ali unmissverständlich daran, wer seit nunmehr 18

Jahren Boss ist. «Tunesien, Hauptstadt der Welt» heißt es stolz auf den Spruchbändern zum Weltinformationsgipfel.

Der Rückenwind bläst mich Richtung Meer, wo ich Nathalie wohlausgeruht vorfinde. Wir verlassen die Insel Djerba über einen acht Kilometer langen Damm aus der Zeit der alten Römer, der den Golf von Brou Grara vom Mittelmeer trennt. Reiher, Kormorane und rosafarbene Flamingos fliegen davon, als wir uns nähern. Überall wird auf ausrangierten Autofelgen gegrillt, und wer keinen Spieß hat, nimmt stattdessen eine Fahrradspeiche.

Die Stadt El Gherdane hat die typische Atmosphäre der Grenzstadt. Es scheint hier nur zwei Berufe zu geben: Benzinschmuggler oder Geldwechsler. Eine der Tankstellen hat den Geist aufgegeben – die andere ist menschenleer. Kein Wunder. Auf einer Strecke von neun Kilometern stehen unzählige Leute mit Benzinkanistern, die sie illegal, aber überhaupt nicht heimlich verkaufen. Der Preis spottet jeglicher Konkurrenz (150 Millimes, gleich 10 Eurocent).

Beim letzten *Checkpoint* offeriert uns die Nationalgarde Brot und Mineralwasser, erinnert sich aber zu unserem Glück nicht an den tunesischen Brauch, den Abreisenden einen Eimer Wasser hinterher zu schütten, damit sie von der Brandung eines Tages wieder zurückgebracht werden. Ohne dass wir es großartig merken, verlassen wir die Maghrebländer (Sonnenuntergang) und kommen in die Länder des Machrek (Sonnenaufgang).

Reise in die beste aller Welten

In völliger Freiheit sind wir abgereist, ohne genaue Route, ohne bestimmte Zeit. Wir hatten beschlossen, am Mittelmeer entlangzuradeln bis nach Ägypten, um die relativ milden Wintertemperaturen zu nutzen, die die Winde aus der Sahara mit sich bringen, und auch, um festzustellen, wie gut wir uns verstünden. Vor unserer Abreise schwand aber die Hoffnung auf ein libysches Visum immer mehr. Monatelang hatte ich in der Schweiz alle Hebel in Bewegung gesetzt, denn ich wusste, dass wir weder an der Grenze noch in Tunis eines bekommen würden. Als ich schon nicht mehr dran glaubte, gab mir der Staatsbesuch des damaligen Schweizer Außenministers Joseph Deiss in Libyen eine Chance. 1999 hatte ich Joseph Deiss kurz in Mozambique getroffen, und 2001 nochmals, als ich von meiner Weltreise zurückkam; an ihn richtete ich ein persönliches Schreiben mit unserem Gesuch. Zwei Tage vor unserer Abreise gewährte uns die Libysche Botschaft in Bern ein 90-tägiges Visum! Ferner erhielten wir die Erlaubnis, uns frei, ohne Chauffeur oder Begleitung, im Land zu bewegen, ein außergewöhnlicher Glücksfall in einem Land, das wenig geneigt ist, die Freizügigkeit der Besucher zu respektieren. Das war unser erster Sieg gegen eine unbeugsame Verwaltungsbehörde. Derartige Stellen sind ja das Haupthindernis für jeden, der unabhängig reisen möchte.

An einer Grenze einzig und allein durch eigene Muskelkraft anzukommen, ist phantastisch! Trotz dieses wunderbaren Gefühls ist Nathalie allabendlich total erschöpft. «Meine Beine sind hart wie Betonblöcke». Alle vier bis fünf Tage muss ausgeruht werden. Nathalie bekommt Muskeln. Nach und nach gewöhnt sie sich an das – zuweilen harte – Nomadenleben und beginnt, Geschmack daran zu finden. Drei Monate braucht sie, um sich einzuradeln und auch physisch zur Radfahrerin zu werden. Für mich hat das Reisen mit dem Drahtesel keine Geheimnisse mehr. Zu schaffen macht mir die Beziehung zu meiner Reisegefährtin. Ich bin bereit, öfter im Hotel zu übernachten, mich anzupassen an Nathalies Rhythmus, der von nun an für uns ausschlaggebend ist.

Vor unseren Rädern liegt ein Land, das in Europe mit den Schmähreden Kadhafis identifiziert wird, das aber im Grunde nur wenige kennen. Der Zoll eines Landes ist seine Visitenkarte. Extrem aufschlussreich! Hier stehen zahllose alte Kisten mit offener Kühlerhaube am Straßenrand, Mechaniker über den Motor gebeugt. Gruppen von Tunesiern schieben ihre museumsreifen Peugeots, deren Türen nur noch von Streifen aus Gummischläuchen festgehalten werden, bis hin zum Zoll. Sie wollen in Libyen volltanken. Einer von ihnen erklärt mir fachmännisch, dass er es durch den Einbau eines zweiten Benzintanks auf eine Gesamtkapazität von 300 Litern gebracht hat! Bei der Rückfahrt braucht er nur dem Zöllner einen Fünfdinarschein hinzuschieben, und der drückt ein Auge zu.

Die Treibstoffschmuggler zeigen am Zoll ihren tunesischen Pass und Scheine von 50 und 100 Euros. Diesmal kein Bestechungsversuch, sondern nur der Beweis der Solvabilität. Wir radeln an einer unbeweglichen endlos scheinenden Schlange von Lastwagen vorbei, unter dem Inquisitorenblick eines überdimensionalen Kadhafi. Wir genießen Vorzugsbehandlung: Die Beamten wollen sich auf Englisch mit uns unterhalten und nehmen die Kontrolle unserer Pässe nicht so wichtig.

Rechts und links der Straße eine groteske Mülldeponie, die einfach nicht enden will. Abfälle, Bauschutt, verkohlte Autoreifen, verrostete Fahrzeugwracks, Plastiktüten, die an den mageren Sträuchern hängen und im Wind flattern … Die Libyer werfen alles aus dem Fenster, für sie die natürlichste Sache der Welt. «Sich so abrackern, um hier anzukommen, in dieser Abfallwüste!» Nathalie ist außer sich.

Alles sieht weiter, unklarer und chaotischer aus als in Tunesien: Halbfertige Häuser aus Backstein und Zement, Läden, vor denen Unmengen an Schachteln und Kartons den Weg versperren, sandverwehte Gassen mitten in der Stadt … Gleichzeitig scheinen die Menschen mehr auf uns zuzugehen. Sie blinken mit den Scheinwerfern oder hupen uns zu. Aus den Autofenstern strecken sie den emporgereckten Daumen, um uns anzufeuern. Die Libyer, ein herzliches Volk, das sich von anderen Nationen isoliert fühlt, haben Sehnsucht nach Kontakt.

Schon aus einer Entfernung von 80 Kilometern kann man die Geräusche der Hauptstadt Tripoli wahrnehmen. Wir kommen entsetzlich langsam voran auf dieser uralten Achse Karthago-Alexandrien, wo man unter 100 Stundenkilometern fast keine Daseinsberechtigung hat. Die wahnsinnigen Fahrer bleiben nur aus dreierlei Gründen stehen: Um die Gebetsstunde einzuhalten, Picknick zu machen oder den Tank zu füllen. Ohne dass wir es wollten, stecken wir jetzt mitten im zweitgrößten Automobilpark Afrikas: (6 Millionen Libyer besitzen 10 Millionen Fahrzeuge). Im donnernden Verkehrsstrom vergisst man, dass das Land fast nur aus Wüste besteht. Zu beiden Seiten der höllischen *High-*

way machen skurile Skulpturen, aus zusammengeschweißten alten Auspuffrohren, Reklame für mehr oder weniger zweifelhafte Autowerkstätten, in denen das afrikanische Improvisationstalent seine wildesten Blüten treibt. Allein der Erdölboom der 70er Jahre hat Libyen aus dem Nomadendasein ins städtische Leben katapultiert, und der Vierradantrieb hat das Kamel endgültig verdrängt.

Im 13. Jahrhundert brach Ibn Battuta aus seinem heimischen Marokko auf, um zu Fuß nach Mekka zu pilgern. In seinen Schriften finden wir kein Wort über die drei römischen Städte Sabrata, Oea und Lepcis Magne. Sie lagen noch unter dem Sand der Wüste. Nach den Ausgrabungen im 20. Jahrhundert gab man dem Ort den griechischen Namen Tri-Polis, «drei Städte».

«*Libya, the driving force to civilisation/Libya – the real thing/Everything you can imagine*» («Libyen, Avantgarde der Zivilisation / Libyen, das Echte (der Slogan wurde von CocaCola übernommen) / Alles, was man sich vorstellen kann») steht auf dem verblichenen Plakat am Eingang zur Jugendherberge, die direkt am Meer liegt. In der düsteren Eingangshalle gröhlt ein Fernseher mit voller Lautstärke. Der Rezeptionist erhebt sich langsam von seiner Pritsche und begrüßt uns in unsicherem Englisch mit einem fröhlichen «*welcome to Libya*». Wie wir später erfahren, hat er den ausdrücklichen Befehl, nicht mit Ausländern zu sprechen.

Nach jeder Etappe ist Essen das beste Mittel, uns wieder in gute Laune zu versetzen. Diesmal brutzeln wir auf unserem Kocher im Schlafsaal Bulgur mit Auberginen und überlegen uns, wie wir es anstellen sollen, Libyen «gerecht» zu werden.

Tripoli, mit seinen verwahrlosten Gebäuden, macht einen düsteren Eindruck, genau wie seine Militär- und Schuluniformen. Außer grau ist grün die einzige Farbe in dieser Stadt. Alle Amtsgebäude sind grün, ausnahmslos. Grün ist die Farbe des Islams, aber hier wird es zur Manie: Das Grüne Buch, die Nationalflagge, Regierungsgebäude, Stadtmauern, Jugendherberge, und sogar Lebensmittelgeschäfte sind grün. In den Straßen gibt es keinerlei Reklame, dafür aber massiv Propaganda für die Regierung: Mit erhobenem Kinn, die Augen unsichtbar hinter der blauen Brille, der Oberkörper mit der bestickten Toga bekleidet, so präsentiert sich der Leader, der Anführer der Revolution auf dem Bild, das allgegenwärtig Straßen und Gebäude ziert. Keine Kreuzung, keine Fassade, kein Boulevard ohne das Riesenportrait von Mouammar Kadhafi nebst der Zahl 36. Seit 1969, als er die Macht ergriff, sind genau 36 Jahre vergangen. Eines Tages sehen wir den Leader sogar höchstpersönlich in einem Volkswagen (Fahrzeug des Volkes …) wie er Pamphlete verteilt. Unkenntnis der Sprache erspart uns zwar die leeren Phrasen, hält uns aber auch dem echten Leben fern.

Hier haben die Wände Ohren … und Augen. Junge Burschen lungern herum, einen Fuß auf die Mauer gestützt, und bespitzeln mit der unschuldigsten Miene vor allem Ausländer, um die geringsten Gesten und Ereignissee der Polizei mitzuteilen. Immer wenn wir hinausgehen, begegnen wir den gleichen Gesichtern. Politik ist für Libyer kein Thema, gelegentlich, im Haus oder im Auto, wenn wir sie darauf ansprechen, geben sie auf ganz unpersönliche Art etwas von sich: »Kadhafi, das bedeutet ein Drittel sowjetisch, ein Drittel Islam und ein Drittel Anarchismus.«». «Ein Staatschef, der die Gesetze, die er macht, ständig bricht.» «Libyen ist die beste aller Welten, wenn man den libyschen Frauen fernbleibt, und der Politik.» «Um einem Attentat zu entgehen, schläft Kadhafi jede Nacht an einem anderen Ort, und keiner weiß wo.»

In der Ausländerkolonie – großzügig und egozentrisch – werden wir zu einem Drink eingeladen – die Flasche kam diskret aus Malta – das ist nicht alltäglich, denn Alkoholkonsum ist in Libyen gänzlich verboten. Unter einem Berg von allerlei Krimskrams finde ich – für fünf Dinar – die französische Version des berühmten Grünen Buches von Kadhafi (das hiesige Gegenstück zu Maos Rotem Buch).

Wir verlassen Tripoli auf unseren *darajas* (arabisch Fahrrad). Am riesigen «Kreisverkehr des Todes» an der Stadtausfahrt stehen zahllose Immigranten aus Subsaharaländern mit einer Anstreicherrolle, einem Wasserhahn oder einer Glühbirne in der Hand und hoffen auf Arbeit. Die einen sind schon am Ziel, die andern auf dem Sprungbrett nach Europa. Libyen hat offiziell sechs Millionen Einwohner «reiner Herkunft» und drei Millionen Ausländer, aber eine Volkszählung fand nie statt.

Die nächsten drei Monate werden uns die Kadhafiplakate auf allen Straßen begleiten wie ein indiskreter Big Brother. Als ich mich eines Tage daran mache, eines zu photographieren, erscheint plötzlich ein Fahrzeug mit vier Militärs, die mir befehlen, mich sofort aus dem Staub zu machen. Je mehr man reist, umso mehr stellt man fest, dass Personenkult überall existiert. Schlimm …

Übergangslos kommen wir von der Stadt in die Wüste. Dort gibt es nichts als Bohrlöcher und riesige Autofriedhöfe. Der ausländische Einfluss auf den Automobilmarkt ist leicht festzustellen: Französische Fahrzeuge, deutsche, japanische, alle haben ihre Epoche … Hinter einer 15 Kilometer langen Mauer verbirgt sich die größte Mülldeponie des Landes. Ein pestilenzialischer Verwesungsgestank verfolgt uns noch lange und wir werden ihn nicht los. Unsere Wüstenromantik lässt sich schlecht vereinbaren mit der Straße, die nicht aufhört, deren Vorhersehbarkeit einen geradezu erschlägt. Glücklicherweise werden wir wieder mit dem ewigen Einerlei versöhnt, als wir in der Nacht am Palmholzfeuer sitzen und mitten in der Nacht sogar ein Schakal auftaucht. Die wenigen Menschen, die in diesen Breiten zu Hause sind, haben den Sinn für Gastfreundschaft bewahrt.

Die Notruftelefone am Straßenrand sind abmontiert, ihre Lautsprecher findet man fachmännisch installiert in Privatautos wieder. Bei diesem entsetzlichen Wind und dem winterlichen Himmel verwandelt der Anblick einer winzigen

Tankstelle die öde Landschaft in ein Stückchen Paradies. Wir sind mit knapper Not dem Sturm entronnen! Der junge Chef bringt uns zwei Schüsseln Linsensuppe, an denen wir uns die starren Finger wärmen. Er ist nett mit uns, aber offensichtlich verblüfft über unser Erscheinen. Ich frage den malinesischen Angestellten – auf Französisch, sein Boss braucht es nicht zu verstehen –, ob ihm die Diskriminierung nicht zu schaffen macht. «Kommt vor», gibt er lakonisch zurück. Aber die Einsamkeit und die Entfernung von seiner Familie, der er regelmäßig seine mageren Ersparnisse schickt, setzt ihm zu, ich spüre es…

Wenn man bei Sonnenuntergang vor einem Haus stehen bleibt, wird man auch schon eingeladen. Und genau das geschieht uns in Sinawan nach einer Etappe von 125 Kilometern (mit Rückenwind). Der Hausbesitzer Feuwzi spricht uns an, als wären wir alte Bekannte. Nach der unumgänglichen Teezeremonie führt er uns durchs Dorf. In einem Haus wird seit 10 Tagen gefeiert, weil die Frauen eine Hochzeit vorbereiten. Für Nathalie singen sie ein fröhliches Vibrato und hoffen, dass sie dableibt, um mit ihnen die ganze Nacht zu tanzen. Der zukünftige Ehemann befindet sich seit zwei Wochen in einem Haus außerhalb des Dorfes, das er nicht verlassen darf. Die Tradition verlangt, dass er während dieser Zeit nicht eine einzige Frau zu Gesicht bekommt. In Libyen kommt es selten vor, dass ein Mann vor vierzig heiratet, denn er muss seiner zukünftigen Frau ein ordentliches Zuhause bieten können.

Feuwzi führt uns zum Abendessen wieder zu sich nach Hause. Die Höflichkeit schreibt vor, Gäste bei der Mahlzeit allein zu lassen. Die kleinen Schwestern unseres Gastgebers, bei denen die Neugierde die Schüchternheit überwiegt, weichen Nathalie trotzdem nicht von der Seite und bestürmen sie mit Fragen. Sie zeigt ihnen ein Bild ihrer Familie, und die Mädchen entdecken aufgeregt, wer diese Ausländerin mit dem Fahrrad eigentlich ist: Mutter von Drillingen, und mit 46 Jahren schon zweimal Großmutter! Ich mit meinen langen Radlerbeinen bin sowieso in keiner Kategorie unterzubringen!

Als Nathalie am nächsten Tag in den Sattel steigt, ist ihr respektabler Status als Großmutter sofort dahin. Kurz darauf bringt sie einen Baggerführer in Verwirrung. Durch ihren Anblick vergisst der arme Kerl beinahe, dass er den Rückwärtsgang eingelegt hat. Gottseidank ist nochmal alles gut gegangen!

Die Oase von Ghadames ist unsere zweite große Etappe in Libyen. Nacheinander von Engländern, Franzosen und Italienern kolonisiert, hat dieser Ort durch den Lastwagenverkehr an Bedeutung verloren

Ein eisiger Wind fegt durch die Straßen. In den Cafes, die kalt sind wie ein römisches Frigidarium, sind die Männer in ihren Burnus gehüllt und wärmen sich die Hände an winzigen Gläsern mit heißem Tee.

Unser Löwenhunger führt uns in ein eigenartiges Restaurant, das von Algerierinnen geführt wird. Die Frauen sind unverschleiert, dick geschminkt, tragen Hosen und Mütze. Eine Zigarette im Mundwinkel, rufen sie uns ungeniert in ihre düstere Höhle, wo sich trotz des Windes keiner die Mühe macht, die Türe zu schließen. Männer aller Kaliber, in Zivil oder in Uniform strömen hinein. Innen verschwinden sie auf geheimnisvolle Weise in einem anderen Raum hinter der Theke, diesmal ohne zu vergessen, die Türe sorgfältig hinter sich zuzumachen. Vermutlich geht es drinnen heißer zu …

Die neue Stadt, ockergelb, ist nichts anderes als eine Verlängerung der Wüste und liegt oberhalb des alten Palmenhains der Berber. Mit Verwaltungsgebäuden und billigen Wohnvierteln, deren Hässlichkeit jeder Beschreibung spottet, bietet sie ein Bild absoluter Trostlosigkeit. Zur Befestigung der Klimaanlagen hat man einfach mit dem Hammer Löcher in die Mauern geschlagen, an denen sich auf halber Höhe ein Gewirr von Kabeln entlangzieht. Die Abfälle, die in allen Ecken herumliegen, verstärken den Eindruck hoffnungslosen Chaos. Man hat den Eindruck, hinter den Fassaden dieser vom Staat stark subventionierten Gebäude gibt es kein fließendes Wasser. Eine Inkohärenz mehr in diesem unverständlichen Land, in dem Schlendrian und Schlamperei der Dritten Welt an der Tagesordnung sind, das aber gleichzeitig den Anspruch erhebt, seine Öldollars sozialistisch zu verwalten.

Die alte Medina, weiß gekalkt, erstrahlt mit dem ersten Sonnenstrahl des Tages. Im Laufe der achtziger Jahre nahm die Zahl ihrer Einwohner immer mehr ab, 1986 wurde sie Weltkulturgut. Heute ist sie eine touristische Sehenswürdigkeit, hat aber ihren mysteriösen Zauber nicht verloren. Wie anderswo, ist in der modernen Zeit auch in Libyen die Geschicklichkeit früherer Generationen in Vergessenheit geraten. Das alte Ghadames ist ein Meisterwerk von Einfallskraft. Wir ergehen uns in dem Gewirr von Gässchen und Wegen, die von niedrigen Mauern eingefasst sind, durchqueren Tunnels und geheime Durchgänge, die von oben durch ein Lichtloch spärlichen erhellt werden. Eine Architektur, ganz auf Kühle und Zusammenleben eingestellt, ähnlich wie die Bauweise im indischen Himalaja. Allerdings wird hier die Welt der Männer, denen die Straße gehört, vom Reich der Frauen, die sich auf den Dachterrassen bewegen, streng getrennt. Im Sommer, wenn die Temperaturen während des Tages 55 Grad erreichen können, schläft alles auf dem Dach. Eine harte Probe für die Männer, die ja keinen Blick auf die Nachbarin werfen dürfen …

Auf einer Terrasse mit herrlichem Blick auf die ganze Oase sitzt ein alter Mann auf einer Bank und genießt die Sonne. «Besuchen Sie mich doch mal», sagt er und lacht. Wir kommen ins Gespräch. Er ist keiner von den Langweiligen. Nachdem er sich vergewissert hat, dass ihn keiner hört, beginnt er,

Kadhafi nachzuäffen und sich über den Leader der Nation lustig zu machen. «Die ersten zehn Jahre stand er dem Volk nahe, aber als die Amerikaner 1986 Tripolis und Bengasi bombardierten, um ihn loszuwerden, bekam er Angst.» Was er vom plötzlichen Haltungswechsel des starken Mannes im Land hält, zeigt er, indem er sich mit den Zeigefingern Hörner aufsetzt.

Zwischen Ghadames und Ghat macht ein großer Erg (Sandwüstenfeld) von 650 Kilometern den Durchgang für das Fahrrad unmöglich, und stellenweise sogar für Geländefahrzeuge schwierig. Wegen unserer Sicherheit und der Transportkosten schließen wir uns zwei Deutschen an. Wir laden unsere Fahrräder auf den Vierradantrieb, den Suleyman, ein Beduine von 32 Jahren zusammen mit seinem Cousin Nasser fährt. Suleyman ist ein echter Wüstenfuchs und hält sein Steuer mit der gleichen Leichtigkeit wie die Zügel seines Kamels. Er schätzt das Relief richtig ein, gibt genug Gas und lässt im richtigen Moment los, um haarscharf auf dem Gipfel einer Düne zum Stehen zu kommen, bevor es wieder abwärts geht, was von Nathalie mit einen kleinen «hoppla» quittiert wird. Suleyman weiß, wann er eine Sandmauer umfahren muss, oder wann es besser ist, außerhalb der Piste einen Umweg zu improvisieren. Nicht eine Sekunde sieht man ihm auch nur die geringste Spannung an. Seine herben Gesichtszüge lassen einen eine gewisse Ironie vermuten. «Suleyman, bist du verheiratet?» «Natürlich, mit der Wüste!». Aber am Ende verrät er uns doch, dass ihn hinter dem Dschebel, dem Berg, der uns von Algerien trennt, seine Liebste erwartet, obwohl sie bis jetzt nichts von ihm kennt als seine Stimme am Telefon! Beim ersten Lager, das wir aufschlagen, auf einer weiten unfreundlichen steinigen Ebene, sagt er: «Hier ist meine Heimat, hier bin ich geboren, ein herrlicher Ort, oder?»

Paradox, festzustellen, dass Nomaden mehr an ihrer Heimat hängen als sesshafte Völker, so eintönig sie uns auch scheinen mag. Die Sanddünen, golden bei Sonnenauf- und Untergang, werden im Zenith vor Hitze völlig weiß, in der Nacht verschluckt sie Dunkelheit und Vergessen. Aber die Wüste ist manchmal auch eine riesige feindliche Landschaft mit nichts als glühenden Steinen. Sobald das geringste Tröpfchen Feuchtigkeit vorhanden ist, wachsen Tamarisken und Akazien, deren Spitzen sich hart anfühlen wie Nägel. Allabendlich gräbt Suleyman für die Feuerstelle eine Vertiefung in den Sand und zündet darin ein Bündel Reisig an. Nasser knetet aus Mehl und Wasser einen Teig, der, zum Fladenbrot geformt, geschickt unter die Glut auf den heißen Sand gelegt wird. Dieser improvisierte Wüstenbackofen macht die leicht sandige Kruste knusprig und gibt dem Brot einen unvergleichlichen Geschmack. Dazu Pfefferminztee, das wärmt Leib und Seele.

Beim Erwachen fühlt man sich wie in einem Zauber befangen: Die Sonne erhellt das dunkle Akakusmassiv mit seinen vielen feinen Spitzen. Nach vier

Tagen Piste erreichen wir endlich die Oase Ghat und schwingen uns erleichtert in den Sattel.

Ghat liegt inmitten von Sanddünen, besteht aus zwei Boulevards, über denen sich eine türkische Festung erhebt. Viele Afrikaner, die ihr Dorf verlassen haben, um nach Europa zu gehen, kommen als erstes hierher und bilden ein unerschöpfliches Reservoir an Arbeitskräften, das nach Belieben ausgebeutet werden kann. Der Rassismus setzt ihnen zu, sie leiden darunter, dass es hier keine Frauen für sie gibt, und natürlich auch keine Musik und kein Tröpfchen Alkohol. Um zu überleben, verkleidet sich mancher von ihnen als Tuareg und verkauft Stoffe und Schmuck. Wir sind weit entfernt vom libyschen 20-Dinarschein, auf dem alle afrikanischen Staatsoberhäupter unter Kadhafi «zur afrikanischen Einheit» zusammengeschlossen sind.

Das Leben in Libyen ist ebenso entbehrungsreich wie die Wüste trocken. Über jeder Oase strecken sich Satellitenantennen in den Himmel, wie Ohren, die die Welt belauschen. Die Internet-Cafes sind berstend voll mit jungen Leuten, die im Web fleißig surfen, in der Hoffnung, im Westen eine Ehefrau zu finden.

Auf dem Campingplatz, wo wir unser Zelt aufgeschlagen haben, sind wir die einzigen Gäste. Jeden Abend laden wir die beiden Angestellten Labran und Sami zum Tee ein. Sie sind sichtlich erfreut darüber, dass sie mit uns Französisch sprechen können und vertrauen sich uns an: «Die libysche Polizei macht ständig Razzia. Letzte Woche hat man 400 Illegale in Lastwagen an die Grenze befördert. Wir haben Angst.» «Ich traue mich schon nicht mehr zum Friseur.» Für Sami kommt es aber nie und nimmer in Frage, sein Leben auf einer gewagten Fahrt übers Mittelmeer aufs Spiel zu setzen.

Eines Tages zeigt Nathalie das Bild ihrer Tochter Leyla. Sami verliebt sich augenblicklich über beide Ohren. Am nächsten Morgen ist er nicht mehr wiederzuerkennen. Er geht mit gesenktem Kopf auf Nathalie zu und weicht ihrem Blick aus. So macht man in Afrika einen Heiratsantrag! Danach übergibt er Nathalie den Brief, den sie der zukünftigen Braut aushändigen soll …

Die Stadt Ghat liegt so nahe an Niger, dass man sich Schwarzafrika näher fühlt als den arabischen Ländern. Der natürliche Humor der Afrikaner macht es möglich, über Dinge zu lachen, die in Libyen tabu sind wie Sexualität und Politik. Hier fühlen wir uns schon etwas wohler. In einem Straßenrestaurant, das von Einwanderern aus Mali geführt wird, brutzeln über einer alten Tonne Hühnchen und Lammfleisch auf dem gleichen fetten Rost.

Jede humorvolle Bemerkung wird mit einem intensiven Händeschütteln quittiert, man schnalzt mit der Zunge, um dem andern seine ungebrochene Aufmerksamkeit zu zeigen. Alle stehen auf du und du, statt arabischer Musik hört man nur noch kongolesische Rhythmen.

So weit das Auge reicht, Sahara, nichts als Sahara. Eine Landschaft aus Sand und Stein ohne den geringsten Festpunkt. Ihre furchterregende Größe und Weite macht uns klein, bringt uns die Winzigkeit des Menschen zum Bewusstsein. Unsere Silhouetten gleiten unbemerkt zwischen den Dünen hindurch, umfahren schwarze Berge, die der ewige Wind zu uneinnehmbaren Festungstürmen geformt hat. Auf einer Fahrradtour wird die durchfahrene Strecke mit ihren Bildern und Erlebnissen zum Kalenderblatt. Das Datum ist nicht so wichtig. Aber heute ist Weihnachten und Nathalie durch nichts aus ihrem Blues zu locken. Ich spüre, dass sie ist traurig ist, sich vorwirft, von ihrer Familie so weit weg zu sein, dass sie verletzlich ist wie selten. Man saust am anderen Ende der Welt herum und bleibt doch immer mit seiner eigenen Kultur verbunden…

Mir machen diese Strecken Freude, wo man sich vorkommt wie ein Nichts, auch wenn der Gegenwind einen berauscht und zum Wahnsinn treibt.

Unsere Stahlesel sind mit Proviant und Wasser voll beladen. Der von der Hitze zerborstene Asphalt beutelt uns gnadenlos. Am letzten *checkpoint* begrüßt uns ein junger Polizist respektvoll und etwas verwirrt. Seiner Logik nach scheint es höchst unwahrscheinlich, dass eine Frau auf dem Rad unterwegs sein soll. Mitleidig betrachtet er Nathalie, während er mir einen vorwurfsvollen Blick zuwirft…

Am Abend finden wir eine Akazie, die uns Feuerholz beschert. Die knorrigen Formen dieser Bäume, die man als Eingeständnis ihrer Schwäche gegenüber der großen Trockenheit deuten könnte, beweisen ganz im Gegenteil ihr bewundernswertes Durchhaltevermögen. Wir schlagen unser Zelt an dieser Stelle auf, als ob uns hier wohltuende Kräfte aus der Natur zuteil würden. Der hellblaue Horizont, unter dem sich eine Dunstschicht entlangzieht, erinnert an eine Küstenlandschaft, in der die Flammenzungen der Erdölindustrie glitzern wie die Lichter der Ozeanriesen vor einer fiktiven Küste.

Nach diesen langen Tagen erfasst uns eine gesunde Müdigkeit, die unsere Bewegungen sparsam werden lässt. Nathalie bäckt auf der Holzkohle Fladenbrot, auf dem Kocher verbreitet ein Topf mit Linsensuppe seinen Duft. Unser Zelt gibt uns das Gefühl der Geborgenheit und Sicherheit, wir fühlen uns wohl wie Tiere der freien Natur in ihrem Bau. Und sobald der Reißverschluss zu ist, versinkt für uns die Welt.

Wir freuen uns auf Ubari, einen größeren Ort von 25.000 Einwohnern. Nicht nur, weil wir uns ein feines Hühnchen mit Reis und Salat versprechen – wahrscheinlich das einzige Gericht, das es gibt –, sondern auch, weil es eine willkommene Abwechslung auf unserem Speisezettel bedeutet. Wir lassen uns Zeit, fahren vorbei an Bäumen, an Hütten aus Autotüren, Draht, plattgewalzten Tonnen, Plastik und Konservendosen, und gelangen schließlich ins Zentrum.

Ubari befindet sich am Eingang zum Wadi Al-Abyar, dem «Tal des Lebens», das früher wegen seiner vielen Nekropolen «Wadi Al-Ayal» «Tal des Todes» genannt wurde. Im Süden vom Massiv des Msak Settafet begrenzt, bietet diese Ebene, die sich mitten im Wüstensand etwa 150 Kilometer weit erstreckt, einige Überraschungen. Im Schutz von Palmwedelzäunen sind Gärten und Felder, wo vorallem Tierfutter angebaut wird. Zu unserer Freude entdecken wir Gemüse und Früchte in den herrlichsten Farben. Was uns in der Wüste so gefehlt hat! Die Garamanten errichteten dort das erste nordafrikanische Königreich und führten dort das Kamel ein, das die Römer aus Syrien mitgebracht hatten. Sie versorgten Karthago nicht nur mit Sklaven, sondern auch mit exotischen Produkten und dem grünen Schmuckstein Amazonit. Im zweiten Jahrhundert nach Christi Geburt bezeichnete der griechische Geograph Ptolemäus diese Region bereits als *Metropolis*.

Wir verlassen den Ort für einige Tage, um im Geländewagen, dem einzigen hierfür geeigneten Fahrzeug, das beeindruckende Erg Ubari kennenzulernen. Nathalie, offiziell im «Fahrradstreik», freut sich, für eine Weile der endlosen Asphaltschlange zu entrinnen, die nie ein Ende nimmt. Eine Welt von Sandwüsten ozeanischen Ausmaßes öffnet sich vor unseren Augen. Die Gipfel der hohen Dünen spiegeln sich in palmenumstandenen Wasserflächen. Bis 1987 war die Gegend der Seen noch von den Daouda bewohnt (Wurmesser). Die Daouda ernteten das Natron, ein kristallisiertes Natronsalz, das schon von den alten Ägyptern zum Mumifizieren verwendet wurde. Die Frauen fingen in den Seen winzige Schalentiere, die sie in der Sonne trockneten. Heute ist diese Wüste, die auf Postkarten grenzenlose Ruhe und Heiterkeit ausstrahlt, ein riesiger Spielplatz voller Lärm und Krawall. Lastwagen stark wie Panzer assistieren uneinsichtige Motorradfans, die nichts Besseres wissen, als mit Vollgas weitab der ausgetretenen Pfade ihren Stress loszuwerden.

Abfälle, die der Wind auf den Feldern verstreut hat, sind der Willkommensgruß der libyschen Städte. Die Militärzone von Sebha und ihr Flugplatz nehmen schamlos ein riesiges Areal für sich in Anspruch, was diesen grässlichen ersten Eindruck noch verschlimmert. Ein Plakat des großen Leaders kündigt den ersten Kreisverkehr der Stadt an. Vor dem Hintergrund der Wüste sieht man den starken Mann, der mit der Hand auf ein dickes Rohr zeigt, das Symbol des *Great Man-Made River*. Dieses Projekt des «großen künstlichen Flusses», das er am 28. August 1984 begonnen hat, wurde tatsächlich realisiert. Das Wasser verschiedener unterirdischer Wasservorräte in etwa 3.000 Metern Tiefe wird hochgepumpt und in gigantischen Pipelines aus dem Süden des Landes mehrere tausend Kilometer bis ans Mittelmeer befördert, wo es zur Bewässerung eines schmalen Grünstreifens zwischen Tripolis und Bengasi verwendet wird. Die Vorräte des blauen Goldes sollen schätzungsweise für 30 Jahre reichen. Manche sind über dieses pharaonische Projekt entrüstet und vergleichen es mit Assuan oder dem Staudamm der drei Schluchten (in China), denn die ökologischen Auswirkungen dieses Mammutprojekte sind nicht abzusehen. Ägypten, heißt es, habe sich bereits über ein beträchtliches Absinken des Nilwasserstands beklagt, das auf den Damm zurückzuführen sei.

Als wir die neuen Städte Suknah, Hun und Waddan durchqueren, empfinden wir ein ähnliches Gefühl der Entrüstung. Durch riesige Tore gelangt man auf unbebaute Gelände, die von unschönen Ziegelsteinmauern umgeben sind. Alles scheint unfertig, maßlos, ohne Seele, geradezu surrealistisch.

Zwischen den Städten allerdings überrascht uns immer wieder die unglaubliche Freundlichkeit der Libyer, die kaum an Touristen gewöhnt sind. Es vergeht kein Tag, an dem nicht Autofahrer zurücksetzen, uns Brot, Mineralwasser, Früchte und Falafel anbieten, uns manchmal sogar Geld offerieren!

Eine wohltuende Pause von mehreren Tagen in Sebha stellt uns wieder her, bevor wir es erneut mit dem ohrenbetäubenden Wind aufnehmen.

Die Bäume rauschen und biegen sich fast zu Boden, ein feiner Sandschleier wirbelt über den Asphalt. Der Sturm droht. Wir liegen flach auf unseren Rädern, jedes Mal, wenn ein Laster vorbeisaust, werden wir mitgerissen. Der aschgraue Himmel ist gesättigt mit Staub. Unsere Gesichter sind voll Staub. Die Landschaft ist in Trance. Museumsreife Limousinen schwanken, mit frischem grünen Heu hoch beladen, an uns vorbei, die Scheinwerfer mit Karton verklebt, damit sie vom Sand nicht zerkratzt werden. Die Straße schenkt uns plötzlich eine 90 Grad Kurve, und übergangslos steigert sich unser Tempo von den bisherigen tödlichen 12 Kilometern pro Stunde auf glückliche 30!

Wir fahren und fahren, bis die Nacht die Landschaft immer mehr verschluckt. In der Ferne bewegt sich ein grünes Licht. Ganz bestimmt ein Regierungsgebäude. Ein paar verlotterte Container kündigen den *checkpoint* an: Zwei Hunde, eine Katze und acht Polizisten. «Habt ihr Hunger? Wollt ihr was zu essen?» fragt einer von ihnen und stellt sich vor: «Ich heiße Abdul». Ein erleichtertes Lächeln erscheint auf unseren müden Gesichtern, als er seinen Brasero anzündet und uns einlädt, uns zu wärmen.

Heute ist Aid el-Kebir, das Hammelfest. Dank der Kälte bleibt uns das übliche endlose Begrüßungszeremoniell erspart. Der Abend verspricht in freundschaftlicher entspannter Atmosphäre zu verlaufen, als plötzlich draußen im Dunkeln laute Stimmen zu hören sind. Eine Gestalt nähert sich, ein Polizist, der einen zitternden Schwarzen am Kragen hält. Er stößt ihn vor sich her und sperrt ihn in eine Baracke. Seinen Kollegen sagt er: «No passport, no way».

Man hört den Gefangenen stöhnen und weinen. Uns läuft es eiskalt den Rücken hinunter. Leute, die so freundlich und höflich mit uns sind, können sich so verhalten? Der Zufluchtsort, der uns in letzter Minute Schutz vor dem Sturm bot, wird, was er immer war: Ein Kontrollposten der Polizei. Mitten in der Nacht hören wir Lärm und Geschrei. Abdul stellt den Kassettenspieler auf volle Lautstärke. Uns kommt der kalte Schweiß. Wir stellen uns das Schlimmste vor.

Ein Blick auf die libysche Fahne zeigt uns diesen Morgen Gegenwind, doch wir sind fest entschlossen, diesen verfluchten Ort so schnell wie möglich zu verlassen. Anscheinend ist der Afrikaner verschwunden … Der wachhabende Polizist spricht vom Aidsskandal. Mehrere hundert libysche Kinder wurden von kontaminiertem Blut angesteckt. Er hält sich an die offizielle Version, derzufolge vier bulgarische Krankenschwestern und ein palästinensischer Arzt den Virus absichtlich nach Libyen einschleppten. «In Libyen sind wir frei von alledem, pur. Bei uns gibt es keinen Alkohol, und Aids haben wir auch nicht», sagt er im Brustton der Überzeugung. Wir haben in der Nacht kein Auge zugetan und nicht die geringste Lust, über dieses Thema zu sprechen.

Trotz des heftigen Windes, der einem Ochsen die Hörner vom Kopf reißen könnte, ist heute ein Glückstag auf unserer Reise, die ja alles andere als gastronomisch zu bezeichnen ist. 45 Kilometer weiter kommen wir an einen *Checkpoint*, genau im richtigen Moment zum Barbecue. Die Polizisten nehmen gerade ihr Sonnenbad und heißen uns mit offenen Armen willkommen. Wir sind für sie eine Unterbrechung ihrer Routine, die einzig darin besteht, die wenigen Fahrzeuge so recht und schlecht zu kontrollieren.

Schlichtes schwarzes Vulkangestein wechselt sich ab mit hellen Zungen aus weißem Sand. So sieht der Dschebel El Sawal aus, der «schwarze Berg», auf dem einige wilde Dromedare herumirren. Bei unserem Picknick erscheint am Horizont eine Silhouette mit hellem Turban. Barfüßig, die Schuhe in der Hand, bleibt der Mann vor uns stehen, hockt sich auf die Fersen und starrt uns an. Er ist überwältigt. Nathalie denkt, er sei durstig und streckt ihm eine Flasche Wasser entgegen. In diesem Moment kommt ein Auto daher gefahren und hält abrupt an. Vier junge Libyer steigen aus und stürzen sich auf den Armen, weil sie glauben, dass er uns belästigt. Als sie ihren Irrtum feststellen, geben sie ihm ein paar Münzen und befehlen ihm, sich zu verduften.

Die Flachheit und die Unendlichkeit der Landschaft verändert unsere Wahrnehmung. Berge, die ganz nahe scheinen, sind in Wirklichkeit mehr als 30 Kilometer weit weg. Nachts sieht man die Autoscheinwerfer schon auf sehr weite Entfernung. Libyen ist so riesig, dass man darin untergehen könnte.

Ich habe mir angewöhnt, auf dem Weg heruntergefallene Holzstücke für unser abendliches Feuer zu sammeln. Nicht ein Hügel oder ein Busch, um unser Zelt vor der Furie des Windes zu schützen. Es ist bereits Nacht, als plötzlich zwei Scheinwerfer auf uns gerichtet werden. Polizeioberst Mohammed, der uns schon zu früher Stunde gesichtet hat, bringt uns Thunfisch in der Dose und den unumgänglichen Schmelzkäse La vache qui rit als Willkommensgabe. Am nächsten Morgen, 80 Kilometer weiter, trifft er uns wie versprochen und führt uns nach Maradah, eine allem Anschein nach sehr arme Oase. Die Einwohner behaupten allerdings, «wenn wir nach Wasser graben, worauf stoßen wir? Natürlich auf Erdöl.» «Was geschieht denn mit den Öldevisen?» «Alles, was sich über der Erde befindet, gehört den Libyern, was unter der Erde ist, gehört mir» behauptet Kadhafi...

Der irre Wind heult immerzu, ist ungreifbar. Der Sand peitscht uns, verkrustet sich in unseren Taschen, dringt in alle Körperöffnungen ein. Um unsere Anstrengungen bestmöglich zu verteilen, übernehme ich mehr Gepäck als Nathalie und versuche, sie gegen den Wind zu schützen, aber es nützt nichts. Wir werden durchgebeutelt wie zwei Strohpuppen. Wir sprechen kein Wort mehr, jeder flucht in sich hinein.

Das Mittelmeer kommt näher, nach und nach erscheint wieder Vegetation. Und jetzt bläst der Wind in die richtige Richtung. Endlich haben wir gewonnen: Nach 1.900 Kilometern liegt die libysche Wüste hinter uns.

Die Landschaft wird weniger herb, aber die libysche Gesellschaft bleibt gleich. Schon am frühen Morgen sind in den schlecht beleuchteten Cafes von Ajdabiya wieder nur Männer anzutreffen. Es riecht nach Tabak mit Apfelaroma. Wie hypnotisiert sind die Augen auf den Fernseher gerichtet, der abwechselnd die afrikanischen Fußballmeisterschaften und Videoclips ausstrahlt. Die Hände umklammern das Teeglas. Dann kommen ein paar Züge aus der Wasserpfeife und die Männer gehen wieder hinaus auf die Straße.

Wir haben seit Genf 5.000 Kilometer zurückgelegt und erreichen Bengasi, die zweitgrößte Stadt des Landes. Eine Pause nach einer langen Etappe, die uns einander näher bringt, denn unterwegs absorbiert das Wetter, das schlechte Essen und der Mangel an Komfort häufig unsere ganze Energie. Die Härte der Reise entwickelt zwar Teamgeist und Solidarität, doch wenn man täglich 24 Stunden zusammen ist, entstehen durch das spartanische Nomadenleben leicht Spannungen, die der Liebe abträglich sein können.

Heute ertrinkt Bengasi in einem entsetzlichen Sturm, dem Ghibli, jenem furchtbaren Südwind. Wir finden einige wenige Kolonialgebäude, die noch an die italienische Zeit erinnern. Doch wir sind weit davon entfernt, auch nur zu ahnen, welch dramatische Ereignisse hier 13 Tage später geschehen: Am 18 Februar 2006 wird das italienische Konsulat von 1.000 Demonstranten angegriffen, die gegen die Veröffentlichung von Karikaturen des Propheten Mohammed in Europa protestieren, weil sie ihr religiöses Empfinden verletzen. Mindestens zehn Personen kommen dabei uns Leben.

Wir verlassen Bengasi und entdecken eine liebliche Landschaft zwischen dem großen blauen Meer und dem Dschebel Akdhar, den grünen Bergen. Leider lässt der feine Regen in diesem Land, das keine Geschwindigkeitsbeschränkungen kennt, den Verwesungsgestank der zahllosen überfahrenen Tiere am Straßenrand – Opfer des intensiven Verkehrs – besonders widerlich hervortreten. Wind, Regen, Hagel: Der Winter ist da und wir liegen flach auf unseren Rädern.

Als das Wetter sich aufhellt, ruft uns ein Autofahrer aus seiner alten Kiste zu: «Was, ihr seid um diese Zeit unterwegs? Jetzt gibt es Essen *mangeria*, kommt zu mir nach Hause!» Er wohnt in einem einfachen Container mitsamt Frau, Mutter und sieben Kindern. Trotz der bitteren Kälte laufen die Kinder barfuss. Nur eine Gasheizung spendet spärliche Wärme. Kadija, seine Frau, serviert uns arabischen Cafe. Mit 42 Jahren besitzt Mohammed 100 Schafe, drei Pferde, Hühner, Katzen und Hunde. Aber bis jetzt hat er nur die Mauern seines Hauses bauen können. Das Geld fehlt. Seit mehr als sieben Jahren baut er. Er deutet auf die Decke, durch die es hereinregnet. «Das ist Kadhafi, 36 Jahre Kadhafi, nichts als Sch… Wir leben wie die Hunde, und einer seiner Herrn Söhne stolziert in Europa herum mit seinen 35 Billionen». Seine Offenheit erstaunt uns. Er hat nicht die geringste Angst. Tatsache ist, die nordostlibyschen Stämme waren seit jeher fanatische Kadhafigegner. Der Leader ist in diesem Landesteil schon mehreren Attentaten nur mit knapper Not entgangen. Zum ersten Mal fehlt Kadhafi in der Landschaft: Er wurde durch Werbeplakate ersetzt. Die Leute, die wir hier kennenlernen, sind alle sehr spontan in ihren Äußerungen und nehmen sich kein Blatt vor den Mund.

Die schmale Küstenpiste liegt vor uns, mit Steilküsten und natürlichen Einbuchtungen. Keine Spur einer menschlichen Gegenwart. Die Wadis, um diese Jahreszeit voller Wasser, ergießen sich ins Meer. In einem dieser Täler, dem Wadi Al-Kuf, wo heute Schafherden weiden, war die blutigste Schlacht des libyschen Widerstands gegen die italienischen Besetzer. Omar Mukthar, der lokale Che Guevara (heute auf dem libyschen Zehndinarschein abgebildet) wurde hier gefangen und 1931 vor 20.000 Gefangenen des Konzentrationslagers von Suluq gehängt.

Als wir Saad kennenlernten, hing er in der Jugendherberge von Tripolis herum. Diskret, aufgeschlossen, mit lebhaften Augen, bemerkte er uns gleich bei unserer Ankunft. Er sprach kein Wort Englisch, schrieb uns aber seine Adresse in Kyrene auf ein Blatt Papier und wollte unbedingt, dass wir ihn besuchen. 3.000 Kilometer und zweieinhalb Monate später kommen wir in seine Gegend. Wen sehen wir um die Kurve fahren, als wir gerade eine kleine Rast einlegen? Wie vom Himmel gefallen steht Saad vor uns. Er wohnt nur einige Felder weiter.

Saad ist der erste Libyer, den ich kenne, der zu Fuß geht (nicht Auto fährt) und Bäume liebt (nicht fällt). Er stammt aus einer Familie mit zwölf Kindern und träumt davon, gleich neben der archäologischen Fundstätte Cyrene mit ihrem imposanten Zeusstempel finnische Holzhäuser auf das Land seines Vaters zu stellen.

Er hat herbe knochige Gesichtszüge und ein großes Herz. Er möchte nicht in der Lethargie steckenbleiben, will sich von der erdrückenden Atmosphäre des Landes freimachen, er ist ein Mensch nicht wie alle andern, gehört zu den Unvernünftigen, zu denen, die die Dinge genau fühlen und die Welt verändern. Eine echte Freundschaft bahnt sich zwischen uns an. Wieder stelle ich fest: Nicht Völker und Nationen sind mir wichtig, sondern das Schicksal der einzelnen Menschen.

Säulengänge, öffentlichen Bäder, Tempel und eine Agora, die majestätisch auf ein grünes Plateau herabschaut, zeugen von der reichen Geschichte Cyrenes. An diesem Ort kann man einmal tief aufschnaufen. Sonst in Libyen in der Öffentlichkeit undenkbar, sieht man hier den Austausch von gewagten Zärtlichkeiten. Junge Leute mit dem Wunsch nach mehr Intimität verziehen sich an ein verstecktes Plätzchen in den Parkanlagen, und auch wir fühlen uns hier freier in unserem Verhalten. Im antiken Cyrene gab es eine effiziente gesellschaftliche Organisation, ein Sinn für Gediegenheit, Beständigkeit und Ästhetik, der in diesem Land mit seiner chloroformierten Atmosphäre so sehr fehlt.

Bevor wir uns verabschieden, besteht Saad darauf, uns ein gewitztes altes Männchen vorzustellen, seinen Freund Abdul. Abdul hat alle Verbindungen zu seiner Familie abgeschnitten und lebt in der Jugendherberge in einem fensterlosen Raum wie ein Eremit. Er hat sich, für Libyen total ungewöhnlich, einem gewissen Hedonismus verschrieben. Wir amüsieren uns köstlich, als er uns seine Höhle zeigt. Die Wände sind tapeziert mit neckischen Bildern aus seiner Don Juan Zeit. Die freien Gewohnheiten, die er sich während seines 22-jährigen Europaaufenthalts angeeignet hat, sind ihm geblieben. Weiß der Himmel, wie sich unser Nachtschwärmer den Alkohol besorgt, den er in Plastikflaschen von zwei Litern hortet. Mit nostalgischem Blick zeigt er uns vergilbte Photos der Altstadt von Susah. Mit melancholischer Stimme spricht er vom Hafen, vom Flugplatz, ja von der Drahtseilbahn der italienischen Besatzungsjahre. Er erzählt, wie die ersten Eukalyptusbäume gepflanzt wurden, wie alles so sauber war, und mit welchem Fleiß die italienischen Siedler ans Werk gingen, die, durch die Armut aus Europa vertrieben, mit leeren Händen in Afrika ankamen. Abdul spricht frisch und frei von der Leber weg, aber er schließt sorgfältig die Türe, bevor er die Bestechungsgelder der Regierung erwähnt. Plötzlich erscheint ein Mann im Zimmer. Abdul, an derartige Störungen gewöhnt, bietet ihm an, sich auf sein Bett zu setzen. Mir blinzelt er zu: «Der Herr ist von der Polizei. Er will wissen, wer Sie sind.» Der Fremde verzieht keine Miene. Saad, der sich nicht ganz wohl in seiner Haut fühlt, wird verhört, kann sich aber anscheinend herausreden. Nach erfüllter Pflicht erhebt sich der Polizist in Zivil unerwartet schnell und verschwindet in verlegener Stille.

Unser Visum läuft demnächst aus. Wir fahren weiter diese Küste entlang, die während des Zweiten Weltkrieges Schauplatz schwerer Kämpfe gewesen ist. In Tubruk wurde der Feuerbunker von General Rommel leergemacht, in aller Eile angestrichen, durchlöchert (Kugelfeuerimitation), illuminiert, und in ein Pseudo-Museum verwandelt, das innen allerdings nichts bietet als gähnende Leere. Nichts, was an den Wüstenfuchs erinnern könnte, vor dem Nordafrika zitterte. Gleich daneben liegen die Trümmer der amerikanischen B-24 Lady Be Good, die am 4. April 1943 an einem Angriff auf Neapel teilnehmen sollte. Ein Problem mit dem Motor, der heftige Sturm und dazu eine Treibstoffpanne veranlassten den Piloten zu einer 180-Grad-Wendung. Bevor die Führerkabine mitten in der libyschen Wüste aufprallte, konnten die neun Besatzungsmitglieder mit dem Fallschirm abspringen, was ihnen allerdings nicht das Leben rettete, denn sie sind alle elend verdurstet. Das Flugzeug wurde vom Sand verweht und erst 1958 entdeckt, um 1994 mit enormem Kostenaufwand nach Tubruk gebracht zu werden. Heute liegen die Trümmer vor dem Fremdenverkehrsbüro. Das Geld, das für den Bau des Militärmuseums vorgesehen war, ist verschwunden, wie uns ein Archäologe aus Kyrene berichtet.

36 Jahre lang hat die Regierung nur auf Erdöldevisen gesetzt. Jetzt scheint sie endlich aus ihrem langen Schlaf zu erwachen und erkennt, dass die archäologischen Stätten, die von den Italienern gepflegt wurden, dann aber sich selbst überlassen blieben, für Libyen ein großes Potential bedeuten. Seit kurzem inspiriert sich Libyen am ägyptischen Nachbarn, der seine Sehenswürdigkeiten zur Haupteinnahmequelle machte, und ist dabei, sich, dem Tourismus zu öffnen, sich also auf völliges Neuland zu begeben! Das Ministerium für Tourismus scheut sich nicht, für die Sonnenfinsternis vom 29. März den Besuch von 750.000 Touristen anzukündigen!

Wir gelangen endlich am libyschen Grenzposten an, der aussieht wie eine riesige Baustelle. Uns erwarten nicht weniger als sechs Kontrollen. Wie soll man unsere satanischen Ausländernamen auf einem Computer mit arabischen

Buchstaben eintragen! Die Zöllner kratzen sich am Kopf und suchen vergeblich das lateinische Alphabet…

Seit Bengasi liegen schlicht und einfach Schiffstaue quer über der Straße, damit langsamer gefahren wird. An der Landesgrenze jedoch hat Libyen etwas sehr Befremdendes an sich. Wir verlassen das viertgrößte Land Afrikas auf die gleiche Art und Weise, wie wir eingereist sind, nämlich durch ein Nadelöhr, einen Engpass, wo aus dem Asphalt ferngesteuerte ultramoderne Begrenzungspfosten herauswachsen!

Im Land der Pharaonen

Vor uns zwei hohe Mauern und ein Niemandsland, das seinen Namen gar nicht verdient. Auf beiden Seiten der Straße liegen massenhaft Abfälle und eine Menschenmenge, wie sie bunter und lauter nicht sein könnte sitzt und steht überall herum. Menschen, nichts als Menschen. Plötzlich landet eine Zwiebel mit heftigem Aufprall auf Nathalies Vordertasche. Ein Schwarm aufgeregter Halbwüchsiger in verdreckten Djellabas umringt uns. Ein Zöllner eilt uns zu Hilfe und versucht, die wilde Horde zu Vernunft zu bringen. Eine erbauliche Ankunft in Ägypten, das einen deprimierenden Eindruck von Chaos auf uns macht. Mit seinen 80 Millionen Menschen eine demographische Zeitbombe...

Wie an jedem Freitag sind die Moscheen diesseits und jenseits der Grenze berstend voll und die Straßen fast leer. Der beste Moment zum Fahren. Welch herrliche Ruhe nach dieser Aufregung!

Hinter den Kollektivtaxis sitzen Männer in Grüppchen auf den Fersen, ihre *galabeyas* (traditionelles Männergewand) streifen den Asphalt. Fahrzeuge voller Zementsäcke und Matratzen rumpeln vorbei, oben werden jede Menge an Passagiere mitbefördert, man sieht nur ihre Beine. Wir winken den Kutschern mit dem traditionellem «*As-Salam 'aleikoum*!» (Der Friede sei mit euch!). Ihre Frauen, von Kopf bis Fuß in Schwarz gehüllt, verfügen als Fenster in die Welt nur über den winzigen Spalt in Augenhöhe ... Ein Wagen überholt uns und hält. Der Fahrer steigt aus, gestikuliert mit Händen und Füßen und lädt uns ein: «Kommen Sie zum Tee!» «In Ägypten», sagt er während des Gesprächs, «kann man reden, aber machen, was man will, das kann man nicht...»

Auf dem Küstenstreifen leben die aus Libyen eingewanderten Beduinenstämme, die unter der Diskriminierung der «reinen» Ägypter zu leiden haben, die sie humorvoll als «Pharaonische» bezeichnen. Unser Gastgeber ist entrüstet, dass die Küste (traditioneller Wohnort der Nomadenstämme) vom ägyptischen Staat konfisziert wurde. Selbst Beduine, verdient er als Lehrer nur 200 ägyptische Lira (etwa 25 Euros) im Monat und hat in seiner Familie zwölf Personen, deren Lebensunterhalt er bestreiten muss. Den Namen seiner Frau zu sagen weigert er sich, und er gesteht uns, dass er vor der Hochzeitsnacht – wie es hier Sitte ist – nur ihr Gesicht, gesehen hatte, auf einem Photo, versteht sich! Als ich seine Meinung zum traditionellsten aller weiblichen Bekleidungsstücke, dem *Sundi Barid* (der ägyptische Humor nennt es einfach «Briefkasten»), hören möchte, findet er daran nichts auszusetzen. In dieser Hinsicht jedenfalls ist die Welt für ihn in Ordnung.

Bei unserer Ankunft im nächsten Dorf zupft uns ein Händler am Ärmel und führt uns zu seinem Stand. Im Verlauf des Gesprächs bittet er mich, die Schweiz mitsamt den angrenzenden Ländern in den Sand zu zeichnen. «Was», ruft er erstaunt, «ein Land ohne Meer, das gibt es?» Dutzende von Neugierigen versammeln sich augenblicklich hinter uns. Ständig haben wir eine Unzahl von Menschen um uns, daran werden wir uns gewöhnen müssen. Dass wir Schweizer sind, löst wahre Lobeshymnen aus, aber auch die plötzliche Erhöhung der Preise, die uns bei den Libyern erspart geblieben ist. Im folgenden Dorf werden wir Franzosen. Im Nu bildet sich ein kleiner Auflauf. «Zidane» ertönt es diesmal, dann recken sich die Daumen in die Höhe und es kommt ein triumphierendes Jacques Chirac. Der frühere französische Präsident ist durch seine Weigerung, Truppen in den Irak zu schicken, in den muslimischen Ländern unheimlich populär geworden.

Es wird Nacht in der Stadt Marsa Matrouh, ein Pick-up fährt vorbei und seine Passagiere bewerfen uns mit frischem Dung. Wir sind erst baff und dann empört über diese absurde und verächtliche Geste.

Wie alle heißen Länder wacht Ägypten auf, wenn es Nacht wird. Von der Fahrt müde irren wir durch hell erleuchtete Straßen voller Menschen. Uns gefällt die plötzliche Aktivität – Einkaufen ist nach dem Fußball der zweite Nationalsport. Überall spielende Kinder, Küchenchefs, die ihr Essen anpreisen, volle Cafes (in Ägypten eine Institution); in der chaotischen Entfaltung freien Unternehmertums zeigt sich eine in Vitalität, die wir in Libyen vermissten. Nathalie ist eine Attraktion. Sie wird aus Männeraugen unaufhörlich angestarrt. Als sie einmal im T-Shirt Rad fährt, lässt die Reaktion keine Sekunde auf sich warten. In allen Fahrzeugen verrenken sich die Männer den Hals, sind wie von Sinnen, denn das haben sie noch nie gesehen! Ich denke an die Bedeutung des Fahrrads für die Emanzipierung der Frau Ende des 19. Jahrhunderts, und an Annie Cohen Kopchovsky, der 1894–95 als erster Frau eine Weltumradelung gelang. Unglaublich! (Peter Zheutlin: *Mit dem Fahrrad um die Welt.* Die außergewöhnliche Reise der Annie Londonderry, Maxime Verlag 2012). Aber vor allem sehe ich, dass meine Gefährtin innerlich kocht und kurz vor der Explosion steht. Jeden Tag wird ihr Notizbuch schwärzer vor Wut: «Die Burschen hängen mir an der Lenkstange, mit ihren schlüpfrigen Fischaugen», etc.

Kurz vor Alexandrien bekommt man ostentativ mit der größten Unverschämtheit vorgeführt, dass nur eines zählt, das Geld! Über einhundert Kilometer reiht sich ein kitschiger Badeort an den anderen. Das Trugbild von Reichtum trübt sich allerdings bald, als wir im zähen Verkehr von Alexandrien stecken, wo wir wieder konfrontiert sind mit der nackten Wirklichkeit eines Landes mit himmelschreienden sozialen Gegensätzen. Die latente Gewalttätigkeit, die wir an der Grenze zu spüren bekamen, kann jederzeit aufflammen.

Der Autoverkehr spricht Bände über das kollektive Unterbewusstsein eines Volkes. In Ägypten Auto fahren heißt vorne die Augen und hinten die Ohren offenhalten. Die Kollektivtaxis rasen mit Todesverachtung dahin. Solange Radio und Hupe jaulen, ist alles ok, Allah führt das Steuer. Vielversprechend stehen auf einem die Worte «Never Dai», aber die Fahrkunst ist nicht besser als die Orthographie ... Der stärkere siegt. Unser Aufenthalt in Ägypten wird uns leider diesen ersten Eindruck immer wieder bestätigen.

Früher mussten alle Schiffe, die in den Hafen von Alexandrien einliefen, mitgeführte Manuskripte zum Abschreiben hinterlegen. Der alten Bibliothek aus dem dritten Jahrhundert vor Christi Geburt sagte man einen Bestand von 500.000 Bänden nach. Historiker behaupten, sie sei zwischen 50 vor Christus und 650 nach Christus zerstört worden. Heute hat die Stadt, in Fortsetzung der literarischen Tradition, die berühmte neue Bibliotheca Alexandrina gebaut. Ihr Dach besteht aus einer runden Scheibe von 160 Metern Durchmesser. Die Buchstaben von 120 verschiedenen Alphabeten sind auf der Außenmauer – aus Assuan-Granit – eingraviert. Der riesige Leseraum beeindruckt durch die Stille und das wunderbare Licht. Welch Kontrast zur lauten Stadt! Mit großem Pomp im Jahre 2002 eingeweiht, ist die Bibliothek Teil des Programms «Lesen für alle». Die Regierung wollte damals – über ganz Ägypten verteilt – 1.500 Bibliotheken einrichten. Doch die pharaonischen Ausmaße des Projekts von Alexandrien haben den ganzen Haushalt verschluckt. Hier, wo die Schrift und die Herstellung von Papyrus erfunden wurden, können 45 % der Bevölkerung – auf dem Land 85 % – nicht lesen und schreiben, die große Mehrheit davon sind Frauen.

In den belebten Straßen vergessen wir am Abend die harte Anstrengung des Tages. Oft werden wir ins Cafe eingeladen, wo die Männer Backgammon spielen oder sorglos ihre Wasserpfeife rauchen.

Die Frauen haben ihre eigenen Treffs. Oft sieht man sie im *sundi barit* vor den Auslagen stehen; feine Dessous sind besonderer Favorit ... Die Jungen wagen manchmal sogar einen schüchternen Flirt an der Küste. Die Straßen sind voller fliegender Händler, aber sobald die Polizei auftaucht, verschwinden sie wie der Blitz. Jeden Freitag kann die Moschee die vielen Beter nicht fassen, sie ergießen sich wie eine Flut in die umliegenden Straßen und Gassen, wo jeder seinen grünen Teppich zum Gebet ausrollt.

Wir verlassen Alexandrien und fahren mit Rückenwind durch riesige Plantagen, wo Dattelpalmen, Mangos, Mandelbäume und Erdnüsse wachsen. Fischverkäufer, die sich in der Straßenmitte aufpostiert haben, bieten den vorbeifahrenden Fahrzeugen ihren Fang an. Wir kommen ins Hinterland des Nildeltas, wo man kaum Touristen trifft. Die ländliche Atmosphäre macht uns Freude: eine Familie reitet auf dem Esel vorbei, die Frau trägt ihr Jüngstes auf der Schulter, ein Zugtier zieht geduldig den Wagen. In der Ferne wird mit aller Kraft gehämmert. Die Werkstätten – alle im Freien – vollbringen wahre Wunder: Durch Ausbeulen, Schmirgeln und Lackieren wird ein alter Bedford wieder fast wie neu.

Nach 6.800 Kilometern ist der Nil hier am Ende seiner langen Reise durch zehn afrikanische Länder angelangt. Auch das kleinste Fleckchen Erde wird bewässert, bepflanzt, bewohnt. Ein phantastisches Kapillarnetz von insgesamt 120.000 Kilometer Kanälchen, die mit einer Unzahl lärmender Pumpen ausgestattet sind, ermöglicht die Bewässerung von Reis- und Zuckerrohrfeldern. Eisvögel, Wiedehopfe und Regenpfeifer fliegen über die glitzernde Flut. Zwischen den Wasserhyazinthen geht ein Bauer durch den Morast; an den Füßen hat er in Ermangelung von Gummistiefeln alte Lastwagenschläuche.

Das Delta leidet unter Überbevölkerung. Auf dem Nil schwimmen so viele Abfälle, dass man den Strom schon die «größte flüssige Mülltonne der Welt» nannte. An einem Kanal hat jemand einen Müllhaufen angezündet, der aber nicht brennen will und einen höllischen Gestank verbreitet. Genau daneben waschen die Frauen Wäsche und Geschirr. Sie haben zu Hause kein fließendes Wasser, die Installation ist ihnen zu teuer: 1.000 ägyptische Pfund, das bedeutet fünf Monate Lohn!

Das Nildelta erinnert sehr an das Gangesdelta. Unendlich viele Menschen, Promiskuität, Straßen voller Erde, die hohen Schlöte der traditionellen Ziegeleien, die mit Holzkohle befeuert werden, das Geräusch des Dieselzuges und die Bahnschranken, noch mit Handbedienung. Ohne die göttliche Gegenwart des Nils wäre Ägypten nichts weiter als eine Wüste mehr, genau wie Indien ohne den Ganges nicht Indien sein könnte.

Bei der Einfahrt nach Rosetta, das an einem der beiden Mündungsarme liegt, gibt uns ein Polizist auf dem Motorrad Zeichen, ihm zum Posten zu folgen, um «unsere Papiere zu kontrollieren». Der erste Akt unserer langen und bewegten Beziehung zu den ägyptischen Ordnungshütern! Bei unserer Ankunft bricht der Kommissar in Lachen aus und fragt uns nach den Nummern unserer Fahrräder. Ein Polizist öffnet den Safe und gibt seinen Kollegen Pistolen, dazu Händevoll Munition, als würde er Süßigkeiten verteilen. Ich werde ungeduldig, werfe beide Arme in die Luft, wodurch sie wieder ernst werden. Zu guter Letzt begleiten sie uns zum Hotel, das verschafft ihnen Abwechslung und Gelegenheit, sich aufzuspielen.

Rosetta ist bekannt als Fundort des berühmten Steins von Rosette, der 1799 von den Soldaten Napoleons durch einen Zufall entdeckt wurde. Über zwanzig Jahre später gelang es Champollion, mit Intuition und unermüdlicher Arbeit, die Hieroglyphen zu entziffern. Der Stein von Rosette befindet sich heute im Britischen Museum in London. In der Stadt Rosette scheint kein Mensch mehr vor seiner Nachbildung stehen zu bleiben, die, stolz von zwei Kanonen flankiert, auf dem Hauptplatz einzementiert wurde.

Meist verursacht man sofort Stau, wenn man nach dem Weg fragt. Fußgänger, Taxichauffeure, Dreiradfahrer, alle bleiben mitten auf der Fahrbahn stehen. Nichtwissen einzugestehen ist undenkbar, und so lassen alle ihrer Phantasie freien Lauf, schicken uns in die gegensätzlichsten Richtungen. Zum Verrücktwerden. In Damiette, am zweiten Mündungsarm des Nil, treffen wir auf einen Radfahrer namens Mohammed. Er kommt wie gerufen und zeigt uns tatsächlich den richtigen Weg. Er begleitet uns zur Fähre, lässt es sich nicht nehmen, uns die Überfahrt zu bezahlen, und hilft uns, am anderen Ufer die Räder an Land zu hieven, indem er uns wie ein Mameluk den Weg bahnt gegen die dichte Menschenmenge, die aufs Schiff drängt. Leider sind alle Hotels voll. Mohammed gibt sich jedoch nicht geschlagen. Er fährt mit uns zurück aufs Festland und bringt uns zu einer Unterkunft, die zwar etwas teurer, dafür aber frei ist. Er trägt unsere Taschen hinauf, heißt uns herzlich willkommen, zahlt ohne unser Wissen die Hotelrechnung, und verschwindet spurlos in der finsteren Nacht!

Wir nähern uns Kairo. Der Wind bläst. Bereits in den ersten Straßen ist die Luft so verpestet, dass sie die Kehle reizt. Man kann kaum atmen. Mitten im Verkehrsstrom schwebt ein Tablett mit arabischen Fladenbroten über alle Fahrzeuge hinweg. Es ist einer der unzähligen virtuosen Brotverkäufer, der sich hier kunstvoll durch den dichten Verkehr schlängelt. *Bahia Alaleich* heißen diese Künstler der Lenkstange, die ihr Brot, arabisch baladi, mit dem Rad in allen Ecken und Enden der Riesenstadt ausfahren. Das einzige Stückchen Poesie, das uns Kairo bis jetzt offeriert hat.

Die größte Metropole Afrikas zählt 18 Millionen Einwohner. Die Ärmsten der Armen wohnen da, wo die Reichen ihre letzte Ruhe finden, im Friedhof, in der Stadt der Toten.

Um die Mittagszeit herrscht ein derartiger Verkehrsstau, dass wir die Taschen abmontieren und die Räder tragen müssen, um zwischen den Autos, die den Weg versperren, überhaupt noch durchzukommen. Die Stadt ist chaotisch und laut, Opfer ihres Wachstums, der überdimensionale legale und illegale Verkehr und Handel jeglicher Natur macht ihr zu schaffen. Wie die Sphinx, die Rätsel aufgibt und all denen das Leben nimmt, die sie nicht lösen können, leidet Kairo, «die Mutter der Welt» an innerer Erosion.

Unsere erste Reaktion ist eindeutig: Nichts wie weg aus dieser tosenden Megalopole. Das einzige, was uns noch hier hält, ist unser Treffen mit den *Bahia Alaleich*, über die wir einen Artikel schreiben möchten. Kairo bedeutet für uns auch einen «Teamerfolg», denn eigentlch hört unser gemeinsames Projekt hier auf. Nathalie möchte nach Jordanien und Syrien, ich dagegen nach Süden in Richtung Sudan und Äthiopien, das ich noch nicht kenne. Doch am Ende radeln wir zusammen weiter. Einstweilen schreibe ich mein Reisetagebuch für «*La Liberte*», eine Tageszeitung in der welschen Schweiz, und Nathalie verfasst wieder einmal eine Geschichte für www.yaksite.org. Diese Artikel und die materielle Unterstützung von Fahrrad- und Sportausrüstungsfabrikanten halten mich über Wasser. Nathalie lebt von ihren Ersparnissen. Bei Gelegenheit schreiben wir gemeinsam Reportagen, wir erzählen andern, was wir erleben und die Reise bekommt einen neuen Sinn. Dazu brauchen wir Internet und müssen unseren Rhythmus entsprechend planen. Die Schreiberei hat eine gute Seite: Sie schärft den Blick fürs Detail. Hin und wieder lesen wir Autoren des Landes, auch die lokale Presse – falls auf Französisch oder Englisch vorhanden – das hilft, Vieles zu verstehen. Schreiben ist unser gemeinsames Hobby, wir gehen sogar so weit, unsere Texte gegenseitig zu korrigieren!

Wir müssen die Pyramiden besichtigen. Der Gründer des ersten Reisebüros überhaupt, Thomas Cook, hatte die gute Idee, 1869 die erste Nilkreuzfahrt zu veranstalten, selbstverständlich mit Besuch dieser kolossalen Monumente. Anfang des 20. Jahrhunderts kamen dann die Touristen in Scharen und stiegen die hohen Stufen hinauf, die heute, zumindest offiziell, nicht mehr betreten werden dürfen.

Nach den Attentaten auf ausländische Besucher, die während der letzten Jahre verübt wurden, hat die ägyptische Regierung durch die Schaffung der *Tourist and Antiquities Police* ihre Macht konsolidiert und die Überwachung verschärft. Neben Suezkanal, Erdöl und Emigration ist der Tourismus eine der Haupteinnahmequellen der nationalen Wirtschaft. Von einem Tag auf den anderen wurde die Eintrittsgebühr für das geringste Monument praktisch verdoppelt, damit diese – übrigens äußerst bestechliche – Sonderabteilung der Polizei finanziert werden kann! Diskret schlägt uns ein Wächter vor, doch nicht darauf zu verzichten, die Pyramide unserer Wahl zu besteigen. Ob klein, ob groß, das hängt nur von unserem Portemonnaie ab.

Diese Polizei, mit Walkie-Talkie ausgerüstet, reitet auf Dromedaren und wacht von nun an über die Besucher. Sie macht auch Jagd auf fliegende Händler, denen alle Mittel recht sind, um illegal in die archäologischen Stätten hineinzugelangen, indem sie sich z. B. in mustergültige Touristen verkleiden, um dann den echten Touristen Postkarten oder andere Souvenirs zu verkaufen.

Ich mache mich ganz klein, um in den Bauch der Cheopspyramide (146 m) zu gelangen. Schwer lasten auf ihr die 46 Jahrhunderte ihres Bestehens und schwer lasten die 2,3 Millionen Kalksteinblöcke mit ihrem Durchschnittsgewicht von 2,5 Tonnen! Wir schlüpfen durch einen düsteren Gang und steigen eine Leiter hinauf, die an eine Metrorampe erinnert.

Die Ankunft einer Gruppe japanischer Pensionisten, die daran gewöhnt sind, den engen Raum auf ihrem Inselreich mit anderen zu teilen, macht die Luft bald unerträglich. Im Halbdunkel der Grabkammer erfasst den Besucher eine seltsame Beklommenheit. Man steht sich selbst gegenüber, vor dem Nichts, fühlt sich ausgelöscht. Zwei junge Westler sitzen im Meditationssitz und lassen sich beim Psalmodieren unverständlicher Mantras durch den ununterbrochenen Strom der modernen Altertumsforscher, die auch russisch oder chinesisch sprechen, in keiner Weise stören. Wieder draußen in der hellen Märzsonne erblicken wir die Sphinx, die uns den Rücken kehrt. Durch Kairos maßlose Dimensionen wird dieses Heiligtum fast in den Rang einer kleinen Vorstadtsehenswürdigkeit herabgewürdigt. Kein Wunder, wenn sich die Pharaonen in ihren Sarkophagen umdrehen.

Angesichts meiner Entschlossenheit, zum Horn von Afrika weiterzuradeln, gibt Nathalie ihren eigenen Plan auf. Wir fahren Richtung Süden.

Von Kairo aus steuern wir die Sinaihalbinsel an. Schon sind wir wieder in der Wüste. Ein Radfahrer kommt uns entgegen: Freundlich, schlecht rasiert, mit Turban, ist dieser Italiener aus Apulien von einem Ägypter nicht zu unterscheiden. Ciro (sprich Tschiro) ist Maler aus Liebe und hat ein großes Herz. Aus dem Anhänger, den er hinter dem Fahrrad herzieht, schauen faltbare Staffelei und Klappstuhl hervor. Seine Bilder auf Sperrholzplatten wollte er eigentlich verkaufen, doch er bringt es nicht fertig, sie in bare Münze umzuwandeln, es macht ihm viel mehr Freude, sie zu verschenken. Seine Geschichte? Eines schönen Tages gab er das Patent für seine Bar zurück, schloss die Türe hinter sich zu und reiste ab, ohne seiner Freundin zu sagen, dass er erst nach fünf (!) Jahren wiederkommen würde. Doch er macht sich keine Sorgen. Erst kommt die Reise, ein Geschenk des Lebens. Ciro ist kein Fahrradfanatiker. Ganz im Gegenteil: Etwas phlegmatisch, eine Art Gainsbourg, die Anzahl der Kilometer ist ihm egal. Er schnuppert die Orte an und freut sich an seinen Mitmenschen. In den letzten sechs Monaten hat er nur 3.800 Kilometer zurückgelegt, und dabei die Türkei, Syrien und Jordanien durchquert. Damaskus und eine Frau haben ihn einige Monate festgehalten. Jetzt hat er vor, in Kairo für unbestimmte Zeit vor Anker zu gehen. Er will eine Rundfahrt durch Afrika machen, bis hinunter zum Äquator und wieder hinauf, um 2011 in Marokko einzutrudeln.

Am Anfang benutzte er Wegwerfkameras, bis er sich entschloss, zehn Euro für einen gebrauchten Apparat zu investieren und ansonsten mit seiner Farbpalette die Atmosphäre von Plätzen und Menschen einzufangen. Internet? Braucht er nicht. Dass ihn das moderne Zeug kalt lässt, macht ihn nur noch sympathischer!

Wir setzen uns in ein Cafe auf halbem Weg zwischen Kairo und Suez, mitten in der Militärzone. Es ist gegen sieben Uhr abends, da marschieren zwei Generäle im Sturmschritt herein. Was sollen sie mit drei müden Cyklonauten anfangen, die noch dazu Zeit haben, so viel sie wollen? Sie beschließen, dass wir ausnahmsweise für eine Nacht in ihrer Schutzzone bleiben dürfen. Einer von ihnen vertreibt die beiden Angestellten aus ihrem Zimmer und befiehlt uns, dort zu nächtigen, obwohl uns das ganz schön in Verlegenheit bringt. Ciro stellt sein Zelt im Cafe auf und wird mitten in der Nacht von einer fröhlichen Mäuseschar aus dem Schlummer gerissen.

Am nächsten Morgen fahren alle wieder los; der Abschied stimmt uns traurig, doch wir hoffen auf unseren guten Stern, der uns eines Tages «irgendwo im Süden» wieder zusammenführen wird. Die Zeit zusammen war kurz, dafür aber umso intensiver. Wie so oft frage ich mich, ob wir uns noch einmal begegnen …

Hier in Ägypten muss man oft stundenlang suchen, bis man ein bezahlbares Hotelzimmer auftreibt. Aber manchmal setzt man sich nur zum Tee auf eine Terrasse, und das Leben sorgt von alleine für alles. So ergeht es uns in Suez. Wir sitzen im Cafe, da spricht uns Tarek an, bärtig, und, wie sich herausstellt, ein glühender Verfechter der guten Sache. Er lädt uns zu sich nach Hause ein. Es gibt Tee und Gebäck, Mutter und Schwester erscheinen, ohne Schleier und mit nackten Füßen. Still und zurückhaltend, heißen sie uns mit einem Lächeln willkommen. Tarek freut sich auf seine erste Auslandsreise: Er geht nach Dänemark, um seine Ausbildung in medizinischer Technologie abzuschließen. Es dauert nicht lange, bis mir klar wird, dass er uns um jeden Preis bekehren will. Er ist Missionar wie ich Radfahrer, durch und durch, pausenlos und ohne Konzessionen. Ein Fanatiker. Er schenkt mir den «Kleinen illustrierten Führer zum besseren Verständnis des Islam» ein gutes halbes Kilo Papier, das zu studieren ich ihm verspreche. Einige Stunden später sind wir wieder auf freiem Fuße, erleichtert atmen wir die frische Luft des Suezkanals. Wann immer ein Schiff unter amerikanischer Flagge auftaucht, befiehlt uns die Polizei, deren

Argusaugen nichts entgeht, augenblicklich zu verschwinden. Auf der Seite gegenüber sehen wir die Berge Saudiarabiens, dort liegen Mekka und Medina, die heiligsten Stätten der Mohammedaner.

Mit Realismus und Ironie charakterisieren die Ägypter die drei Präsidenten seit der Unabhängigkeit (1956): «Nasser hat dafür gesorgt, dass alle Ägypter *mesh* zu essen hatten (Käse aus dem Nildelta), Sadat hat uns *rish* beigebracht (Betrug, wilden Kapitalismus, Korruption), der dritte, Moubarak, hat keine Spur Charakter, wenn ihm eine Fliege auf der Nase sitzt, hat er Angst, sie zu verscheuchen (*Ouala be hich, Ouela bi Hinidi!*).»

Die Suezkanalzone wird so scharf überwacht, dass wir nicht am Wasser entlangfahren können wie geplant. Die ägyptische Armee ist allgegenwärtig und verbietet uns, Aufnahmen zu machen. Selbst in den Städten Ismaelia und Port Said spürt man Spannung in der Luft. Die Polizisten lassen sich leicht in verschiedene Kategorien einteilen: die Lässigen, die Nachlässigen, die Stiefellecker, die zukünftigen Bosse, die Kommandierer ... Aber unser Verhältnis zur Polizei verschärft sich. Nach und nach werden die Hüter des Gesetzes immer anhänglicher; sie kleben uns auf den Fersen wie ein *Baklawa*. Wir fangen an, sie noch mehr zu hassen als den Gegenwind!

Immer weiter fahren wir durch die trockene Landschaft, die obere Hälfte der Frachter gleitet über den hellen Sand wie in einem surrealistischen Film. Der Kanal, das geniale Projekt von Ferdinand de Lesseps – die Verbindung zwischen Mittelmeer und Rotem Meer – wurde offiziell am 17. November 1869 mit großem Gepränge eingeweiht, in Gegenwart von Kaiserin Eugenie, Gemahlin Napoleons III, und des österreichischen Kaisers Franz Joseph. Für den Seeverkehr war eine neue Epoche angebrochen: Die Schiffe brauchten Afrika nicht mehr zu umfahren, eine Einsparung von etwa 8.000 Kilometern.

Wir sind in Rasr Sudr und gerade dabei, unser allabendliches Ritual zu vollziehen: Am Ende des Tages auf einer Terrasse ein Glas Tee zu uns zu nehmen. Da hält ein Wagen der Staatssicherheit mit – sieben Männern an Bord – knapp vor unserer Lenkstange. Der James Bond vom Dienst steigt aus und fragt trocken, was wir hier zu suchen hätten. «Tee trinken.» Diese Antwort genügt ihm nicht. Er hat die Aufgabe, uns zu schützen. «Wo schlaft ihr?» fragt er drohend, als seien wir Spione oder Journalisten. Da wir uns kategorisch weigern, in einem der beiden Luxushotels abzusteigen, geben die Hüter des Gesetzes auf. Nach zähen Verhandlungen campen wir schließlich mit ihrer Genehmigung auf einem unbebauten Gelände neben dem Polizeigebäude. Einige Stunden später kommt der ihr Boss und befiehlt uns, zusammenzupacken. Das ist zu viel. Vor Erschöpfung außer mir springe ich auf und gehe auf ihn los: «Fällt uns nicht ein! Meine Frau ist todmüde! Die Polizei hat uns den Ort angewiesen!

Wir bleiben hier.» Er ist unnachgiebig, aber ich auch. Ich beleidige ihn ausgiebig, erspare ihm nicht ein verächtliches «fuck you» und kehre ins Zelt zurück. Seine Untergebenen grinsen hinter seinem Rücken. Er tut so, als hätte er nicht verstanden und kapituliert.

Am nächsten Morgen, kurz nach Sonnenaufgang, kommen seine Leute wieder. Ich schicke sie stehenden Fußes zum Teufel. Sie entfernen sich, geben aber nicht auf. Radfahrer sind für Polizisten ein Buch mit sieben Siegeln. Müde und ausgehungert werden wir empfindlich und manchmal unerträglich. Wir brauchen zwei Stunden, um eine Mahlzeit zuzubereiten und das Zelt einzupacken. Wie in einem bösen Traum erscheinen die Polizisten natürlich gleich wieder. Einer von ihnen, ein genauer Schweizer ist nichts dagegen, deutet pedantisch auf seine Uhr, verunsichert durch uns Radler, die wir erst abfahren, wenn wir fertig sind, und vorher nie wissen, wo wir nächtigen. «Wann?» fragt er schwach. Statt der Uhr zeige ich ihm mein Sandwich, und wieder machen sie kehrt.

Wir sind endlich startbereit, doch sie lassen uns nicht in Ruhe «Wo fahrt ihr hin?» «Nach Sainte Catherine». Mein Gegenüber runzelt die Stirn. Das Kloster scheint ihm per Fahrrad unerreichbar und außerdem will er nur das heutige Ziel wissen, denn er lebt wie alle Araber in den Tag hinein. Wenn ein Ägypter fragt «wohin fahrt ihr?» denkt er «jetzt» oder höchstens «heute». Eine Reise mit dem Rad wäre nichts ohne totale Bewegungsfreiheit und nie empfanden wir, wenn wir mit der Polizei zu tun hatten, auch nur das geringste Schuldgefühl. Im Gegenteil! Ihr sinnloser Zirkus verstärkt nur unsere Entschlossenheit und spornt uns an, unsere Taktik zu verfeinern …

Die Straße entfernt sich vom Golf von Suez in Richtung Gebirge. Drückende Hitze von 43 Grad erwartet uns im Canyon von Feiran, dem Canyon der 12.000 Palmen. Ein Kamel kaut mit Methode ein Stück Plastik, ein anderes hat es geschafft, eine junge Akazie bis auf das letzte Blättchen kahl zu fressen und läuft mit staksigen Schritten davon Wie können diese Tiere die Stacheln verdauen, die meine Sandalen durchbohren, dazu dieses verdammte Plastikmaterial, das allem widersteht, sogar der Zeit? Aus einem kaputten Tanklastwagen ohne Kühler und Windschutzscheibe läuft ein kleines Bächlein Wasser auf den Asphalt. In diesem höllischen Dekor scheint sich Nathalie nahezu aufzulösen. Endlich kommt ein Kloster, die erste christliche Stätte der Sinaihalbinsel. In seinem Schatten ruhen wir aus, inmitten von Jasmin und herrlichen Orangenplantagen. Das Haus Gottes ist hier schöner als das Haus des Menschen.

Im ersten Morgenlicht klettern wir leichten Herzens auf den Gipfel des Berges Ste. Catherine (2.642 m). Roter Fels, Kalkstein, Azurit und Granitverwerfungen erzählen in Farbe die geologische Geschichte des Sinaidreiecks, das, zwischen Afrika und Asien gelegen, vor 20 Millionen Jahren mit ihnen einen einzigen Kontinent bildete. Im Osten liegt der Golf von Aqaba, 1.800 Meter tief, Teil des Rift, des 6.000 Kilometer langen tektonischen Bruchs, der sich von der Türkei bis nach Kenia erstreckt. Im Westen liegt der Golf von Suez und weiter nördlich der Suezkanal. Seit der Zeit der Pharaonen ein Ort der Migration und der Zuflucht, ist Sinai heute ein touristisches Ziel, sein größter Anziehungspunkt ist das orthodoxe Kloster Ste. Cathrine, aus dem Jahr 560.

Inmitten der roten Wüste führt uns ein Gärtner in einen *bustan,* den er mit sehr viel Liebe pflegt: Wir entdecken einen harmonischen Garten mit einigen Obst- und Olivenbäumen und von der Erosion skuril geformten Steinblöcken, der von einer hohen Mauer umgeben ist, um die Pflanzen vor der Gefräßigkeit der Kamele zu schützen. In einem Bustan soll die wahre Natur des Menschen und des Ortes zum Ausdruck kommen. Ich spüre die Aufmerksamkeit des Gärtners für die richtige Anordnung, spüre die Sorgfalt, die er auch dem kleinsten Detail widmet, fühle Konzentration wie in einem Shintotempel. «Wer einen Baum tötet, tötet eine Seele», sagen die Beduinen. In den Wüsten Zentralasiens, wo der Garten als Verkörperung des Paradieses verehrt wird, pflanzt der Vater bei der Geburt eines Sohnes einen Baum.

Pierre Loti, schreibt von der Sinaihalbinsel, die er 1894 auf dem Kamel durchquert hat: «Hier? Nichts. Nie. Hier ist ein verfluchter Teil der Erde, der undurchdringlich bleiben möchte, wo der Mensch nichts zu suchen hat.» Im Hochland, wo die Nomaden zu Hause sind, erzählt man oft die Geschichte «des Franzosen, der Beduine werden will». Ahmed meinte zwar, das Beduinenleben sei zu hart für ihn, doch nichts kann Loti bewegen, nach Europa zurückzukehren, auch nicht der Befehl des Scheichs. Er kauft Kamel, Zelt und Vorräte und zieht in die Wüste. Eines Tages ist nichts mehr zu Essen da. Er geht in ein Beduinenlager und kauft dort die beiden einzigen Dinge, die es gibt: Salz und Zucker. Er hängt einen Sack rechts auf das Kamel, den andern links. Unterwegs macht er halt, kocht Tee, schläft ein, vergisst aber, das Kamel festzubinden. Als er aufwacht, ist es mitsamt seiner Last verschwunden. Er geht auf die Suche, dreht sich im Kreis. Schließlich entdeckt er ein anderes Lager. Dort sieht er einen Alten, der am Feuer liegt. «Hast du mein Kamel gesehen?» fragt er. Der Alte reagiert nicht. Er hat nichts gehört, denkt Loti und wiederholt die Frage lauter. Diesmal bekommt er Antwort. «Du hast die Teekanne vom Feuer genommen», sagt der Beduine. Eine Frage zu stellen, bevor man zusammen Tee getrunken hat, bedeutet einen Mangel an Geduld und Höflichkeit. Der Franzose wird unruhig und versteht nicht sofort, was gemeint ist. Der Beduine sieht dem Fremden in die Augen. «Dein Kamel trug Zucker und Salz, es war auf einem Auge blind und man hatte ihm den Schwanz abgeschnitten». Der Franzose gerät außer sich, verliert die Fassung. Er ist überzeugt, den Dieb vor sich zu haben. «Woher weißt du das?» schreit er. In aller Ruhe gießt ihm der

Alte Tee ein: «Ich habe zwei weiße Spuren gesehen, die eine war mit Ameisen bedeckt, die andere nicht. Die Pflanzen fehlten nur auf einer Seite des Wegs, und in der Mitte hinterließ das Tier einen großen Haufen!» Der Franzose begreift nichts mehr. Sie begeben sich zusammen zum Scheich, der ihm rät, unbedingt wieder in seine Heimat zurückzukehren ... Als Beduine wird man geboren, werden kann man es nicht.

Eine Sonnenfinsternis verursacht den angenehmen Temperatursturz von 11 Grad, als wir die Berge von Sinai verlassen. 1.570 Meter tiefer verkaufen die Ägypter im kleinen Badeort Dahab den Sonnenanbetern aus Europa was ihnen die Natur im Übermaß geschenkt hat: Sonne. Dahab liegt am Roten Meer, eine Art Kathmandu mit Badebetrieb. Meine erste Reaktion: Nichts wie weg, und zwar schnell! Doch Nathalie ist leidenschaftliche Taucherin und möchte mir die Herrlichkeiten des Meeres zeigen.

Die ägyptische Regierung hat kürzlich beschlossen, alle Palmhütten aus der Hippiezeit zu entfernen. Die Speisekarten in den Restaurants sind dem neuen Geschmack angepasst. Auf Englisch und Russisch gibt es alles, was das Herz begehrt, Pizza und Rindfleisch a la Stroganow, aber man hat die größte Mühe, ein einfaches *baladi* zu finden. Man hört Musik unsere Jugend: Bob Marley, Freddie Mercury und Cat Stevens. Die Kundschaft drängt sich in Geschäften voller indischer Schals und ägyptischer Baumwolljacken, aus den Läden strömt Weihrauchduft. Sanfte Musik aus der Buddha Bar will zum *Farniente* verführen. Überall schattige Terrassen, niedrige Tische, Kissen, Kerzen in durchgeschnittenen Plastikflaschen. Fliegende Händler mit jeder nur erdenklichen Ware und provozierende junge Leute hauen die Touristen an und bringen Vokabeln aller Sprachen an den Mann, die sie weiß Gott wo aufgeschnappt haben.

In der türkisfarbenen Bucht empfängt eine Ägypterin, schwarz gekleidet und verschleiert, mit all ihren Gewändern die Wassertaufe, daneben tummeln sich die Ausländer in der Badehose.

Die ägyptische Küste am Roten Meer kommt mir vor wie eine Mischung aus Las Vegas und Costa del Sol. Sie hat ihre Seele verkauft. Die Bauarbeiter hausen in Notunterkünften zu Füßen zukünftiger Luxushotels, die unter anderem gebaut werden, um das Geld korrupter Minister reinzuwaschen. Exklusive Orte aller Superlativen, geschmacklose Paläste, von Ägyptern oft als des Nonplusultra der Modernität bezeichnet... Schockierend! Verdutzt schauen wir uns an, verärgert, wir können nicht glauben, dass wir nach sechs Monaten im Sattel ausgerechnet hier gelandet sind. Plötzlich stellen wir uns die Frage: Hat diese Reiserei überhaupt noch einen Sinn?

Seit wir im Land sind, wird unser Verhältnis zu den Ägyptern immer schlechter. Je mehr sich die Leute für uns interessieren, umso aufdringlicher und betrügerischer sind sie am Ende. Wir werden misstrauisch und aggressiv, ohne es zu wollen. Die Ägypter schämen sich nicht im geringsten, wenn sie uns sagen: «Für die Leute von hier kostet es so viel, ihr aber müsst vier mal so viel bezahlen». Und dann sind sie verärgert, wenn man auf ihren Preis nicht eingeht. Sich auf der glorreichen Vergangenheit des Pharaonenreichs auszuruhen bringt gewiss Ansehen und Devisen, löst aber nicht die sozialen Probleme. Wie dem auch sei, die Ägypter haben für Darwin nichts übrig, sie müssen immer die ersten sein. «Aber im Augenblick haben nur ägyptische Fußballer einen ersten Platz erobert, nämlich bei den afrikanischen Meisterschaften», meint ein Freund in Kairo. Paul Fournel (*Poil de Cairote*, Fiction & Cie, Editions du Seuil, 2004), hat wohl recht, wenn er schreibt: «Von den paar Millionen Armen abgesehen, kommt die Armut allen nur gelegen: sie sorgt für billige Arbeitskräfte, zähmt kämpferische Naturen durch die Notwendigkeit, unterhält die Ignoranz und erhält den Glauben an eine bessere Welt nach dem Tode, und vor allem bleiben für alle die Preise tief. Politiker, Klerus, Reiche wie Neureiche kommen ohne die Armut nicht aus. Um sie um jeden Preis aufrechtzuerhalten, sind sie bereit, großzügig Decken, Brot, Getreide, heiße Suppe und gute Ratschläge zu verteilen, und daraus eine Schau zu machen! Wohltätigkeit ist so viel billiger als soziale Gerechtigkeit.»

Wir schiffen uns auf einer Fähre ein, um ans Westufer des Roten Meers zu gelangen. Von da aus radeln wir nach Al Qusair. Zur Zeit der Pharaonen war der Ort der wichtigste Hafen am Roten Meer. Gewürze, und später Mekkapilger kamen über diese Verbindungsstelle zwischen dem Niltal und Asien. In den Cafes mit ihrem altertümlichen Charme gibt es anstelle von Stühlen *khanabas* (Bänke mit teppichbedeckten Lehnen). Die Halbwüchsigen, in Jeans und T-Shirt, sprechen die Ausländer ungeniert an, und fuchteln demonstrativ mit ihrem Handy. In den Cyber-Cafes ertönen ohne Unterbrechung Koransuren, die jungen Leute chatten, spielen Bildschirmfußball, steuern virtuelle Rennwagen oder schauen sich eine Porno-Site an. In dieser Stadt, die sich so lässig gibt, herrscht ein tiefer Abgrund zwischen den Generationen. Nur noch die Alten leben im Rhythmus der *salat* (der fünf täglichen Gebete).

Im Sea Princess, dem einzigen billigen Hotel, sind wir wieder einmal mit der sexuellen Frustration der Ägypter konfrontiert. Wir sitzen in unserem Zimmer, engumschlungen, und was muss ich sehen? Ein Voyeur begafft uns durch das Fliegengitter oben in der zum Gang gerichteten Wand. Da packt mich die Wut. Ich springe auf die Füße und erwische ihn tatsächlich, den Stuhl noch in der Hand. Er leugnet, aber ich gebe nicht nach. Er sei dabei, unser Fliegengitter zu reparieren! Ich gehe mit ihm zum Hotelbesitzer, der ihn mit Schimpfwörtern überhäuft, aber trotzdem nicht hinauswirft. Ein anderer Nachbar, der seine Türe halb offen lässt, masturbiert sich fröhlich jedes Mal, wenn Nathalie vorbeigeht. Die Männer täten nichts lieber, als sich den Frauen frei zu nähern, doch keiner duldet, dass jemand seine Mutter, seine Schwester, Tochter oder gar seine Frau auch nur zu Gesicht bekommt ... Höchste Zeit, dass wir hier fortkommen.

Um vier aus den Federn, um fünf Abfahrt. Die erbarmungslose Hitze des Tages zwingt uns, früh am Morgen aufzubrechen, wenn es noch relativ kühl ist. Am ersten *checkpoint* versperren uns fünf Polizisten in Uniform, die nicht ein Wort Englisch verstehen, kategorisch den Weg. Sie zwingen uns, hoch oben auf einem Lastwagen voller Zementsäcke 85 Kilometer zurückzufahren. Am nächsten *checkpoint* das gleiche: Man weigert sich, uns fahren zu lassen. «Eines steht fest, nach Ägypten kommen wir nicht wieder!» Nathalie ist wütend. Die Polizisten mit reichbetressten Uniformen lassen sich herrschaftlich Tee bringen. «Sie glauben doch nicht im Ernst, dass Terroristen eine Bombe auf zwei Radfahrer werfen! Da sind Ihre Militärkonvois schon bessere Ziele!» Eine Frau aus dem Westen, die so entschlossen auftritt, lässt die Herren nicht ungerührt, wo ihnen doch daran gelegen ist, das Bild eines gastfreundlichen Landes aufrechtzuerhalten. Die Atmosphäre entspannt sich etwas. Nach ein paar Telefonaten, die Sonne steht allerdings schon im Zenith, sind wir wieder frei ... Für die nächsten 165 Kilometer Wüste!

Ägypten ist ein Geschenk des Nils, sagt man. Unsere Fahrt durch Oberägypten macht uns klar, was das bedeutet. Auf dem Westufer, wo die libysche Wüste zu Ende geht, sieht man die Bauern, den Turban auf dem Kopf, auf ihrem Esel vorbeireiten wie auf einer persischen Miniatur. Die Kinder klettern den Büffeln auf den Rücken und springen in den Fluss. An den Brunnen gehen geduldig andere Büffel im Kreis, um Schöpfräder zu betätigen, die die Kanäle mit Wasser versorgen. Für durstige Seelen stehen im Schatten der Palmdächer Krüge mit frischem Wasser. Kein Motorengeräusch stört diese Ruhe, in der die Stimme des Menschen und das Schreien der Esel seit Urzeiten ein unzertrennliches Gespann bilden. Auf die Mauern aus Stampflehm hat jemand ein Flugzeug gemalt, ein Schiff oder die berühmte Kaaba, die Abraham, wie es heißt, aus Steinen baute, die vom Himmel fielen. Ein Hadschi zeigt auf der Fassade seines Hauses seine Freude darüber, dass er die Reise des Lebens, die einzige, die für den Mohammedaner zählt, die Pilgerfahrt nach Mekka, tatsächlich verwirklicht hat. Die Ägypter sind wie ihre Pharaonen, sie verbringen das Leben mit der Vorbereitung auf den Tod.

Der Abend ist angebrochen. In den Straßen der Stadt Qina steht noch immer die Hitze. In den neunziger Jahren gab es in dieser Gegend heftige Zusammenstöße zwischen Islamisten und Polizei, die Tausende von Menschenleben forderten. Auf der Hauptstrasse leuchten Bilder von Hosni Moubarak. «Wer den Mund aufmacht, geht hinter die Sonne», heißt es, womit unmissverständlich gesagt wird, dass Regimegegner jederzeit Gefahr laufen, zu verschwinden.

Im Niltal ist die Zuckerrohrernte im vollem Gange. Mit energischen Machetehieben schlagen die Bauern das Rohr und laden es direkt auf den Zug oder den Traktor. Wir halten kurz an und löschen mit dem süßlichen Saft unseren Durst. Runde Brote liegen auf einem Holzbrett und gehen in der Sonne auf.

Die Gegend von Luxor (dazu gehört das Tal der Könige, das Tal der Königinnen, dazu vierzig Tempel und Tausende von Adligengräbern), vom Tourismus verdorben, wird jetzt auch vom Nil bedroht. Seit dem Bau des Assuanstaudammes vor vierzig Jahren verursacht die salzige Erde die Erosion der Grundmauern der Monumente. Man sagt, es sei höchste Zeit und spricht schon davon, die größten Sanierungsarbeiten seit Alexander dem Großen in Angriff zu nehmen!

«Welcome to Alaska, Kalesche, felouqa, excuse -me, cheap, only for you!» Die Straßen von Luxor sind für die fliegenden Händler ebenso fruchtbar wie das Niltal für die Bauern. Man kann ihren Unternehmergeist und ihre Schläue nur loben, doch da sie immerzu auf der Lauer liegen, hat man keine Sekunde vor ihnen Ruhe. Alle Ägypter vom Nildelta bis zum Nassersee sind furchtbar stolz auf ihre Geschichte und reagieren empfindlich, wenn man ihrer «grandiosen Vergangenheit» nicht gebührend Aufmerksamkeit zollt. In Assuan bieten viele Wirtschaften ein billiges Menu (auf arabisch) für die Einheimischen an, und ein teureres (auf Englisch) für die Touristen. Ein normales Verhältnis, Interesse füreinander und Respekt werden zur Utopie. Die jungen Ägypter kennen nur die Invasion ungeschickter Touristen, die aufreizend gekleidet in ein muslimisches Land kommen. Sie haben gelernt, das Manna des Touristenstroms zu nutzen und maximal auszubeuten.

Zum Schutz der Touristen wurde der riesige Horustempel (Der Gott mit dem Falkenkopf, Sohn von Isis und Osiris) in eine Festung mit Aussichtstürmen verwandelt; bewaffnete Polizisten gehen auf und ab. Seit Nassers Amtsantritt im Jahre 1952 hat die Beamtenklasse im Land unheimlich zugenommen. Unter zwölf Einwohnern ist einer Beamter, das bedeutet 6,5 Millionen Menschen, die gegen die Armut in gewissem Maße abgesichert sind.

Bei genauer Betrachtung muss man sich fragen, ob sich seit der Antike überhaupt etwas geändert hat. «Die Kopten (ägyptische Christen) haben die Statuen entstellt, ihnen die Arme zerschlagen, um ihre okkulte Macht zu brechen», erklären uns die Wächter. Dass die Araber bei ihrer Invasion Ägyptens im Jahre 642 nach Christi Geburt im Namen des Islam zur Zerstörung der Altertümer das Ihre taten, vergessen sie.

Nach und nach wird Ägypten schmaler. Als wir den südlichsten Punkt des Landes erreichen, treffen wir die ersten Einzelreisenden im eigenen Fahrzeug, die aus dem 11.000 Kilometer enfernten Kapstadt kommend, Afrika in Süd-Nord-Richtung durchfahren.

Die Piste liegt noch über dem Niltal. Die Hitze wird immer erstickender. Wir trocknen richtig ein, verlieren den Appetit und bringen am Abend nur noch eine Suppe hinunter. Bei Einbruch der Nacht erhellt sich das Ostufer des Nil. Wir haben das Gefühl, dass wir heute zum letzten Mal unser gemeinsames Lager aufschlagen. Das Geräusch der Vergnügungsdampfer zwischen Luxor und Assuan wiegt uns in den Schlaf. Die Erinnerungen an sieben Monate ständigen Zusammenseins lassen uns nicht los. Nathalie spielt mit dem Gedanken, in die Schweiz zurückfahren. Die Maihitze ist unerträglich und sie befürchtet schon eine Weile, dass die Weiterfahrt zu anstrengend für sie wird. Ihre Enkelkinder fehlen ihr, sie möchte dabei sein, wie sie jeden Tag größer werden. An Trennung zu denken macht uns traurig… auch wenn wir das bisher nicht eingestehen wollten. Schließlich entscheidet sich Nathalie, zurückzufahren, um ihre Familie wiederzusehen. Doch ganz zufrieden ist sie nicht, es bleibt ihr das Gefühl, dass noch etwas fehlt. Ich meinerseits reise einfach weiter, das ist meine Logik. Ich schiffe mich auf dem Nassersee in Richtung Wadi Halfa ein, um den Sudan zu durchfahren.

Durch die Hoffnung, dass wir später zusammen weiterradeln, können wir die vielen Kilometer, die bald zwischen uns liegen, einigermaßen gelassen verkraften. In den nächsten Monaten werden wir, wann immer technisch möglich, über Internet und Skype in engem Kontakt bleiben.

Beim Radfahren gewinnt man Abstand, Differenzen treten deutlicher hervor. Zusammen reisen ist ein guter Weg zur Selbsterkenntnis, der eine hält dem andern den Spiegel vor, es kann auch sein, dass er ihn blendet. Man sagt sich viele Dinge, schöne Worte, Worte, die wehtun. Wenn man täglich 24 Stunden zusammen ist, lässt sich nichts verheimlichen. Wir sind ein offenes Buch. Die Wahrheit, die wir zuweilen nicht gerne hören, ist natürlich relativ und existiert nur in unserer Erfahrung. Trotzdem: Bisher haben wir uns gut gehalten. Die Widrigkeiten haben uns zusammengeschweißt.

Der Abschied am nächsten Morgen fällt uns schwer. Nathalie weint heiße Tränen auf dem Rücksitz des Taxis zum Flugplatz, und ich steige bei einer Temperatur von 44 Grad traurig auf meinen treuen Yak. Einmal mehr wiegen die Gefühle schwerer als die schwersten Taschen. Eine Hitze ist das, unerträglich…

Seit Urzeiten klammert sich der Mensch in dieser unerbittlichen Wüste an den Nil. Der Fluss spendet Wasser und Leben. Im Laufe der Zeit gelang es, die Bewässerung der Felder zu verbessern. Der von Hand bewegte Pumpenschwengel konnte nach der Domestizierung des Büffels durch das Schöpfrad *saquia,* abgelöst werden, dass der Büffel in Bewegung hält. Die Erfindung der archimedischen Schraube und – später des Verbrennungsmotors – hat die Landwirtschaft total revolutioniert. Im Norden ermöglichte der Bau des Assuanstaudamms mit seiner riesigen Speicherkapazität die Industrialisierung und eine unheimliche Vergrößerung der landwirtschaftlich nutzbaren Flächen, im Süden aber verschwanden über eine Flusslänge von 500 Kilometern zahlreiche nubische Dörfer für immer in den Fluten. 40.000 Personen wurden umgesiedelt. Auf Reisen ist man immer ein kleiner Rebell und möchte kämpfen für die Nomadenvölker, die vom Aussterben bedroht sind. Man fühlt sich wehrlos und preisgegeben wie sie.

Zu Füßen der kolossalen Staumauer, die 17 mal mehr Masse besitzt als die Cheopspyramide, herrscht eifrige Aktivität. Träger beladen ein Schiff, das wie betrunken herumschaukelt. Sie schleppen Fernsehgeräte, die aus den Arabischen Emiraten hier ankommen. Sie schnappen nach Luft. Über ihre sehnigen Körper rinnt der Schweiß in Strömen. Schwarzafrika, der Kontinent der fleißigen Leute mit dem nie versiegenden Improvisationstalent fängt genau hier an: Südlich der gewaltigen Staumauer.

Am Verladehafen ruft der Kapitän: «Heute ist Abfahrt». Aber erst muss geladen werden … Mehr als neun Stunden später, als es dunkel wird, lösen die Männer die Taue. Die Fähre ist berstend voll, bis auf das letzte Eckchen. Die Passagiere hocken auf Kisten, liegen zusammengesackt auf ihren Matten, sind eingekeilt zwischen Bergen von Kartons mit Haushaltsgeräten, reden kaum, die Hitze laugt sie aus. In Djellabas von blendendem Weiß gehen Nubier auf der Reling auf und ab, streifen einander ohne anzustoßen. Aus der Cafeteria – momentan Passbüro – kommen die Töne eines Saxophons mit Schlagzeugbegleitung. Der Durchgang ist verstopft mit Passagieren, die gleichmütig Schlange stehen, um dem Mann am Schreibtisch durch ein Bullauge ihre Papiere zu reichen. Man hört Lachen.

Mitten in der riesigen Ausdehnung des Nasser-Sees überquert unser Schiff die Grenze zum Sudan. Auf dem Deck weht ein warmer Wind, die Passagiere haben sich auf ihren Teppichen ausgestreckt. Ausgemergelte Gestalten mit Rissen in den Fersen essen wie jeden Tag Bohnenmus *foul,* das allgemeine Grundnahrungsmittel. Mit geschickten Bewegungen der rechten Hand befördern sie die Masse aus zerbeulten Blechtöpfen in den Mund. Die Nacht kühlt die Gemüter. Das Schiff atmet Menschlichkeit.

Die Südafrikaner, die ihre letzte Wodkaflasche vor der Ankunft im alkoholfeindlichen Sudan leeren, haben mir angeboten, mich auf dem Boden ihrer klimatisierten Kabine auszustrecken. Doch ich kann nicht einschlafen. Ich muss an den Stausee denken, in dem die vielen nubischen Orte untergingen, an die Menschen, die so sehr mit ihrem Fleckchen Erde verbunden, ins Exil getrieben wurden. Auch Nathalie geht mir nicht aus dem Sinn. Heute Morgen flog sie in die Schweiz zurück, und mit einem Schlag ist unsere gemeinsame Reise zu Ende. In der winzigen Kajüte fehlt sie mir umso mehr. Alles ging so schnell. Jetzt werde ich wieder im Alleingang einsam dahinradeln, alleine den Sudan durchqueren, der plötzlich gar nicht mehr so attraktiv ist. Rhythmen, Erfahrungen, Sensibilität, – mit zwei Augenpaaren wird die Entdeckung des Planeten tiefer und intensiver.

Zu meiner Freude und zu meinem Erstaunen sehe ich auf dem Deck ein Rennrad mit Schmalspurreifen – für die Wüste völlig untauglich. Leider wird meine Freude gedämpft, als ich den Besitzer kennenlerne. Für Jan zählen nur Kilometer, alles andere lässt ihn kalt. Jan hat es eilig. «Das Schiff hat mich vier Tage gekostet!» brummelt er, von der gelösten Atmosphäre unberührt, in der keiner auf die Idee kommen würde, es eilig zu haben. Seit seiner Abfahrt aus dem heimatlichen Tschechien hat er in Tagesetappen von 150 Kilometern in eineinhalb Monaten 7.000 Kilometer zurückgelegt. «In einem Monat bin ich an der Quelle des Weißen Nil in Uganda» posaunt er. Es ist sein ganzer Stolz, dass er es in fünf Monaten bis nach Singapur (14.000 Kilometer) geschafft hat! Er zieht ein Stück Papier aus der Tasche, in Postkartenformat, die verkleinerte Kopie einer Landkarte des Sudan. Als ob er so ein riesiges Land einfach in die Tasche stecken könnte!

Die Fähre gleitet an Abu Simbel vorbei, vor der kolossalen Statue Ramses II, mit der er den Stämmen im Süden seine absolute Herrschaft demonstrierte. Alle Passagiere drehen den Kopf. Die internationale Gemeinschaft, die die Zerstörung der nubischen Dörfer kalt gelassen hatte, machte sich 1964 wegen des Heiligtums die größten Sorgen. Abu Simbel wurde auf spektakuläre Weise versetzt, so präzis orientiert, dass nach wie vor bei der Frühjahrs- und Herbst-Tagundnachtgleiche die ersten Sonnenstrahlen des neuen Tages die Statue auf die gleiche Weise beleuchten. Eine Straße, ein Flugplatz, dazu Fünfsternehotels haben den bekanntesten aller Pharaone vollends desakralisiert, und aus ihm eine einträgliche Geldquelle für die ägyptische Staatskasse gemacht.

Der Teufelskessel

Nicht der Weg ist schwierig,
Die Schwierigkeit ist der Weg.

Kierkegaard

Menschen, die es fertigbringen, die gemeinsame Fahrt unter den entsetzlichsten Bedingungen wochenlang durchzustehen, ohne je die Stimme zu erheben, stürzen ohne Rücksicht auf den Mitmenschen los wie die Wilden, sobald das Schiff anlegt. Eine gute Stunde vorher platzieren sie ihr zahlreiches Gepäck strategisch auf die Stufen zum Ausgang. Kurz vor dem Ufer stehen alle auf wie ein Mann, von einer unerwarteten Kraft beseelt. Mein Rad steht von alleine, in frischen «menschlichen Beton» gegossen. Jan darf endlich aufschnaufen, er kann wieder im Sattel sitzen, … oder beinahe. Mit seinem Rennrad, dem ultraleichten Gepäck und vier Litern Wasser hat er nicht die geringsten Bedenken, es mit der Nubischen Wüste aufzunehmen. Am Zoll schlingt er einen *Kebab* hinunter, einen zweiten, gießt ein Glas Limonade hinterher, wechselt den Reifen, alles in Rekordzeit. Jan ist ein Mann der Superlative. Der Prototyp des zwanghaften Radfahrers, des Kilometerfressers, das Gegenteil unseres italienischen Freundes, der perfekte Anti-Ciro.

Nach fünf Kilometern Sandpiste erreichen wir gemeinsam Wadi Halfa, das nächste Dorf, das seine Entstehung einzig der wöchentlichen Fährverbindung verdankt. Auf dem Weg dorthin schon wieder Reifenwechsel … Bei dieser Gelegenheit frage ich naiv: »Hast du denn keine Lust, die Leute hier kennenzulernen? Wer weiß, ob du je wieder herkommst!» Jan ist über so etwas erhaben, er hat nicht eine Minute zu verlieren, weder mit den Leuten, noch mit meiner Fragerei. «Du weißt, dass es auf den ersten 150 Kilometern kein Wasser gibt?» frage ich ihn. Stille. Vergeblich warte ich auf seine Antwort. Schon sitzt er wieder wie angeschweißt auf seinem Renner und strampelt, wie ein mechanisches Spielzeug, das frisch aufgezogen wurde. Seine Schmalspurreifen versinken mehr als einmal im Sand. Als wir im Dorf anlangen, hält er es nicht mehr aus. «16:30» sagt er, «schon etwas kühler, da fahre ich sofort weiter». Ein Sudanese, der die Szene beobachtet hat, meint, er soll sich erst im Dorf erkundigen, bevor er alleine in die Wüste fährt. Aber Jan, Kopf auf dem Lenker, ist schon über alle Berge. Der Sudanese, fassungslos über den blinden Eigensinn des weißen Mannes, grinst mich an. «Weit kommt er nicht. Er schläft die Nacht in der Wüste, und morgen ist er wieder da». Wie recht er hat, leuchtet mir ein, als ich auf oben auf einem Hügel stehe und den Blick schweifen lasse. Eine unwirkliche Wüstenlandschaft, vom Wind gepeitscht, deren Öde sich nicht in Worte fassen lässt und dem Menschen mit seinem kleinen Fassungsvermögen unverschämt ins Gesicht lacht. Bald werde auch ich losfahren, ausgerüstet mit einer Sudankarte im Maßstab 1:2,7 Millionstel, einer lächerlichen Klingel mit Kompass an der Lenkstange, und keiner wird mir den Weg zeigen können. «Was den Weißen alles einfällt!» sagen die Afrikaner.

Aber momentan habe ich noch Ruhepause. Ich steige im Nilhotel ab, einem spartanischen Ort, der genau in die Wüste passt: Eine Matratze auf dem *anjereb* (Bett aus Schnurgeflecht), der direkt im Sand liegt, ein Kübel Wasser für die Dusche und ein paar Krüge Trinkwasser. Der Schweiß strömt mir aus allen Poren, als ich 21 Liter Wasser vor den verblüfften Augen der Umstehenden filtere, die sich vor Lachen nicht mehr halten können. Ein Blick auf meinen Yak macht sie stutzig. «Sag mal, Weißer, nie was von Benzin gehört?»

Alles scheint vergeblich in dieser Welt aus totem Stein, wo der Wind die kleinste Spur verweht und die Hitze den Menschen in eine Atmosphäre sinnlicher Lethargie hüllt. Eine schöne Sudanesin, flammendrot gekleidet, serviert im Schatten eines Wellblechdachs heiße Getränke. Von kleiner Statur, thront sie auf einem Karton in ihrer einfachen Hütte und erfüllt den Raum mit ihrer strahlenden Gegenwart. Auf einem niedrigen Tischchen steht alles bereit: Gläser, getrocknete Minze, Pulvermilch, Zucker, verschiedene Tees und gemahlener Kaffee. Anmutig wie eine Königin braut sie jedem Kunden seine persönliche Mischung.

Nach den ägyptischen Cafes, die streng den Männern vorbehalten waren, belebt mich dieser weibliche Charme im Sudan. Ich sitze vor einem Glas Tee und spüre, dass mir mein Nachbar neugierig auf mich ist wie ein Polizist. Alles will er wissen: Alter, Nationalität, Beruf, Konfession, Reiseziel, warum ich unterwegs bin, usw. Auch er reist. «Ich bin Ägypter und fahre nach Darfur, um Frauen und Kinder zu schützen». Unter Berufung auf die muslimischen heiligen Schriften behauptet er, «Bush sei der Gesandte Satans und wird seine teuflische Mission bis nach Syrien fortsetzen. Es ist wie früher die Kreuzzüge». Mit prophetischer Stimme spricht er weiter: «Die Chinesen werden die Welt erobern». Seine Verbohrtheit, das Verständnis der Welt nur auf religiöse Phänomene zurückzuführen, ist beunruhigend, ich habe ihn im Verdacht, Dschihadist zu sein.

Am nächsten Morgen ist Jan schon wieder da, genau wie erwartet. Aber nicht lange, denn die Zeit bis zur Abfahrt seines Busses, den er am Abend Richtung Süden nimmt, wird ihm zu lang. Er radelt lieber noch 80 Kilometer auf den schlechten Pisten in der Umgebung herunter. Er gehört zu denen, die ein Maximum an Leiden ertragen, aber nicht in der Lage sind, sich da zu freuen, wo sie gerade sind. Wieder zu Hause können sie nicht genug erzählen von den «ätzenden» Abenteuern, die sie erlebt haben!

«Man muss den richtigen Weg wählen, egal, wie weit er ist», sagt ein sudanesisches Sprichwort. Von Wadi Halfa aus gibt es zwei Pisten, um die nubische Wüste zu durchqueren; beide sind schwierig. Entweder man folgt der Bahnlinie mit ihren einfachen Stationen, oder man fährt auf der längeren Piste, die teilweise am Nil entlangführt. Ich entscheide mich für die zweite Möglichkeit, die mit 400 Kilometern Sand beginnt, wobei es auf den ersten 150 Kilometern kein Tröpfchen Wasser gibt. Mitten im Mai (dem heißesten Monat des Jahres) ist das eine harte Prüfung, auf die ich es eigentlich nicht abgesehen hatte. Ich komme in der falschen Jahreszeit, aber wenn man so lange unterwegs ist, kann man nicht immer den allerbesten Moment wählen. Wenn schon. Mir gefällt es. Losgelöst, frei von Wenn und Aber ist man offen für die ungewöhnlichsten Erlebnisse und Begegnungen.

Es herrscht absolute Stille, in der schwarzen Nacht ist nichts zu sehen als eine winzige Mondsichel. Ich fahre einfach geradeaus in die Finsternis hinein. Wir haben drei Uhr früh und 25 Grad Celcius. Mein Fahrrad wiegt 100 Kilogramm. Das Lichtbündel der Stirnlampe zeigt mir den Weg. Aber bin ich eigentlich auf der richtigen Piste? Sand, Sand, nichts als Sand, und jetzt ein Dünenmassiv. Mein Rad ist festgefahren, wie ein toter Körper nicht von der Stelle zu bewegen. Ich montiere die Vordertaschen mit der Verpflegung ab, trage sie 100 Meter weiter und komme zurück, um den widerspenstigen Yak nachzuziehen. Das wiederholt sich x-mal. Die Piste geht bergab, die Rillen werden immer tiefer, doch kein Fahrzeug weit und breit. Ich klettere auf eine Düne, auf eine zweite, eine dritte, um Spuren zu entdecken. Aber ich sehe nichts als ein endloses Meer von Hügeln! Ich habe keine Ahnung, wo ich bin, als einzige Navigationsinstrumente dienen mir Kilometerzähler und Intuition. Niemand, keine Menschenseele, nur die Sonne, die mich an Ort und Stelle festzunageln droht. Mit einem Mal wird der Untergrund fester, auf dem Basaltgestein kann ich schließlich das Rad ziehen und meine Kräfte etwas schonen. Da entdecke ich weiße Markierungen. Eine Piste! 21 Kilometer und neun Stunden habe ich gebraucht, um sie zu finden! Diese verdammte Wellblechpiste hat tiefe Rillen, doch auf ihr kann ich fahren, ganze acht Kilometer die Stunde! Bei Kilometer 48 kommt der erste Baum, eine Akazie. Erschöpft mache ich Pause. Ich weiß, dass ich auf dem richtigen Weg bin. Für heute ist es genug.

Am nächsten Tag erwartet mich eine erfreuliche Überraschung! Genau was mir fehlt: Eine Wirtschaft! Ich kann eine richtige Mahlzeit zu mir nehmen und die Wasservorräte auffüllen. Kurz darauf teilt sich die Piste. Ich halte an. Augenblicklich hört das Geräusch der Reifen und das Knirschen der trockenen Kette auf, und hier stehe ich ganz allein in dieser bedrückenden Stille. Welches ist der richtige Weg? Ich entscheide mich dafür, der noch frischen Spur eines Autos zu folgen. Die Festigkeit des Bodens ist ein gutes Zeichen, doch plötzlich ist nichts mehr da, außer den Spuren von Kamelen und Schakalen. Hundemüde und voller Zweifel schlage ich unter einem hohen Himmel voller Sterne mein Zelt auf und spüle mir mit einem Liter Wasser den Sand vom Leib. Der warme Wüstenwind trocknet mir die erschöpften Glieder. Die Stille der Wüste verstärkt den geringsten Laut.

Zu meiner Erleichterung erreiche ich am nächsten Morgen ein Dorf! Eine ganze Familie heißt mich mit hocherhobenen Armen willkommen! Die Männer klopfen mir auf die rechte Schulter und schütteln mir die Hand. Der älteste Sohn imitiert Rad und Radfahrer, indem er Zeige- und Mittelfinger zu einem V spreizt, das er umgekehrt auf den Zeigefinger der anderen Hand setzt. Ich werde auf ein Bett gesetzt, bekomme Tee und *foul,* bis ich satt bin. Dann folgt das unumgängliche Ritual des Familienphotos. Die Nachbarn lassen sich die Unterhaltung nicht entgehen, und die Türschwelle wird zur fröhlichen Filmkulisse, vor der sich die Sudanesen heiter und ungezwungen photographieren lassen. Meine Irrwege haben mir heute Glück gebracht. Der Großvater verschwindet plötzlich und als er wieder da ist, hat er mein Rad auf seinen Pick-up geladen, um mich zur richtigen Piste zu bringen.

Gegen Ende des Vormittags fahre ich weiter. Die Hitze nimmt zu. Ich ziehe meinen Yak durch endlose Sandverwehungen. Mein T-Shirt, von Salz verkrustet, ist steif wie eine Rüstung. Zufällig begegne ich einer Gruppe von Südafrikanern in einem Geländefahrzeug, die meine Wasservorräte auffüllen können. Das Thermometer zeigt 56 Grad Celcius. Ich gehe gebeugt, eine Hand unter dem Sattel, die andere am Lenker. Mechanisch durchquere ich diesen Teufelskessel, der seinen Namen wirklich verdient. Endlich sehe ich die spiegelnde Wasserfläche des Nil, höre an seinen grünen Ufern Vögel zwitschern. Ich stürze mich in die Fluten und fürchte mich weder vor Bilharziose noch vor Krokodilen!

Von jetzt ab folgt die Piste dem Nil. Die Temperatur in der Sonne liegt bei 50 Grad Celcius, die Hitze ist mein tägliches Brot. Am Rand der Dörfer flüchte ich mich unter Palmdächer, in deren Schatten *zirs* aufgestellt sind – Tonkrüge, die durch ihre Porosität das Wasser frischhalten. Frauen bringen mir Tee und einen Teller *bush*. Der Name der Speise stammt aus den neunziger Jahren, als George Bush Vater wegen seiner Iraktreue Sanktionen gegen den Sudan verhängte, wodurch die armen Leute nur noch ein flüssiges Bohnenmus zu essen hatten, das sie nach dem US Präsidenten benannten: *Bush*.

An den ockerfarbenen, mit geometrischen Motiven oder Tierfiguren bemalten traditionellen nubischen Häusern kann man sich einfach nicht satt sehen. Allabendlich gehe ich an den Nil, um Staub und Müdigkeit loszuwerden. Die Männer baden und machen mir Angst mit ihren Krokodilgeschichten. Sie rasieren sich, rauchen, vor indiskreten Blicken geschützt, ein Joint, auf arabisch *bango* (Marihuana). Ins Dorf zurückgekehrt, ziehen sie Matten und Betten ins Freie. Es gibt süßlichen Tee mit Milch. Die Männer machen ihre Waschungen und kommen feierlich zum Abendgebet zusammen. Ich ziehe mich zurück. Ohne Turban verlieren die Männer etwas von ihrem würdigen Aussehen, durch ihre große Frömmigkeit werden sie menschlicher und man spürt, sie sind Teil einer Gemeinschaft, der sie sich verpflichtet fühlen. Hinter einer Mauer hört ein «Abtrünniger» auf seinem Transistorradio ein Fußballspiel in voller Lautstärke. Eine Weile später bilden sich Grüppchen um die Teller mit dem Abendessen. Es besteht aus *tahina* (Sesamcreme), *foul* und Zwiebeln und einem großen Gefäß mit Wasser. Die Frauen haben die Mahlzeit vorbereitet, bleiben aber in den Häusern für sich. Die nubischen Häuser sind Meisterwerke natürlicher Belüftung. Mit ihren dicken Umfassungsmauern, pilzförmigen Bögen, Innenhöfen und zahlreichen Fenstern lassen sie natürliche Luftbewegungen entstehen und halten Sandstürmen stand. Während der Nacht spürt man die während des Tages angesammelte Hitze vom Boden hochsteigen.

Gastfreundschaft gehört hier zur Lebenskunst, ist Ausdruck echter Humanität. Ich empfinde sie als Geschenk, für das ich immer wieder neu dankbar bin. Noch niemand aus diesem Ort war auf dem «Kontinent der eiligen Leute», sprich Europa. Für den ausländischen «Businessman» ein Fluch, ist der Sudan für andere ein Segen.

Ebenso natürlich wie der Nil dahinfließt, erlebe ich jeden Abend eine angenehme Überraschung. Heute retten mich Ismael und einer seiner Freunde vor einem Sandsturm. Mit wirren Haaren, staubbedeckt, lasse ich mich von ihnen seelisch total groggy ins Haus schieben, in dem sogar Licht brennt! (sehr selten!). Endlich geschützt vor dem heulenden Wind, erlöst von der holprigen Piste bin ich in einer anderen Welt von unsäglicher Behaglichkeit. Ich habe das Gefühl, ich komme von einem andern Stern.

Mein Gastgeber mit dem runden Gesicht und den grauen Haaren klemmt sich ein *saoud* hinter die Lippe. «Willst du auch?» fragt er. Die Tabakkugel strömt einen derartig starken Geruch aus, dass ich sofort abwinke. Ich schlucke lieber eine Vitaminkapsel, frisches Obst und Gemüse gibt es hier ja nicht. «Viagra brauchst du nicht», lacht er, «*saoud* ist tausendmal besser.» Zur Bestätigung streckt er den Daumen hoch in die Luft. Ich muss lachen, weil ich an den blühenden Handel der Ägypter mit echtem und falschem Viagra denke, dem «absoluten Wundermittel».

Ismael zeigt mir sein Haus. Das Dach besteht aus Wellblech, nicht aus den traditionellen Palmwedeln, die so gut gegen Hitze schützen. Im Bad ist sogar ein Duschkopf vorhanden, ein geradezu exotisches Objekt an einem Ort, wo man gewohnt ist, sich mit einem Eimer Wasser zu begnügen. Die Trennung der Geschlechter hat auch architektonisch Ausdruck gefunden. Auf der anderen Seite des Mittelgangs sitzen Frauen und Kinder vor dem Fernseher, der, von einem Generator gespeist wird und ergötzen sich an einer ägyptischen Telenovela. Ismael ist 52. Lange Jahre hat er in Saudi Arabien gearbeitet und ist stolz auf seinen Erfolg. Wie alle Sudanesen kann er einfach nicht begreifen, dass jemand, der das Glück hatte, im Paradies auf diese Welt zu kommen (in der Schweiz…), partout nicht motorisiert, sondern auf so einem unbequemen und veralteten Fortbewegungsmittel durch die Wüste fahren will. Das ist ihnen ein Rätsel. Am Abend kommen seine Freunde, vom vielen Dattelschnaps schon angeheitert, und holen ihn, um noch eine Runde zu drehen.

In glühender Hitze fahre ich weiter. In Kerma springe ich vor den verdutzten Blicken der Besucher eines Cafes in den Nil, und seife mich inmitten von Eseln und Halbwüchsigen in der dreckigen Brühe ab, was mich herrlich erfrischt! Einmal nehmen mich muslimische Pilger unter ihre Fittiche und führen mich für die Nacht in die Moschee. Einer von ihnen will mich bekehren. Ich soll zur *umma* gehören, er sieht schon mein Rad auf dem Bus, damit ich mit ihnen weiterfahren kann, von einer Moschee zur andern, bis nach Khartum. Sehe ich wirklich aus wie eine verlorene Seele? So leicht zu bekehren? Wie ein Wahrheitssucher? Dass ich keinen Tropfen Alkohol trinke bestätigt sie in ihrer Meinung. Religion allein schien mir allerdings schon immer kein probates Mittel gegen die Ignoranz. Nur zu oft schürt sie Intoleranz und Konflikte. Die fanatische Seelenfängerei lässt mich an die finsteren Jahre des Katholizismus denken. Gutmütig meint jemand: «Ich hoffe, du kommst nach diesem Leben ins Paradies. Überleg es dir gut! Du hast nur eine Chance.» Der Sprecher wünscht aus ganzer Seele, dass meine Frau, meine Kinder und Eltern auch Mohammedaner werden, und natürlich vergisst er nicht, mir ganz nebenbei zu sagen, ich soll ihn in die Schweiz einladen, bevor er zum Schluss seiner Rede kommt: «Ja, Herr Blaser, Herr Fifapresident!»

Auf dem kleinen Fährschiff, das die wilden grünen Ufer des breiten Stroms miteinander verbindet, ergreift mich seine Macht. «Wer Nilwasser getrunken hat, kommt zurück» sagen alle, von seiner Quelle bis hinunter zur Mündung.

Bald bin ich in Dongola, einer großen Oase, was für mich das Ende von 400 Kilometern auf miserabler Piste bedeutet. Ich habe ein Zimmer, besser gesagt einen Backofen (35 bis 39 Grad Celcius) in einem ganz einfachen Hotel mit Wellblechdach und fensterlosen Mauern. Ein deutscher Motorradfahrer im Nachbarzimmer erholt sich von einem schweren Sonnenstich. Er ist den ganzen Tag mit offener Weste gefahren und erst jetzt merkt er, wie stark seine Maschine die Sonne reflektierte. Die ersten Tage bin ich völlig ausgelaugt, stehe nur auf, um zu kochen und verschlinge zwei Bücher: «Dongola» von Idris Ali und «Der Alte, der Liebesromane las» von Luis Sepulveda. Nach den Beinen der Kopf…

Im Dorf herrscht angenehmes Treiben. Die Ladenbesitzer vermieten den Platz vor dem Geschäft an Zigarettenverkäufer, die ihre Ware stückweise feilbieten. Kleine Schuhputzer ziehen durch die Straßen und machen sich mit einer Klapper bemerkbar, der Kanister unter dem Arm ersetzt den Hocker. Ich trage Sandalen, deshalb lassen sie mir meine Ruhe, betteln mich aber auf Arabenglisch an. Sie wollen Sonnencreme, um weißer zu werden, denn weiß ist in Sachen Hautfarbe das propagierte Ideal rund um die Welt.

Im Cybercafe von Dongola, das wahrscheinlich nicht funktioniert, spricht mich ein junger Nubier mit einem erstaunlich amerikanischen Akzent an. Er war zwar noch nie im Ausland, sieht aber viele amerikanische Serien. Seine Hauptsorge ist das Heiraten. «Unter 25.000 Dollar ist da nichts zu machen. Eine einfache Rechnung: Ein Haus, ein Wagen, sechs Garderoben, die Zeremonie, zu der die Familien und sämtliche Nachbarn eingeladen werden müssen, d. h. 1.000 Leute. Nur aus einem Grund wollen Sudanesen Europäische Frauen: «Sie verlangen das alles nicht». «Und die Exzision?» «Die ist illegal, wird aber noch oft praktiziert, weil die Alten nicht nachgeben. Der Islam hat nie darauf bestanden.»

Mohammed ist in Verlegenheit. Der Wahl seiner Eltern kann er sich auf keinen Fall widersetzen. Er brennt aber darauf, eine Dongolesin zu heiraten, die in Kanada lebt. «In drei Jahren vielleicht, *Inch Allah!* Ich fahre hin. Zwei von den vier internationalen Pässen habe ich schon: Der eine heißt Liebe, der andere Englisch». Die beiden anderen sind seiner Definition nach Fußball und Musik. Er gehört keineswegs zu den Ärmsten. «Meine Familie besitzt zwei Lebensmittelgeschäfte und sogar ein Auto. Wenn ich auf der richtigen Seite wäre (der Regierung nahestünde), wäre ich schon Minister!» sagt er halb ernst und mit einer Spur Ressentiment. Es ist Gebetszeit. Er entschuldigt sich rasch und geht.

Am späten Morgen verlasse ich trotz der zunehmenden Hitze Dongola und damit auch die harte nubische Wüste, die schwierigste Etappe meiner Sudandurchquerung. Die 500 Kilometer nach Khartum sind nahezu ganz asphaltiert und führen durch die Wüste von Baiyuda. Auf meinen beiden Landkarten stehen phantasievolle Kilometerangaben, doch diesmal geben sie 100 Kilometer zuviel an!

Die friedliche Hauptstadt des Sudan am Zusammenfluss des Weißen und Blauen Nil mit ihren 4,5 Millionen Einwohnern besteht aus drei großen Stadtteilen: Dem eigentlichen Khartum, einem seelenlosen Verwaltungszentrum, dem halbindustriellen Nordkhartum, und Omdurman, der alten mahdistischen Hauptstadt. Sie wurde das Opfer der verschiedenen Regierungen und ihrer extremistischen, religiösen und kriegerischen Auswüchse. Um 23 Uhr gehen in Khartum die Lichter aus. An ein fröhliches Nachtleben ist nicht zu denken.

Kein einziger Ausländer hängt hier herum. Im Blue-Nile-Sailing-Club, dem einzigen Campingplatz der Hauptstadt bin ich der einzige Gast und schlage mein Zelt unter einem großen Baum auf. Wasser, Schatten und Zeit. Alles, was ich brauche, um Kräfte zu sammeln, mich zu erholen, aber das Alleinsein setzt mir zu. Wenn ich nicht voll in Aktion bin, spüre ich am grausamsten, wie sehr mir Zuneigung und Liebe fehlen. Ich leide unter Nathalies Abwesenheit. Die Leere ist schwer zu ertragen. Regelmäßig überfällt mich das Gefühl der Einsamkeit, ich bin machtlos dagegen, die Landessprache verstehe ich ja nicht. Aber für mein Vorhaben einen Reisegefährten zu finden, von einer Gefährtin ganz zu schweigen, ist nicht leicht. Doch eines Tages kommt jemand auf mich zugefahren. «Hey Yak» ruft eine bekannte Stimme. Ciro! Natürlich ist es Ciro, herzlich und ungezwungen, ganz der alte. Er hat die nubische Wüste im Laster-Stop durchquert. Beide freuen wir uns über dieses unerwartete Treffen, wir beschließen augenblicklich, gemeinsam weiterzufahren, uns aber erst an Ort und Stelle eine gute Woche Ruhe zu gönnen.

Jeden Freitag kurz vor dem Dunkelwerden versammeln sich die Derwische in einem großen Friedhof in Omdurman um das Grabmahl von Hamel al-Nil (berühmter Sufimeister des 19. Jahrhunderts). Die Musiker stimmen Gesänge an und laufen im Kreis um eine grüne Fahne, umringt von einer begeisterten ganz in Weiß gekleideten Menschenmenge, die nicht müde wird, Stunden und Stunden wie besessen «*la illaha illallah*» (es gibt nur einen einzigen Gott) zu singen und in die Hände zu klatschen. Die Derwische, grün und rot in Patchwork gekleidet, ihr Bündel auf der Schulter, drehen sich, jeder für sich, schneller und schneller um sich selbst. Manche verfallen in Trance, beweihräuchern die Umstehenden, alle fühlen sich frei, in dieser hypnotischen Atmosphäre ihren Wahnsinn auszuleben. Ähnlich den indische *sadhus* legen sie das Armutsgelübde ab und haben unablässig den Namen Allahs mit Inbrunst und Hingabe auf den Lippen, um in ihrem Innern die Exaltation zu schaffen, die ihnen die Begegnung mit Gott ermöglicht. Von der Zeremonie (*dhikr*) geht eine wahnsinnige Energie aus, ein eigenartiges Gefühl von Toleranz und Liebe zum Mitmenschen, das auch mich erfasst.

Am gleichen Tag hat man am anderen Ende von Khartum im Stadtteil Haj Yussef, einen *sirwan* installiert – Platz für die traditionellen Nuba-Kämpfe – in denen die Dörfer gegeneinander antreten. Das Publikum ist entfesselt, jubelt den Kämpfern zu, zwei Mannschaften in voller Bemalung erscheinen und nehmen ihre Position um den Kreidekreis im Sand ein. Jeder Teilnehmer verwandelt sich in ein Tier und mimt raubkatzenartige Bewegungen, Einschüchterungsgesten, Brüllen oder Vogelschreie; einer steht auf einem Bein die Arme zu Flügeln ausgebreitet wie ein Vogel.

Die Kämpfe dauern nur einige Minuten. Die Nuba sind kräftig gebaut, haben ordentliche Muskelpakete. Sie treten zum Zweikampf an und beweisen Kraft und Gewandtheit. Erst wittern sie einander, nähern sich vorsichtig, mit gemimten «Tatzenschlägen», drehen und wenden sich, und dann, plötzlich kommt die Überraschungsattacke. Jeder versucht, den Gegner zu umfassen und ihn im Sand auf den Rücken zu legen. Der Sieger wird unter dem rasenden Beifall der Menge auf den Schultern eines Zauberers mit Schellen an Hand- und Fußgelenken um die ganze Arena getragen. Die Zuschauer sind außer Rand und Band, schieben ihm Geld in die Hand, drücken ihn begeistert und heben ihn in den Himmel.

Der ruhige Eindruck der Hauptstadt lässt die entsetzlichen Konflikte nicht ahnen, die im Süden des Landes und in Darfur wüten. Von der Regierung in Khartum geschürt, wird die Kraftprobe von Darfur zum Völkermord. Weniger als 1.000 Kilometer von der Hauptstadt entfernt, hat diese Region von der Größe Frankreichs 200.000 Opfer zu beklagen und zwei Millionen Menschen wurden dort aus ihrer Heimat vertrieben.

Im französischen Kulturzentrum in Khartum lerne ich Abbas kennen, einen sudanesischen Rapper. Er ist 35, in Darfur hat er so viele Verwandte verloren wie er Jahre zählt. «Mit 14 bin ich weg von meiner Familie, weil ich nicht Viehhüter werden wollte. Sieben Jahre habe ich als Hilfs-Chauffeur gearbeitet. So lernte ich mein Land gründlich kennen. Dann konnte ich mir den Führerschein ergattern, und mit 19 endlich zur Schule gehen. Damals fing ich an, Englisch zu lernen. Aber die islamistische Regierung der achtziger Jahre erlaubte nur eine Sprache: Arabisch. 1995 kam ich durch Zufall ins französische Kulturzentrum. Das ist jetzt mein zweites Zuhause.» Sieben Jahre später gründete Abbas, die Gruppe Aaga (= der Blitz). «Der Blitz ist für mich ein Symbol des Regens», sagt er, «man denkt an die Tränen einer Mutter, die ihren Sohn im Krieg verliert. Der Regen macht die Erde fruchtbar und ist nicht rassistisch. Der Regen ist für alle, ohne Unterschied.» Ein eigenartiger Werdegang für jemanden, der keinen Hehl daraus macht, dass er lange weder für Französisch noch für Rap etwas übrig hatte. Französische Musiker, die sich vorübergehend in Khartum aufhalten, sympathisieren mit ihm und laden ihn für April 2006 nach Frankreich ein … er wird auf dem Printemps de Bourges (dem jährlichen Musikfestival) sein Debüt geben!

Ein Auszug aus einem seiner Stücke:

«Bis wann töten sie meine Brüder?
Lassen in jedem Dorf ein vaterloses Kind
Metzgerarbeit
Verstümmeln und Morden
Will man uns Angst machen
Ich wage es nicht, es zu denken
Es nur zu denken
Schnürt mir die Kehle zu
Man erzählt uns von Freiheit und Einheit
Aber es wird nur geopfert
Für wen, warum
Nicht jeder Tag der Woche ist Aid
Rettet mein Land aus diesem Elend
Rettet mein Land aus den Konflikten.»

Ciro

Die Welt ist eine Rose, genieße ihren Duft und gib sie deinem Freund.

Arabisches Sprichwort

Zwölf Tage später verlassen Ciro und ich Khartum. Wegen des Bürgerkriegs bleibt uns nur ein einziger Weg nach Äthiopien.

Auf einem löchrigen Streifchen Asphalt fahren wir den Blauen Nil entlang. Oft donnern auf den Parallelpisten Laster an uns vorbei und hüllen uns in Staub. Auf einer Baustelle stehen Männer schweißüberströmt in der Reihe, mit rasender Geschwindigkeit wandern Eimer voll Zement von einer Hand in die nächste. Kein Wölkchen trübt den Himmel. Die Sonne brennt gnadenlos, bringt den Sand zum Glühen und das Wasser in unseren Flaschen zum Kochen.

Um dem unerträglichen Backofen zu entkommen, flüchten wir uns in eine der bescheidenen Strohhütten an der Straße. Mit einer langen Schöpfkelle serviert uns eine Frau *foul*. Wir geben etwas Öl dazu, eine gehackte Zwiebel und eine Tomate, zerstampfen die Mischung mit einem Flaschenboden, das macht uns satt und reif für die Siesta. Die Mono-Diäten füllen zwar, ernähren aber ihren Mann nicht. Dabei landet fast alles – was kreucht und fleucht, auch: Katzen, Ratten, Schlangen, genau wie in China – im Kochtopf.

Auf wackligen Stühlen ausgestreckt, mit einem Becher *karkade* (Sudantee =Aufguss aus Hibiskusblüten) in Reichweite, verspüren wir nicht die geringste Lust, uns zu bewegen. Der Generator knattert, der Kassettenspieler plärrt in voller Lautstärke. Soll uns recht sein, so lange wir den Schatten genießen können. Gegen Abend halten die Fernfahrer und genehmigen sich einen *tabaldi*, ein interessantes Getränk, das aus den zerstampften Samen des Affenbrotbaums hergestellt wird.

Auf einem Sandplatz rennen Männer herum und spielen Fußball. Die meisten sind barfuß, ab und zu trägt einer einen Schuh, nur einen. Die Frauen kommen ins Dorf zurück, auf dem Kopf balancieren sie Reisigbündel oder schwere Wasserkanister. Ihre Kamel- und Ziegenherden trinken aus den Kanälen. Hier ist die Welt des glücklichen In Etwa, wo Afrika seine Größe, seine Weichheit und die Leichtigkeit der menschlichen Kontakte offenbart. Von

Müdigkeit übermannt, versinken wir in einen Zustand wohltuender Entspannung

Zu zweit auf dem Fahrrad unterwegs kommt man in seinen Gesprächen vom Hundertsten ins Tausendste. Man verbessert die Welt. Man erzählt Dinge, die man sonst nie erzählen würde. «Bevor man den Weg wählt, muss man einen guten Begleiter suchen», sagt ein anderes sudanesisches Sprichwort. Ciro überrascht mich immer wieder. Er liest Nietzsches *«Also sprach Zarathustra»*; die Passagen, die er mir zitiert, haben es in sich. In seinen Taschen hat er Werke von Platon, Goethe, Hesse. Nicht umsonst heißt sein Drahtesel Tartaruga (Schildkröte). Ciro hat die ruhige Seele eines Dichters.

Kurz nach der Ermordung des libanesischen Premierministers durchreiste er das Land. Ohne zu wissen, was los war, befand er sich plötzlich inmitten der Demonstranten von Damaskus, die Richtung dänische und schwedische Botschaft marschierten. Als er sein Winterquartier in Luxor aufschlagen wollte, um zu malen und von den Menschen dort mehr kennenzulernen als ihre Gewinnsucht, war er schließlich des Massentourismus so überdrüssig, dass er die Flucht ergriff.

Auch fern seiner italienischen Heimat ist und bleibt er Italiener. Allmorgendlich braut er seinen Cafe Lavazza und trinkt ihn mit Genuss. Nur ein kleiner Duft, und doch von besonderer Bedeutung, wenn man durch die Welt zieht.

Als zwei verwandte Seelen, nehmen wir das Leben leicht und können die glühende Savanne von 46 Grad recht gut überstehen, auch wenn es fast immer nur geradeaus geht.

Hirse- und Sesampflanzungen wechseln einander ab in einer Landschaft voller Dornen, in der es an Wasser mangelt. Die wenigen Menschen, die hier leben, holen es in aneinandergeschweißten Tonnen auf Eselskarren weit her. Andere Fahrzeuge sieht man in dieser ausgedörrten Gegend kaum. Die Hütten drängen sich zusammen und schützen sich mit Zäunen aus plattgewalzten verrosteten Blechtonnen vor dem Wind. Je weiter man ins Innere Afrikas kommt, um so mehr wird aus wenig noch weniger oder fast nichts. Eine Welt, in der Mangel herrscht, wo geteilt werden muss und Intimität unmöglich wird.

In Gedaref sitzen die Kuhmilchverkäufer in strahlend weißen Gewändern zu Dutzenden auf ihren Kannen in der prallen Sonne. Bald bekomme ich die Folgen eines zweifelhaften Joghurts zu spüren, aus einem Eisschrank, in den man wegen der zahllosen Stromausfälle ab und zu einen Brocken Eis wirft…

Bei jeder *tea station*, lege ich mich entkräftet auf einen *anjereb*. Elend fühle ich mich, mit riesigem Kopf, vom Bauch gar nicht zu reden. Nachts lassen mich die Fliegen nicht schlafen. Radfahren wird zu einem qualvollen Rennen auf der Suche nach einem Busch. Ciros Fahrrad leidet unter chronischen plat-

Vorhergehende Seite: *Eine der wenigen Steigungen in der libyschen Wüste, zwischen Zilla und Maradah.*

Oben: *Boccheta-Pass, kurz vor Genua, Italien. Photo: CM.*

Unten: *Rast zwischen Waddan und Zilla, Libyen. Photo: NP.*

In den Grünen Bergen, Libyen. Photo: CM.

Vorbereitung des Nachtlagers auf der Straße nach Nalut, Libyen. Photo: NP.

Ägypten, Sinaihalbinsel. Photo: NP.

*Die Bahia Alaheich (***baladi*** Brotlieferanten). Photo: NP.*

Tagebuch, Südtunesien. Photo: CM.

Reparatur, äthiopische Kinder schauen zu. Photo: NP.

Mit Haile Gebrselassie, dem größten Läufer aller Zeiten, Addis-Abeba, Äthiopien.

Wir fahren durch ein äthiopisches Dorf. Photo: CM.

Oben: *Wir zelten am Langano-See Äthiopien. Photo: CM.*

Unten: *Für alles zu gebrauchen! Photo: CM.*

Nächste Seite: *Im Schatten des Wadi Umm Taghir, Ägypten. Photo: NP.*

ten Reifen, heute waren es nicht weniger als sechs! Jetzt bricht es auch noch auseinander! Aber unser sudanesisches Visum läuft demnächst aus, wir müssen um jeden Preis vorankommen!

Nach und nach weicht die Wüste einer Landschaft von Laubbäumen und Termitenbauten. Hirten ziehen mit ihren Schafherden über grüne Hügel. Endlich kann man die Luft wieder atmen! Schilder mit Ortsangaben gibt es nicht, aber die reiche Vegetation und ein Relief, das seinen Namen verdient, bedeutet, dass wir uns der äthiopischen Grenze nähern.

Beim ersten sudanesischen Grenzposten (eine Betonplatte mit Triumphbogen) wirft der Zöllner einen zerstreuten Blick auf unsere Pässe und vertieft sich sofort wieder in sein Kreuzworträtsel. Seine beiden Kollegen liegen mit der Sonnenbrille auf einem Bett und schenken uns keine Beachtung.

Das äthiopische Einwanderungsbüro besteht aus einer Lehmhütte mit alten Pappkartons auf dem Dach. Innen stehen ein Motorrad, ein altmodischer Schreibtisch und ein Bett. Draußen: tote Hose – nicht ein fliegender Händler, keine Bank, kein illegaler Geldwechsler wie sonst an den Grenzen. Zu beiden Seiten des Flusses reiht sich eine billige Essgelegenheit an die andere. Anscheinend ist keiner interessiert, eine Grenze zu verteidigen, die irgendwann einmal von den Ex-Kolonialmächten mit souveräner Willkür gezogen wurde…

Im ersten Dorf kommt es fast zum Aufstand! Kaum haben uns die Kinder gesehen, da rasen sie auch schon wie toll um uns herum. «*You! You*» rufen sie. Die kleinsten sind halb nackt, ihre Haare abrasiert bis auf eine einzige Locke über ihren großen schwarzen Augen. Der gelenkigste unter ihnen macht alle möglichen Verrenkungen, die Kerze, Spagat, Liegestütz, die anderen turnen eifrig nach. Ein Erwachsener will sie wegjagen, wirft Steinchen, knallt mit der Peitsche, aber das feuert ihre Begeisterung nur noch an! Ausgelassener denn je sind sie sofort wieder da.

Es wird Nacht, die vielen aufgeregten Kinder begleiten uns in einen Hinterhof, der nach einem … Bordell aussieht. Eine Frau mit provozierenden Bewegungen führt uns zu einer Holzbank, wo wir beim Licht einer Kerze mit einem Bier unsere Ankunft und meine ersten 10.000 Kilometer feiern. Die Bedienung hat es auf uns abgesehen, und versäumt nicht, uns beim Hin- und Hergehen Schultern, Arme und Sitzpolster zu tätscheln. In ihrem Elan gibt sie Ciro einen Kuss, der aber reagiert nicht darauf und erstarrt zur Wachsfigur. Sie bringt uns schließlich eine *injera*, Vorgeschmack auf die nächsten Monate, wo es nicht mehr *foul* sondern *injera* geben wird, eine Art weichen Pfannkuchen aus *tef*, einem fermentierten Getreide, mit einen Belag aus Fleisch oder Gemüse plus Sauce. Um die Leidenschaft der Kellnerin zu kühlen und der schwülen fensterlosen Bude zu entgehen, ziehen wir unsere Betten ins Freie und klemmen die Fahrräder dazwischen.

Im Gegensatz zu den Sudanesinnen haben die Frauen hier ihre ganze Weiblichkeit bewahrt. Sie haben die Freiheit, sich zu bewegen und zu kleiden wie es ihnen gefällt. Die Männer antworten auf unseren Gruß mit argwöhnischen Blicken und inspizieren uns lange, bevor sie ein Wort an uns richten.

Heute Morgen gelingt es uns nicht, loszufahren. Ciro ist verdrießlich: ständig streikt sein Rad. Wir hassen das. Immer, wenn man losfahren will, ist irgendetwas los. Heute zerreißt es ihm den Reifen. Total zerfetzt. Pech. Es bleibt ihm nichts anderes übrig, er muss bis nach Gondar (etwa 400 Kilometer) mit dem Auto fahren – wenn er eines findet! Zu guter Letzt kommt ein Fahrzeug mit Entwicklungshelfern vorbei und nimmt ihn mit.

Nach der extremen Hitze der nubischen Wüste erleben wir jetzt die Regenzeit auf dem äthiopischen Hochland. Das Land der tausendundein Berge, wo es sich inmitten der herrlich grünen Landschaft unglaublich beschwingt und leicht geht. Endlose Rinderherden ziehen bergauf bergab und weichen nur aus, wenn mit Getöse ein Bus daherfegt. Die Hirten mit den markanten Zügen und schmalen geraden Silhouetten wollen von mir Wasser und Brot. Den traditionellen langen Wanderstab *dula* in der Hand, ihr Bündel über die Schulter gehängt, fragen sie mich, ob ich was zum Anziehen für sie hätte, denn ihre T-Shirts bestehen manchmal nur noch aus Löchern. Beim geringsten Gruß meinerseits lüften sie mit einem großen Lächeln den Schal, den sie um den Kopf geschlungen haben, halten sich aber nicht auf. Sie tragen ein Huhn, einen Regenschirm ebenso gelassen wie die Kalaschnikow zum Schutz ihrer Herden, früher vor den Rebellen, den *shiftas,* und heute vor bewaffneten Banden, die auch Fahrzeuge anhalten und ihre Passagiere ausrauben.

Ich habe Bilad As-Sudan (das Land der Schwarzen) endgültig hinter mir gelassen, wie es von den Arabern genannt wird, wo man mich mit khawaja anredete (Ausländer, Fremder). In Abessinien bin ich ein red face. Das Wort Äthiopien, kommt aus dem Griechischen und bedeutet das Land der verbrannten Gesichter.

In Gondar (2.250 m ü. Meereshöhe) ist trübes hässliches Wetter, genau richtig, um die verrücktesten Routen zu erfinden. Zum Beispiel mit dem Rad nach Mombasa, und dann mit dem Schiff nach Indien. Doch momentan bleibe ich pragmatisch und kümmere mich um die blinden Passagiere, die ich im Sudan aufgelesen habe: Amöben. Bei einem Gespräch mit anderen Reisenden erfahre ich eine üble Geschichte: Zwei Motorradfahrer aus Deutschland seien von Kindern angegriffen und ausgeraubt worden. Einhellig erzählen mir alle Radler, die Äthiopien durchquert haben, dass sie systematisch angegriffen und mit Steinen beworfen wurden. Alle sind sich einig, dass Äthiopien das einzige Land ist, wo ihnen das passiert, doch niemand hat eine Erklärung. Ich selbst bin ja erst angekommen, will meine eigenen Erfahrung machen, bevor ich etwas sage.

In Gondar existiert momentan nichts außer den Fußball-Weltmeisterschaften. Die Gemeinde hat in der Hauptstraße einen überdimensionalen Bildschirm installiert. Sobald es Nacht wird, steht die ganze Stadt davor und wenn eine afrikanische Mannschaft, ein afrikanischer Spieler am Ball ist und angreift, erhebt sich ein Taumel der Begeisterung, der weit über die Berge hallt.

Ciro entscheidet sich für die direkte Route nach Addis Abeba, ich fahre lieber durchs Gebirge im Nordosten des Landes. In Addis laufen wir uns garantiert wieder über den Weg!

In diesem Land kommt hinter jedem Berg noch ein Berg, und noch ein Berg … Zuweilen verrät ein Lichtstrahl oder eine Stimme im Morgennebel die Nähe der Dörfer, die oft von Eukalyptusbäumen umstanden sind. Eine Lehmhütte, feucht und düster ist die einzige Restauration. Dankbar stürze ich mich auf eine *injera,* reich an Mineralstoffen, aber so arm an Kohlehydraten, dass ich chronisch Hunger leide. Es regnet. Ein beißender Rauchgeruch erfüllt den Raum, der mit Zeitungen tapeziert ist. Auf einer Bank aus Lehm sitzt ein Mann und hält mir ein vergilbtes Bild von Königin Elisabeth entgegen. Die *Queen* habe mit Kaiser Haile Selassie vier Nächte in diesem Dorf verbracht Der *Negus Negast* soll eine Schwäche für sie gehabt haben, nicht nur politisch …

Als ich abfahren will, merke ich, dass mein Kilometerzähler verschwunden ist. Wütend sage ich es den Wirtschaftsbesitzern. Die Köchin und ihr Sohn setzen alle Hebel in Bewegung. Alle Kinder gehen auf Suche. Ich drohe, den Bürgermeister zu rufen. Die Ehre des Dorfes steht auf dem Spiel. Meine Entschlossenheit trägt Früchte: Keine zwei Stunden sind vergangen, da winkt am anderen Ende des Dorfes ein Frau mit dem gefundenen Objekt. Die Atmosphäre ist gespannt und mit gezwungenem Lächeln werde ich aus dem Dorf hinauskomplimentiert.

In dieser Jahreszeit gleicht Äthiopien einem riesigen Garten, dessen Terrassen sich die grünen Berghänge hinaufziehen. Hier gibt es weder Traktoren noch Maschinen. Die Bauern sind unterwegs zu ihren Äckern, die schwere Hacke auf der Schulter. Mit bloßen Füßen stehen sie in den überfluteten Feldern, hauen pfeifend den Büffeln in die Flanken, schwingen die Peitsche über ihren Hörnern. Altüberlieferte Gesten, die ihre Söhne wohl noch lange fortsetzen. Etwas weiter sieht man die Frauen ins Dorf zurückkommen, die Schultern straff mit einem Tuch umgürtet, das die Wasserkrüge festhält, die sie auf dem Rücken nach Hause tragen.

In diesem Landesteil gibt es oft nicht genug zu essen. Wie hier im Dorf, wo die ganze Bevölkerung vor dem Rathaus steht und auf Hunderte von Säcken Getreide mit dem Aufdruck USAid wartet. Bei einer stetig wachsenden Bevölkerung, die bereits 75 Millionen überschreitet, ist guter Rat teuer, obwohl das äthiopische Sprichwort versichert: «Wenn man sich lieb hat, können sieben mit einem Brot satt werden.»

Regengüsse, große Entfernungen zwischen den Dörfern und die Berge mit ihrem ewigen Auf und Ab lassen mich nur langsam vorankommen. Endlich bricht die Sonne durch die Wolken. Plötzlich das Geräusch eiliger Schritte in den Pfützen, Beine dünn wie Streichhölzer rennen herum, es ertönen laute Rufe. «*Give me! Birr!* (äthiopische Währung)» «*Money! Pen! Highland!* (Mineralwassermarke) *Book! I am hungry! I am poor! Give me T-Shirt, trousers! China!*» schreit eine Bande von Kindern und tanzt um mich herum. Wie wilde tibetanische Hunde gehen sie auf mich los. Mit mir haben sie aber nichts zu lachen, ich blase ihnen den Marsch. Meine Körpergröße und Resolutheit jagt sie weg, aber nicht lange. Schon sind sie wieder da und werfen mir Steine aufs Rad. Sie werden hysterisch und sind nicht mehr zu bändigen. Der Weiße auf zwei Rädern bringt sie in Aufruhr und nur die rasche Talfahrt rettet ihn vor dem Steinhagel.

Diese Szene wiederholt sich und wird meine tägliche Hölle in ganz Nordäthiopien. Eigenartig, wenn ich zu Fuß unterwegs bin, lassen sie mich in Ruhe.

Eines Tages ist es eine ganze Schule, die es auf mich abgesehen hat. Klassen mit 69 bis 90 Schülern strömen heraus, als ich vorbeifahre! Die Lehrer sehen zu und rühren sich nicht von der Stelle. Ich strample bergauf mit einer jämmerlichen Geschwindigkeit von fünf Stundenkilometern, als sie wie die Wahnsinnigen losrennen, mich einkeilen und wie ein Strom von Lava umgeben. Ohne dass ich es merke, wagt sich eine diebische Hand in eine meiner Hinterradtaschen. Ein Stück weiter stelle ich wütend fest, dass das Benzinreservoir meines Kochers verschwunden ist. Ich fahre zurück, direkt zum Polizeiposten des Dorfes, um dieses Teil zurückzubekommen, das für mich unterwegs unentbehrlich ist. Wie durch ein Wunder ist nach einer Stunde das Reservoir wieder da. Das hätte eigentlich gereicht. Aber einer der Adjutanten erhält den Befehl, mich mit der Kalaschnikow auf der Schulter zum Haus des Diebes zu führen. Darauf hätte ich gerne verzichtet. Die Mutter des Übeltäters muss sich vor ihrer Tür dem Blick der Missbilligung aus den Augen von Hunderten von Dorfmitbewohnern stellen, die sich für diesen Anlass auf der Straße versammelt haben.

Der ewige Regen, die schlammige Piste haben mir die gute Laune vertrieben. Erschöpft wie ich bin, setzen mir die ständigen Angriffe zu. Bei der Abfahrt aus Europa sagt man so schön: man möchte losfahren und andere Völker kennenlernen, aber solche Zwischenfälle machen einen am Ende misstrauisch und verschlossen: Man ist ständig in der Defensive. Die Landessprache Amharisch spreche ich nicht, und ich habe das Gefühl, ich bin hier nicht willkommen. Es fällt mir immer schwerer, die positive Seite des Landes zu entdecken. Warum das ewige aggressive Gebettel? Weil sich Touristen vor mir schlecht verhalten haben? Aus Übermut? Aus Armut? Aus Mangel an Erziehung? Die Fragen wirbeln mir durch den Kopf, Antwort finde ich keine. Armut an sich ist keine Erklärung, ganz im Gegenteil: Bei den Ärmsten findet man überall auf der Welt die größte Gastfreundschaft und Hilfsbereitschaft. Kommt die negative Haltung von der massiven Präsenz der NGOs mit ihren nagelneuen Jeeps, die das Bild des reichen weißen Mannes verstärken, der nach Belieben auszubeuten ist?

Berge haben mich schon immer angezogen. Auf einer Landkarte sehe ich sie immer als erstes. Um eine Person zu besuchen oder einen Berg zu sehen, fällt mir ein Umweg von mehreren hundert Kilometern nicht schwer. Jetzt fahre ich zum Ras Daschan; mit seinen 4.550 Metern ist er der höchste Gipfel des Simiensmassivs am Horn von Afrika. Trotz des schlechten Wetters entschließe ich mich, mit den beiden obligatorischen Begleitern einige Tage durch den Naturpark zu wandern. Heute Morgen verkündet der Himmel nichts Gutes, aber alle sind marschbereit und bester Laune: Der Bergführer Mirad, 26 Jahre, und der Maultiertreiber Assafa, 38 Jahre. Gratch, unser Maultier, ist schwer beladen, verzieht aber keine Miene. Das geplante sportliche Vorhaben wandelt sich rasch in eine kulturelle Expedition. Wir kaufen Benzin und holen in der Bäckerei die ca. 50 Brote, die wir am Vortag bestellt hatten.

Mirad ist von der Naturparkverwaltung entsandt, hat unfreiwilligerweise eine Kalaschnikow bei sich, deren Kolben mit Kupferdraht zurechtgeflickt ist. «Das Ding wiegt verdammt schwer, ganze fünf Kilo! Damit dich die Tiger nicht fressen!», sagt er ernst. Seine Schuhe sind neu, und schon bald tun ihm die Füße weh. Als er später stattdessen ein paar geliehene Strandsandalen anzieht, ist seine Erleichterung groß. Beim Essen merke ich, dass er Messer und Becher, die beiden Gegenstände, auf die kein Nomade verzichten kann, gar nicht bei sich hat.

Wir laufen auf einem schmalen Berggrat entlang, fast senkrecht öffnen sich schwindelerregend 1.000 bis 2.000 m tiefe Schluchten, auf deren moosbedeckten Abhängen die Paviane *gelada* gelegentlich eine Rutschpartie versuchen! Unten entdecken wir einheimische Steinböcke *walia,* wie sie im Gebüsch verschwinden. Über uns Raubvögel mit phantastischen Schwingen, die sich von den Aufwinden in die Höhe tragen lassen. Auf dem Basaltplateau ist alles sehr grün. Es wachsen Heidekrautgewächse und Flechten aller Art. Lustige kleine Sträucher tragen orangefarbene Früchte mit Desinfektionswirkung. Sie werden von den Einheimischen als Waschmittel verwendet, aber man kann blind werden, wenn auch nur eine Spur davon ins Auge gerät.

Auf einer Lichtung sitzen Hunderte von Pavianen, entlausen einander, streiten sich oder graben die Wurzeln junger Schösslinge aus. Sie sind die letzte

Gattung vegetarischer Primaten, die noch existiert, und leben in matriarchalischer Gesellschaft. Als ich mich nähere, hält ein Männchen Wache, während die Weibchen mit ihren Kindern – am Bauch oder auf dem Rücken festgeklammert – das Weite suchen. Weiter oben ist Regen und Hagel. Blitze zucken über den Himmel und erhellen gigantische *Lobelien*, Bäume, die in 20 Jahren etwa 10 Meter hoch werden, bevor sie einmal blühen und dann absterben.

Ich gehe hinter Mirad, den es kalt lässt, dass der Lauf seiner Waffe immerzu auf mich gerichtet ist. Meine beiden Reisebegleiter sind leider keine Küchenchefs. Jeden Abend gibt es scharf gewürzte Spaghetti, die ich auf dem Kocher zubereite, denn das feuchte Holz, das wir bei den Einheimischen erstanden haben, macht so viel Rauch, dass wir fast ersticken. Mirad und Assafa sind abgehärtet. In ihren dünnen Schlafsäcken ist es ihnen auch auf dem Boden einer windigen mauerlosen Hütte nicht kalt. Wegen des anhaltenden schlechten Wetters verzichten wir zu unserem großen Bedauern auf die Besteigung des Ras Ras Daschan.

Auf dem Rückweg lädt uns Assafa in den *toukoul* seiner Familie zur traditionellen Kaffeezeremonie ein. Das Tageslicht strömt durch die Eingangstüre. Seine Mutter und ihre acht Kinder sitzen auf Tierfellen um ein Holzfeuer. Die Mutter spült mehre Handvoll grüne Kaffeebohnen kurz ab und röstet sie über dem Feuer auf einer Metallplatte. Danach werden sie sofort zerstampft, auf die Tassen verteilt, die auf einem Tablett bereitstehen und mit kochendem Wasser aufgebrüht. Zucker gibt es nicht. Er ist zu teuer.

Esel und Kälber schlafen mit den Menschen unter dem gleichen Dach und sorgen für etwas mehr Wärme. Armut herrscht in dieser rußigen Höhle, bittere Armut. Was wir da vor uns haben, ist nicht die Krippe des Jesuskindes, sondern die harte Realität des Alltags in einer äthiopischen Bauernfamilie …

In Adigrat werde ich von den Beobachtern der Vereinten Nationen, die einen Korridor von 25 Kilometern zwischen Eritrea und Äthiopien kontrollieren, freundlich eingeladen, die Fußball-Weltmeisterschaften anzuschauen, eine warme Dusche zu nehmen und mit ihnen zu essen. Computer, Antennen, Generatoren, Nahrungsmittelvorräte und Generalstabskarten, nichts was hier fehlte in ihrem sicheren Lager, hinter Stacheldraht, von bewaffneten Wächtern patrouilliert. Die Militärs leben in einer Welt für sich, trinken europäisches Mineralwasser aus der Flasche, essen Beefsteak aus Uruguay, norwegischen Käse … welch himmelweiter Unterschied zur Kost der Äthiopier! Was diese Ausländer in ihrem Land für eine Aufgabe haben, ist den meisten Dorfbewohnern ein ziemliches Rätsel, sie sehen nur die Privilegien. Die Präsenz des UN-Lagers verstärkt das Bild des Weißen, des Kolonisators, der Wissen und Technologie besitzt, mit dem natürlich auch ich in Verbindung gebracht werde.

Allerdings lägen Äthiopien und Eritrea, die beiden feindlichen Brüder, ohne die UNO heute immer noch im Krieg.

Unter den Blauhelmen, von Berufs wegen zum Schweigen verpflichtet, äußert sich nur einer über die wirklichen Ursachen des Konflikts: Auf beiden Seiten der Grenze stehen russische Abwehrraketen der letzten Generation, und sporadisch kommt es zu Gefechten. Man streitet sich um ein trockenes Stück Land, auf dem höchsten ein paar Esel ihr Leben fristen können.

Die Religiosität in Äthiopien geht tief. Von den zahllosen orthodoxen Klöstern des Landes wurden viele auf den unzugänglichsten Berggipfeln errichtet. In Debre Damo lerne ich zu Füßen eines dieser Heiligtümer den sechsundzwanzigjährigen Äthiopier Geremeskel kennen, der mehrere Mönche in seiner Familie hat. Er schlägt mir vor, mich beim Besuch des Klosters zu begleiten. Vor uns erhebt sich eine Felsmauer von etwa 10 Metern Höhe, über der das Gesicht eines Popen erscheint. Er wirft uns ein Seil aus Rindsleder hinunter und Geremeskel bindet mich daran fest. Ich klettere hinauf, der Fels hat Vertiefungen, in die man den Fuß setzen kann. Oben, erfahre ich, hat er eine Fläche von 500 Quadratmetern. Die Einheimischen machen das mit bloßen Füßen und ohne Seil. Für sie ein Kinderspiel! Seit der Gründung des Klosters im Jahre 1536 wird alles auf diesem Weg hinaufbefördert: Schaufeln, Holz, Essen, Personen. Wahrscheinlich kann nur Glaube oder Verfolgung den Menschen zu solchen Leistungen befähigen.

Mit Stock und Nagel pflückt Geremeskel unterwegs wilde Feigen. Bevor er sie mir anbietet, rollt er sie mit seinen Sandalen aus Lastwagenreifen im Gras. Die feinen Stacheln sind nämlich ekelhaft!

Das Kloster besteht aus Naturstein, das Olivenholz des Dachstuhls ist zerfressen. Wir bücken uns, um durch die erste Türe zu gelangen. Drinnen liest ein Mönch aus einer imposanten illuminierten Bibel mit lauter Stimme vor. Er liest *Geéz,* die Sprache der orthodoxen Kirche Äthiopiens, die älter ist als die Amtssprache Amharisch. Es herrscht die gedämpfte Atmosphäre freiwilliger Abgeschiedenheit, Überbleibsel aus längst vergangener Zeit. Obwohl ich den Sinn der Worte nicht verstehe, werde ich erfasst von der Feierlichkeit des Rituals. Alle lassen andächtig den Rosenkranz durch die Finger gleiten, über ihnen riesige Ikonen von Jesus, Maria und Sankt Georg, dem Schutzheiligen aller Heiligen Äthiopiens, dem Beschützer auf Reisen, nach dem auch das einheimische... Bier benannt wurde!

Vom Glockenturm hat man den Blick auf das ganze Kloster, in dem 150 Mönche leben. Jeder von ihnen hat ein Haus für sich, mit eigener in den Stein gehauener Regenwasserzisterne von 10 Metern Tiefe. Wie ich erfahre, leben auf dem Fels noch 200 Novizen, die wenigen, denen ich begegne, gehen allein und unauffällig ihres Wegs. Soweit das Auge reicht, ein Meer von Bergen, in das ein paar tiefe Täler eingeschnitten sind, in denen reißende Flüsse rauschen.

Als Geremeskel das Haus des Museumswächters betritt, neigt er traditionsgemäß seine rechte Schulter zur rechten Schulter des Mönchs, dann drückt er die Stirn respektvoll auf ein Kruzifix und küsst es zweimal. An den Wänden hängen Kuhhörner, die als Kleiderhaken dienen. Ein paar Mönche trinken Hirsebier. Als sie mein Erstaunen bemerken, beruhigen sie mich sofort. «Ist fast nicht fermentiert, wir trinken sowieso höchstens 10 Liter pro Tag.»

Die Mönche machen Tee für mich und offerieren mir eine *injera* mit *berbere,* einer Mischung einheimischer Gewürze – nach der Ordensregel ohne Fleisch. Der Mönch nimmt ein paar Kekse, nachdem er sich vergewissert hat, dass sie, wie der Aufdruck auf dem Päckchen sagt, «Zum Fasten geeignet» sind, also keine Zutaten tierischer Herkunft enthalten, die er ja nicht isst. Der Älteste, mysteriös, mit grauem Bart und safrangelbem Hut, sieht mich seit meinem Erscheinen aufmerksam an, spricht aber kein Wort. Eine Gegenwart, die Respekt einflößt, den ganzen Raum mit ihrer friedlichen Ausstrahlung erfüllt. Er ist 70 Jahre alt und *dicken*, d. h. Doktor der Religion. Ich verbringe die Nacht in seinem Haus und kehre am nächsten Tag zu meinem Yak zurück.

Die Hütten auf den Bergkämmen von mehr als 3.000 Metern Höhe sind ein faszinierender Anblick. Terrassenkulturen ziehen sich die Hänge hinauf, manche Äcker sind schon gelb. Plötzlich, als ich am wenigsten darauf gefasst bin, steht eine Gruppe junger Hirten vor mir, die unbedingt Geld von mir wollen. Ich habe kein gutes Gefühl. Ich befinde mich schon auf der engen Piste, die zum Gipfel führt, da erfasst mich ein grässliches Gefühl der Bedrohung. Ich trete mit voller Kraft in die Pedale, aber einer von ihnen holt mich ein und versperrt mir den Weg. *«Give me money»,* schreit er. Fest entschlossen, nicht nachzugeben, lege ich mein Fahrrad hin und gehe auf ihn los. Überrascht wirft der Angreifer einen großen Stein auf mich, dem ich gerade noch ausweichen kann. Jetzt bedroht er mich mit seinem *dula*. Wie der glückliche Zufall will, nähert sich ganz unverhofft ein Fahrzeug, und das Motorengeräusch vertreibt den Angreifer.

Nach dem 3.368 m hohen Pass folgt eine – trotz des strömenden Regens, der die Piste in zähen Schlamm verwandelt – rasche Talfahrt. Als ich unter dem Hagel meine Bremskabel nachziehe, kommen vier Bauern ruhigen Schrittes auf mich zu. Plötzlich spüre ich, wie mich einer von ihnen mit der Hand an der Weste packt. «*Give me!*» Ich gehe nicht darauf ein, da sieht er mich mit flehendem Blick an und deutet auf meine Radtaschen, fest überzeugt, dass ich eine zweite Weste in Reserve habe. Unten im Tal weigert sich mein Yak stur, weiterzufahren. Kein Wunder, an den Schutzblechen klebte der Schlamm kiloweise.

Von oben kommend entdeckt man die kühn ins Gestein gehauenen monolithischen Kirchen von Lalibela erst im letzten Moment. Sie sind durch breite Gräben vom Fels getrennt und untereinander durch Tunnel verbunden. Es ist Sonntagmorgen und alle strömen in die Hauptkirche aus rotem vulkanischem Tuff, im 12./13. Jahrhundert erbaut, mit Namen Bet Medhane Alem. Mönche singen ein Gebet, inbrünstig stimmt die Gemeinde aus vollen Kehlen ein.

Dank der Bus-Chauffeure, die ständig hupen und mit voller Lautstärke die letzten Hits des Sommers laufen lassen, kann ich erraten, wie viele Haarnadelkurven vor der nächsten Talfahrt noch vor mir liegen. Da es zu regnen beginnt, flüchte ich mich in ein Cafe, wo ein paar Halbwüchsige an einem alten Kicker die Fußball-Weltmeisterschaften rekapitulieren. Im ganzen Land schauen mich die Leute an, als ob sie wüssten, wer ich bin. Manche rufen: «Lehmann!» und schwören, dass ich dem deutschen Torhüter gleiche wie ein Ei dem andern.

In Dira offeriert mir der Dorflehrer einen *tej* – hausgemachten Honigwein. «Mit meinem Verdienst von 800 Birr im Monat habe ich Glück», meint er, «hier am Ort gehöre ich zur Mittelklasse, in der Stadt würde es nicht reichen». 1982 verwendeten 15 % der jungen Paare das Präservativ, heute sind es 50 %, aber die Bauern wollen nichts davon wissen. «Gott entscheidet», sagen sie. Die Kinder, deren Eltern an Aids gestorben sind, werden von den Großeltern aufgezogen. Die Generation der Dreißigjährigen ist eine verlorene Generation, die Jüngeren sind bewusster. «Wenn ich mich an Gott wende, kann ich Hoffnung haben», fügt er hinzu, «und es kostet mich nichts». «Wer von der Regierung etwas will, braucht nicht nur Geld, sondern auch Beziehungen», meint er bitter.

Er sieht sich um, ob wir nicht belauscht werden, dann erzählt er mir, dass im Mai 2005 die Opposition die Wahlen mit großer Mehrheit gewonnen hat. Die regierende Einheitspartei unter Premierminister Meles Zenawi wollte ihre Niederlage nicht einstecken und sperrte alle gewählten Volksvertreter ein. Des Verrats angeklagt sitzen sie noch immer in den Gefängnissen und warten auf ihren Prozess. Die Studenten manifestierten in Massen, aber die Armee zögerte nicht, auf die Menge zu schießen. Mehrere hundert Personen kamen dabei ums Leben. Meles Zenawi, aus der Volksgruppe der Tigre, hatte nahezu 20 Jahre mit aller Kraft gegen das Derg – das kommunistische Regime, das 1974 bis 1991 regierte – gekämpft, bevor er an die Macht gelangte. Die von ihm organisierten Wahlen sollten eine Zeit der Demokratie einleiten. Zum ersten Mal in ihrer Geschichte hatten die Äthiopier eine riesige Hoffnung. Aber in diesem Land, wo Arbeitsplätze gezählt sind, braucht man für alles seine Parteikarte und muss Tigre sein, um eine Anstellung beim Staat zu bekommen. So lähmt die Politik das Land, dessen einzige echte Herausforderung der Kampf gegen die Armut ist.

Die aufgeweichte Piste führt entlang eines Berggrates an zahlreichen Klöstern vorbei. Wie im ganzen Land wird von der orthodoxen Kirche auch hier am Straßenrand Geld gesammelt. Ein Pope, in goldbestickter Toga, versucht die Autos anzuhalten, indem er seine Gebete über den... Lautsprecher ertönen lässt. Der Messdiener, der ihn begleitet, trägt ein Tablett voller Brote, das er den Lastwagenfahrern ans Fenster hält. Die Chauffeure nehmen eins, trinken einen Schluck geweihtes Wasser oder Milch, küssen das große Holzkreuz und werfen ein paar Münzen in den dafür bestimmten halboffenen Regenschirm.

Äthiopien ist ein Land von Bauern, die ständig zu Fuß unterwegs sind. Die ganze äthiopische Wirtschaft ist auf den Schritt des Menschen abgestimmt, alles wird entweder getragen oder, wenn es das Familienvermögen erlaubt, auf Lasttieren befördert. An Markttagen füllt sich die Straße mit der endlosen Schlange der Dörfler. Die wenigen Lastwagen, die gewöhnlich mit voller Geschwindigkeit daherbrausen, passen jetzt nicht mehr hierdurch und bleiben im dichten Strom der Menschen stecken, die vielleicht 10 oder 20 Kilometer zum Markt laufen. Jedes Stück Straße hat seine Ware: Hier verkaufen Kinder Arrak in authentischen Whiskeyflaschen. Auf einfachen Gestellen aus Ästen sind dort Lastwagenplanen zur Schau gestellt, daneben Wagenheber und leere Motorenölbehälter. In Plastiksäcken mit dem Logo der humanitären Hilfsorganisation wird Holzkohle verkauft, oder eine getrocknete Mischung aus Stroh und Kuhfladen (Brennmaterial der armen Leute). Kinder verkaufen den Passanten Seife und Badesandalen für die heißen Quellen, die nicht weit sein können.

Von Nord nach Süd am Nil entlangzuradeln hat mir die Gelegenheit gegeben, ihn kennenzulernen: sein weit verzweigtes Delta, den breiten ruhigen Strom von Kairo bis Assuan, den wilden Lauf durch die Nubische Wüste, den reißenden Fluss in Äthiopien. Der Nil trägt so viel Schwemmgut wie sich an seinem Lauf Völker, Klimazonen und Religionen befinden. Oberhalb seines natürlichen Reservoirs, des Tanasees, ist der große Nilfall mit einem Höhenunterschied von 45 Metern. Weiter südlich hat sich der Blaue Nil seinen Lauf 1.000 m tief in den Berg eingeschnitten, Maiskulturen ziehen sich entlang der Abhänge. Eine schlammige Piste schlängelt sich hier durch, an der zahllose Autowracks herumstehen.

Der Nil ernährt an seinen Ufern an die 100 Millionen Menschen, er macht keinen Unterschied zwischen Rasse, Hautfarbe, Nationalität, reich und arm. Ich muss an die Worte eines äthiopischen Schullehrers denken. «Ägypten ist unser schlimmster Feind, und bald kommt der Krieg um das Wasser. Äthiopien, seit Urzeiten im Besitz der Nilquellen, wacht langsam auf und baut mit chinesischer Hilfe zwei Staudämme an den Zuflüssen zum Tanasee – möglich, dass sich dadurch der Wasserhaushalt des Nils verändert... bis hinunter zum Mittelmeer!»

Im strömenden Regen erreiche ich Addis-Abeba (5 Millionen Einwohner). Auf dem letzten Pass, in mehr als 3.000 m Höhe trainieren zahlreiche Läufer. Sie überholen mich mit Leichtigkeit, Short und T-Shirt kleben an den schlanken Silhouetten, der Triumph ihres Landsmanns Kenenisa Bekele, der im 5.000-Meterlauf Weltbester wurde, spornt sie an.

Ich fahre in die laute verkehrsreiche Metropole und freue mich auf das Wiedersehen mit Ciro, der sich wahrscheinlich schon einige Wochen in der extrem feuchten Atmosphäre der Hauptstadt aufhält. Ciro gehört zu den Leuten, die nicht nach der Uhr leben, aber wie es der Zufall will, laufen wir uns eines Tages über den Weg. Hinter seiner legeren Art und den Rauchwölkchen, die ihn umschweben, verbirgt sich ruhige Stärke. Im Hotel der Prinzessin Taitu, Zimmer Nummer 224, steht Ciro in aller Gemütsruhe vor seinem Spiegel und malt ein Selbstportrait. Er hat eindeutig eine Dichterseele. Ich muss an Tanger denken, an das Zimmer von Jack Kerouac und Allan Ginsberg. Nach wochenlangem Regen im Hotel eingesperrt, ist Ciro leicht für meinen Vorschlag zu begeistern, in Richtung Harar zu fahren, das nicht nur wegen Rimbaud interessant ist – der da wohnte – sondern auch, weil es eine wichtige Bastion des Islam und ein alter Karawanenknotenpunkt für den Verkehr zwischen Indien, dem Nahen Osten und dem Horn von Afrika war.

Gemeinsam radeln schweißt einen entweder zusammen oder es gibt Krach. Ciro und ich, wir verstehen uns ohne große Reden, unsere Reaktionen passen zusammen, als seien wir schon Freunde gewesen, bevor wir uns überhaupt kennenlernten.

Wir fahren durch Baumwollfelder und riesige Zuckerrohrplantagen. Endlich haben wir den Wind im Rücken. Das goldene Abendlicht verspricht schon das Ende der heutigen Etappe. Wir halten in einer Schule, die «vor genau sechs Monaten von Hillary Clinton besucht wurde», wie man uns stolz verkündet. Als ein Gewitter losbricht, wird dieser Ort für uns zum rettenden Paradies, in dem wir uns unterstellen können, doch um Kinder zu unterrichten, scheint wirklich alles zu fehlen. Am nächsten Morgen hat es sich eingeregnet, ohne die geringste Hoffnung auf Besserung. Der Lehrer kommt und erkundigt sich, ob wir gut geschlafen haben. Er hilft uns, unsere Drahtesel durch den Schmutz zu schieben, während die Kinder unter der Dachrinne stehen…

Mitten in der Talfahrt hat man keine Lust, zu bremsen oder anzuhalten. Der Schwerkraft entzogen, hebt man fast von der Erde ab, von einer herrlichen inneren Kraft getragen. Doch der Soldat, der plötzlich seine Kalaschnikow auf uns richtet, lässt uns all das vergessen. Entgeistert bleiben wir stehen. «Die Brücke ist für Fußgänger und Radfahrer verboten!» Glücklicherweise kommt gerade ein Wagen des IKRK und hält an. Der äthiopische Chauffeur übersetzt für uns. Dank seiner Hilfe erscheint ein Lächeln auf dem Gesicht des Militärs, der aber trotzdem nicht nachgibt. Also laden wir unsere Räder auf das Rotkreuzauto, um die strategische Achse Addis-Abeba-Somalia vorschriftsmäßig zu überqueren. Befehl ist Befehl. Radfahrer könnten ja getarnte Al-Quaida Terroristen sein! Von diesem Verdacht erfahren wir allerdings erst auf unserer Rückreise.

Jetzt kommen die Berge von Ahmar, die es in sich haben! Wir fahren vorbei an Mais-, Kaffee- und Qatplantagen (Strauch aus der Familie der Zelastrazeen, der wegen seiner Blätter angebaut wird, deren euphorisierende Wirkung im Horn von Afrika und im Yemen sehr geschätzt wird). Ciro kann dem Kaffeeduft aus einer Imbissbude nicht widerstehen. Kunden und Bedienung kauen alle eifrig die braunen oder rötlichen Qatblätter. Hier lernen wir Fantu kennen. Er ist Landwirtschaftsingenieur und wieder in die Heimat zurückgekehrt, «Ja», sagt er, «ab und zu kaue ich das Zeug auch». «Gemüse wollen die Leute hier nicht anbauen, Qat, das Wunderkraut, bringt ihnen drei Ernten pro Jahr. Sie wollen nichts wissen von den Intelligenzlern aus der Stadt mit ihren Theorien und ihren Tomaten. Ganz zu schweigen von der Regierung! Qat ist nach dem Kaffee zweitwichtigster Exportartikel!» Qat hält sich nur 24 Stunden frisch, täglich gehen Flugzeuge ab nach Djibouti, wo die Wunderpflanze zu Höchstpreisen gehandelt wird.

Qat wird mit Tee oder Limonade gekaut, putscht auf, zügelt den Appetit und hält wach. Während der Prüfungszeit schnellt der Verbrauch bei Lehrern wie Studenten maßlos in die Höhe. Lastwagenfahrer starten nicht in Richtung Djibouti ohne ihr Sträußchen auf dem Armaturenbrett, von dem sie während der Fahrt ab und zu ein Blättchen abzupfen Die Leute hier verbrauchen im Durchschnitt ein halbes Kilo pro Tag. Qat ist bekannterweise eine Droge, die zur Abhängigkeit führt. Auf eine kurze Zeit des Genusses folgt Lethargie. Qat ist verantwortlich für sehr viel Gewalttätigkeit in den Familien, und die Männer geben einen großen Teil des Einkommens dafür aus.

Die Alchimie des Lebens mag dafür zuständig sein, dass wir, von einer Begegnung, einem Film oder einem Buch unserer Kindheit inspiriert, plötzlich auf Reisen gehen. Ein Freund aus den ersten Schuljahren, heute Schriftsteller und Journalist, sagte mir einmal: «Acht Jahre waren wir alt. Ich wollte schreiben und du Rad fahren …» Später, auf der höheren Schule schlug ich mich mühsam mit den Versen von Rimbaud herum, litt Höllenqualen. Als ich heute in der Stadt Harar ankomme, fallen mir einige Worte des französichen Dichters ein. Er schrieb, er habe genug, er verlasse Europa, die Meeresluft würde ihm die Lungen verbrennen. Er wollte sich ins Unbekannte vorwagen. Er sagte, man müsse sehen, sich die Augen öffnen (…) für eine lange, immense und wohlüberlegte Entgleisung aller Sinne. Mit 22 Jahren reist der junge Dichter ans Rote Meer, arbeitet für einen Kaffeeverkäufer in Aden. Er ist einer der ersten Weißen, die sich mit der Erforschung des Ogaden befassen und endet schließlich in Harar, der viertheiligsten Stadt des Islam, die 1854 auch der berühmte Schriftsteller Richard Burton besuchte. Rimbaud hat Charleville hinter sich gelassen, seiner Mutter, die dort lebt, schreibt er häufig Briefe mit der Bitte, ihm Bücher zu schicken, über alle möglichen Themen, um die kalten Nächte von Harar zu überstehen. Mehrmals beschafft er sich Kamele und organisiert Expeditionen, doch alle sind erfolglos. Er steckt seine Ersparnisse in den Kauf von Gewehren, um mit dem äthiopischen Kaiser Menelik ein Geschäft zu machen, muss aber seine Ware am Ende billig verscherbeln und steht mittellos da. Ruiniert. Afrika wärmt ihm den Körper, foltert aber seine Seele. Weder materiell noch existentiell kommt er auf einen grünen Zweig. Noch dazu hat er eine heimtückische Krankheit, gegen die er machtlos ist. Am 7. April 1891 verlässt Arthur Rimbaud Harar auf einer Tragbahre, die nach seinem Entwurf angefertigt wurde. In Marseille wird ihm ein Bein amputiert, aber er weiß, dass es keine Rettung für ihn gibt. «Der Mann mit den flinken Sohlen» stirbt mit 37 Jahren an Krebs. Hier in Harar ist der Mythos noch lebendig, in diesem Haus, das zu seinem Museum gemacht wurde, aber gar nicht sein Haus war. In der Biographie des Dichters schreibt Alain Borer: «Harar lässt ihn nicht los, denn um dieser Stadt anzugehören, muss man sie verlassen … und zu ihr zurückkehren.»

Nachts streifen Hyänen um die Stadt, die für das besonders freundschaftliche Verhältnis ihrer Bewohner zu diesen Tieren bekannt ist. Hyänen werden hier sogar gefüttert! Manche sind zahm geworden und laufen, von Photographen, Kindern und Hunden verfolgt, durch die Straßen.

Mit 87 Moscheen auf einem Quadratkilometer ist hier die größte Konzentration von Moscheen auf der ganzen Welt. Heute Morgen war ich dafür dankbar. Die vielen Muezzinrufe haben es fertiggebracht, sogar Ciro aus seinem tiefen Schlaf zu wecken! Nach dem dritten Glas Tee kommt er zu sich und meint: «Man denkt langsam» («ans Abfahren»). In aller Ruhe zündet er noch eine Zigarette an, man könnte glauben, Rimbaud vor sich zu haben. Mein Weggenosse hat ein goldenes Herz: Einem Vagabunden schenkt er eine Zigarette, kauft Kuchen für die Kinder auf der Straße oder für einen Verrückten, der inmitten des Verkehr herumläuft und nicht weiß wohin.

Niemand kümmert sich darum, wieviele Kilometer das nächste Dorf entfernt ist, man überlegt, wie lange man zu laufen hat, oder – bei entfernteren Zielen – wieviel Geld die Reise kostet. Für den Radfahrer ist das nicht sehr aufschlussreich. Sich für eine unbekannte Route entscheiden heißt unnötige Schinderei riskieren. Vielleicht muss man mehr strampeln als nötig. Doch ist nichts ist frustrierender als umzukehren, den gleichen Weg noch einmal zu machen. Für jede Anstrengung wünscht man sich eine neue Entdeckung, jede geographische Veränderung soll eine Metapher des Lebens sein.

Für unsere Rückfahrt nach Addis-Abeba entscheiden wir uns also für eine andere Route. Die Überschwemmungen nach den jüngsten Regenfällen haben Brücken weggerissen und auf der Fahrbahn so tiefe Rinnen eingegraben, so dass Kraftfahrzeuge auf mehr als 120 Kilometern nicht verkehren können. Wir schieben unsere Fahrräder als wären es zwei Esel auf unsicherem Gelände. Auf den Pylonen der Hochspannungsleitungen sitzen Kamelhirten, den Transistor am Ohr, und hüten ihre Herde. Als wir vorüberfahren, werden die Tiere nervös und rennen im Galopp davon. Die Hirten bemerken uns und steigen mit dem Gewehr über der Schulter von ihrem Hochsitz herunter, um uns freundlich Kamelmilch aus einer Kalebasse anzubieten.

Nathalie kommt zurück

Nach fast vier Monaten in der Schweiz will Nathalie die Reise fortsetzen, und am 26. August landet sie auf afrikanischem Boden. Wir freuen uns, endlich wieder zusammen zu sein und bleiben noch eine Weile in Addis, damit sie sich auf das Zigeunerleben umstellen kann. Nach den unangenehmen Erinnerungen, die ihr von Ägypten geblieben sind, ist sie glücklich, dass die Pärchen hier in aller Öffentlichkeit fest umschlungen herumspazieren. Als sie ankommt, ist gerade die Regenzeit zu Ende, und ich habe den Plan gefasst, den flacheren und erholsameren Süden des Landes zu entdecken.

Im Piazzaviertel mit seinen Cafes, Restaurants und Nachtclubs wird jede Türschwelle von einem *zebegna* in Uniform streng bewacht. Am Abend ertönt Musik aus allen Ecken und Enden. Die leichten Mädchen teilen die Straße mit ausgemergelten Bettlern, die, wie in ein Leichentuch gehüllt, mit Fetzen bedeckt herumliegen. Die Menschen leben in unmenschlichem Elend, weigern sich aber aufzugeben. Was für ein Kontrast zur schicken Bole Road, dem eleganten sieben Kilometer langen Boulevard, der zum Flugplatz führt und auf dem die Jugend der Wohlhabenden ihre nagelneuen Jeeps spazierenfährt. Etwas weiter sieht man allerdings schon die Vorstädte mit ihren Betonblöcken aus der kommunistischen Zeit.

Äthiopien, eines der zehn ärmsten Länder unseres Planeten, konfrontiert uns jeden Tag neu mit der nackten Realität. Viele Kinder werden von ihren Familien in Stich gelassen und leben auf der Straße. Allein in der Hauptstadt sind es 100.000, im ganzen Land ungefähr eine halbe Million. Am Morgen sehen wir sie in kleinen Grüppchen, manche schlafen noch, neben herrenlosen Hunden eng aneinandergeschmiegt, andere räkeln sich in den ersten Sonnenstrahlen. Die älteren zählen ihre Münzen, die jüngeren strecken ihre kleinen schmutzigen Finger in unsere Hände und wollen Brot. Manche werden Schuhputzer, andere verkaufen Taschentücher, Kaugummis oder Lotterielose aus einer um den Hals gehängten Schachtel.

Wir geben ihnen Brot und Bananen, und in einem Augenblick verwandeln sie sich in wilde Tiere, verschlingen mit Raubtieraugen gierig das bisschen Essen. Auch wenn sie selbst Hunger leiden, versäumen sie nicht, die Schlafenden zu wecken, um mit ihnen zu teilen. Sie haben es nicht leicht. Die Polizei in Militäruniform macht unerbittlich ihre Runden und verprügelt sie schamlos vor unseren Augen.

Szenen der Hoffnungslosigkeit wiederholen sich immer und überall. Gegen dieses viele Leid scheint es keine Hilfe zu geben. Ein halbnackter Verrückter hebt Zigarettenstummel vom Boden auf und kaut Qat. Ein anderer schläft auf einem Mäuerchen zwischen den beiden Fahrbahnen, das für ihn der allerletzte Zufluchtsort in der großen Stadt geworden ist. Bei rot kleben sich die Gesichter von Behinderten an die Wagenscheiben und betteln mit flehenden Blicken. Obdachlose kauern abgemagert in den Bushaltestellen oder hocken unter irgendwelchen Planen. In 2.400 m Höhe sind die kalten Regennächte mit leerem Magen noch schwerer zu ertragen. Doch für viele Äthiopier ist diese grausame Realität normal, und viele von ihnen bleiben solidarisch: sie geben den Ärmsten was sie können.

Von diesem düsteren Bild hebt sich natürlich der spektakuläre Erfolg einiger äthiopischer Langstreckenläufer gewaltig ab und weckt unheimliche Hoffnung bei der Jugend. Häufig aus dem Nichts emporgekommen, sind sie zum Vorbild geworden. Auf dem Meskel Square, dem riesigen freien Platz der Hauptstadt, der zur Zeit des Derg für politische Versammlungen «zur Erziehung der Massen» gebaut wurde, trifft man jeden Tag mehr junge Leute beim Training. Beim kleinsten internationalen Athletikwettbewerb sind alle Cafes in Addis und die Kneipen auf dem Land berstend voll, vorausgesetzt, sie haben einen Fernseher. Wenn ein Äthiopier gewinnt, wird getanzt, das Bier fließt in Strömen, und im Freudentaumel lässt so mancher eine Runde springen. Auf der Straße rennen die Kinder auf ihren dünnen Beinchen mit glänzenden Augen oft lange neben uns mit. Nicht selten sind es an die zehn Kilometer, die sie barfuß zurücklegen, wobei sie sich zweifellos am unvergleichlichen Stil ihrer großen Läufer inspirieren. Man braucht nur die bekannten Namen zu nennen, da springen sie gleich doppelt so schnell.

Ich weiß, dass Haile Gebrselassie, der größte Läufer aller Zeiten, in Addis wohnt, und nachdem mich äthiopische Freunde dazu ermuntert haben, gehe ich eines Tages ans Telefon und rufe ihn an. Ich frage mich, ob uns ein Athlet dieses Formats wohl empfangen würde. Zu unserem großen Erstaunen ruft uns sein Sekretär eine Stunde später zurück, um für den nächsten Tag ein Treffen zu vereinbaren.

Im achten Stock eines Gebäudes werden wir liebenswürdig und herzlich von einem einfachen bescheidenen Sportler im Trainingsanzug empfangen. «Vor 16 Jahren waren wir nur eine kleine Handvoll Läufer, heute trainieren Hunderte von jungen Leuten.» Er lässt uns eine Tasse Tee bringen. Als ich ihm erzähle, wie die Kinder, die neben uns mitrennen und übers ganze Gesicht strahlen, wenn wir seinen Namen nennen, strahlt er auch. Aber es macht ihn traurig, zu hören, dass uns andere mit Steinen bewerfen. Haile will so viel über unsere Fahrt wissen, dass ich fast nicht dazukomme, ihn über sein Leben etwas zu fragen. Reisen, meint er, sei beschwerlich … er findet, ich sei *crazy*, die nubische Wüste allein durchquert zu haben. Als er hört, dass in Libyen Benzin billiger ist als Wasser, lacht er schallend.

Er kommt aus einer armen Bauernfamilie. Sieben Jahre war er, als sein großes Vorbild Miruts Yifter bei den olympischen Spielen in Moskau 1980 im Zehntausendmeterlauf die Goldmedaille gewann. Diesen Sieg erlebte er, irgendwo auf dem Acker versteckt, auf seinem Transistorradio direkt mit, wofür er, wie er sich lebhaft erinnert, die beiden Batterien der einzigen Taschenlampe der Eltern heimlich genommen hatte. Damals lief er barfuß jeden Tag zehn Kilometer zur Schule, sein Heft unter den Arm geklemmt, eine Haltung, die er am Anfang seiner Karriere beibehielt. Nach der Schule lief er zurück ins Dorf, wo es weder Strom noch fließendes Wasser gab. Er half seinem Vater bei der Feldarbeit oder er ging mit der Mutter an den 3 Kilometer entfernten Fluss zum Wasserholen. Ohne es zu ahnen, erwarb er so sein legendäres Durchhaltevermögen. Er wird zum leidenschaftlichen Läufer und bleibt es.

Als er 15 ist, wird ein Trainer auf ihn aufmerksam. Zum ersten Mal in seinem Leben hat er Turnschuhe an den Füßen! Er verlässt gegen den Willen des Vaters seinen 2.800 m hohen Heimatort Arsi und geht nach Addis-Abeba. Sein Vater kann nicht glauben, dass sein Sohn mit Sport sein Brot verdienen kann. Seine Mutter tut ihr bestes, um die Schulkosten für ihre zehn Kinder aufzubringen.

Ein Jahr später nimmt er an seinem ersten Marathon teil. Er geht als neunundneunzigster durchs Ziel. Nach zwei Jahren intensiven Trainings gewinnt er seinen ersten Lauf. Einige Zeit später hat Haile Gebreselassie für seinen Vater eine große Überraschung. Er kommt nach Hause in sein Dorf … am Steuer eines Mercedes. Wir schreiben das Jahr 1996 und Haile hat bei den olympischen Spielen in Atlanta die Goldmedaille im 10.000 m Lauf gewonnen. Bei seiner Rückkehr jubelt ihm in Addis-Abeba eine Million Äthiopier begeistert entgegen. Seither ist sein Vater sein allergrößter Fan! Seit 1993 ist Haile unschlagbar. Ein Sieg folgt dem andern. Er überbietet seine eigenen Weltrekorde im 5.000 und 10.000 m Lauf – bis jetzt 16 mal! Heute ist Haile Vater von vier Kindern und auf ihre gute Schulbildung bedacht, «alles andere müssen sie selbst entscheiden.»

Zusammen mit seiner Frau hat er die Gesellschaft Haile-Alem gegründet, zu der zwei Schulen, diverse Immobilien, ein Kino, ein Fitness-Zentrum und ein Sportgeschäft gehören, und die auch im Automobilimport tätig ist. «Wir beschäftigen 400 Personen in unserem Bauunternehmen. Äthiopien braucht Brot und Bildung, es braucht keine Waffen und keine Weltrekordler!»

Vor sechs Jahren organisierte er zum ersten Mal The Great Ethiopian Run, einen alljährlichen Marathon in den Straßen von Addis-Abeba. «2005 haben 2.200 Personen teilgenommen, dabei werden die Vielen nicht mitgezählt, die die auf dem Gehsteig mitliefen, aber kein Geld für die Rückennummer hatten.»

Haile ist ein angesehener Businessman und dabei ganz einfach geblieben. In großen Zügen zeichnet er ein Bild von der Situation Äthiopiens: «Vor dreißig Jahren etwa 25 Millionen, sind wir heute fast 80. Die Reichen werden reicher und die Armen ärmer. Die Landwirtschaft ist völlig von der Regenzeit abhängig, die über Wohlstand oder Elend entscheidet. Bei den jüngsten Überschwemmungen sind offiziell 600 Äthiopier umgekommen... aber es gibt keine Zählungen. Wir müssen einander helfen. Wir sind alle Äthiopier!» Haile Gebreselassie erwähnt mit keinem Wort seine Spenden für die Opfer der Katastrophe. Bei Gesprächen mit Ministern der Regierung nimmt er sich kein Blatt vor den Mund. Ein großer Boulevard in Addis-Abeba wurde nach ihm benannt. Man sagt, er hätte vor, eines Tages Präsident zu werden.

Nomen est Omen: Schon sein Name verspricht sportlichen Erfolg und soziales Engagement: Das ampharische «*Haile*» bedeutet Macht, Energie, «*Gebre*» heißt «heilig» und «*Selassie*» ist die Dreifaltigkeit. Alem, der Name seiner Frau, bedeutet «die Welt». Durch sein unerschütterliches Engagement und seinen Werdegang hat Haile den Afrikanern neue Hoffnung gegeben. «Ohne zu laufen, wäre das Leben für mich kein Leben. Ich würde mich langweilen, und wenn ich nicht laufe, versuche ich, großzügig zu sein.»

Kaum haben wir die Hauptstadt verlassen, da überqueren wir zufällig die Startlinie eines Radrennens ...und erhalten donnernden Applaus! Unser Ziel liegt gottseidank noch in weiter Ferne!

Im Süden zeichnet sich das Rift ab, der 5.000 km lange Graben, der sich von Nordsyrien bis hinunter nach Mozambique erstreckt, mit seinen grünen Vulkanen und zahllosen Seen. Hie und da ragen riesige Bäume mit weit ausladenden Ästen (ampharisch *cholas*) majestätisch in den orange gefärbten Himmel. Man hat das Gefühl, sie genießen es, hier in dieser weiten Landschaft zu wachsen. Die Äthiopier flüchten sich vor der unerbittlichen Sonne in ihren Schatten. Sie verehren diese Bäume: in ihrem Schutz versammeln sie sich, um Streitigkeiten zu schlichten, hier bitten sie Gott um eine gute Regenzeit. Doch nicht allen Bäumen ist so ein beneidenswertes Schicksal beschieden. Den Akazien werden meist die unteren Äste abgeschnitten, sie stehen da wie Vögel ohne Flügel. Der stetig wachsende Bevölkerungsdruck hat die Abholzung zu einem echten Problem gemacht.

Mit dem Fernglas in der Hand wird Nathalie nicht müde, Vögel zu beobachten. 850 Arten sollen hier heimisch sein: Fischadler, goldene Webervögel, rosafarbene Flamingos, Störche, Marabus, Pelikane und Geier, die sich mit den Hunden die Kadaver streitig machen. An den Ufern des Sholasees, der sich in einem Vulkankrater gebildet hat, laufen vor unseren Rädern Strauße, eine Wildschweinfamilie und Grantgazellen über die Piste.

Kurz vor Sashemene kommen wir in das Königreich der Rastafaris. Als Haile Selassie 1930 Kaiser wurde, unterstützte er die Ideologie von Markus Garvey, der die Rückwanderung der Nachkommen der Sklaven nach Afrika befürwortete. Diese sahen in der Salbung des Negus die Erfüllung einer biblischen Prophezeiung und hielten ihn für den Messias, der die Afrikaner erlösen sollte. So entstand, nach dem Kaiser benannt, eine neue Religion, Ras Tafari, die ihn zum Gegenstand ihrer Verehrung machte. Er gab ihnen ein Stück Land, worauf Rastas aus der ganzen Karibik herbeiströmten, um sich niederzulassen. Wir stehen vor einer bescheidenen Reihe von Häusern, die in den äthiopischen Nationalfarben rot, gelb und grün gestrichen sind und auf diese Weise den Widerstand gegen den westlichen Imperialismus demonstrieren. Die Atmosphäre ist angenehm entspannt.

Wir flüchten vor einem heftigen Regenschauer in ein Cafe. Die Wände sind bemalt mit dem Pantheon der Rastas. Wir sehen den Kaiser und seine Gemahlin, Bob Marley und Teddy Afro, den nationalen Reggae Star, der wegen seiner regierungsfeindlichen Äußerungen nicht mehr gesendet werden darf. Man begrüßt uns freundlich mit dem Akzent der *West Indies*, und als erstes bekommen wir – in Äthiopien illegal – *ganja* angeboten.

«Yeah man, wir rauchen nicht aus Vergnügen, wir rauchen, um Gott näherzukommen», sagt uns ein älterer Rasta mit langen graumelierten *dreadlocks*, der das Gras selbst in seinem Garten anbaut. Der rebellische Geist von Bob Marley, der 2005 sechzig Jahre alt geworden wäre, lebt in den Rastas weiter. Paradoxerweise verehren sie den Ex-Kaiser von Äthiopien, der die Mitglieder des Parlaments nach eigenem Gutdünken bestimmte, in Saus und Braus lebte und die großen Landbesitzer protektionierte…

Nach einer Schleife südlich von Addis schwenken wir nach Osten ab Richtung Djibouti. Die Regenzeit ist vorbei, Äthiopien erstrahlt in atemberaubender Schönheit. Die Straße führt auf eine weite Hochebene mit Gerste-, *Tef-* und Weizenfeldern. Dann geht es hinunter in eine Schlucht von 2.000 m Tiefe, die noch vom Nebel verhängt ist. Die Temperatur steigt, und sofort verändert sich das Landschaftsbild. Es wachsen Akazien, Bananen, der *dora* blüht – eine Art Mais, dessen Stiele als Brennmaterial begehrt sind. Wir sind in der Ebene von Afar angelangt.

Mir wird klar – dabei muss ich an die Stacheln der Akazien denken – wieviel Widerstandskraft nötig ist, um diesem harten Klima zu trotzen. Die Stacheln sind fein, aber stärker als Stahl, machen unsere Reifen platt und erlauben uns nicht, unsere Luftmatratzen zu benutzen. Auf dem Boden zu schlafen kann ganz schön hart sein!

Die jungen Afars schlingen sich einfach einen *longyi* um die Taille und lassen den Oberkörper unbedeckt. In ihrem breiten Gürtel steckt ein fein ziseliertes Etui mit einem langen Krummdolch. Häufig ziert ein Kamm den voluminösen gekrausten Haarschopf. Sie haben einen stolzen, katzenartigen Gang, der zuweilen etwas weiblich wirkt, stehen aber überall im Ruf, gefährliche Krieger zu sein, was wahrscheinlich der Wahrheit entspricht, wenn man sieht, wie sie ostentativ ihre Kalaschnikow zur Schau tragen. Die Halbnomaden, wohnen in *boudas*, einer Art Iglus aus Ästen und Zweigen, die mit Erde und grob zusammengenähten Planen bedeckt sind. Frauen und Mädchen gehen mit freiem Oberkörper und schmücken sich mit Perlen, die sie kunstvoll in die Zöpfchenfrisur einflechten. Ketten mit geometrischen Motiven schmücken ihnen Hals und Brust.

Von jetzt ab fahren wir immer eine gute Stunde vor Sonnenaufgang los. Sobald die große orangefarbene Kugel am Horizont erscheint, steigt die Temperatur sprunghaft in die Höhe und die rötliche Mondsichel verblasst.

Wir verlassen Balti beim ersten Ruf des Muezzin und ahnen nicht, dass uns der starke brennend heiße Gegenwind bis … Djibouti begleiten wird. In den ersten Sonnenstrahlen des neuen Tages in allen Regenbogenfarben schillernd, ergreift eine Pavianfamilie die Flucht, Schafherden ziehen vorüber. Nach neun Uhr steigt die Temperatur auf nahezu 40 Grad. Die Luft wird schwer und staubig. Von der Sonne verbrannt, scheint das Land hoffnungslos und resigniert. Stein und Sand ersticken das Pflanzenleben, die wenigen Flüsse versanden.

Bei unserer Ankunft in Mille werden wir mit offenen Armen von Teshai und Rosita aufgenommen, die ein Hotel für Lasterfahrer betreiben. Die beiden Matronen haben ein goldenes Herz! Sie installieren uns im Freien und bestehen darauf, unsere Wäsche zu waschen. Ohne viel Federlesen nehmen sie uns die schmutzigen Klamotten ab, und schon stehen vier Frauen um den traditionellen Blechzuber und reiben alles sauber. Die jungen Mädchen, die für sie arbeiten, sind eigentlich *Bargirls*, eingestellt, um das harte Leben der Fernfahrer zu «versüßen.». Eine von ihnen fasst Nathalie an die Brust und möchte unbedingt einen BH von ihr. «Bitte», stöhnt sie, «mein Busen ist zu schwer!». Als ich eine Dusche nehme und mir die Müdigkeit vom Leib spüle, was sehe ich … eines der beiden Luder beobachtet mich ungeniert!

Die Nacht ist laut und angefüllt mit flüchtigen Schatten. Es ist so heiß, dass niemand in den winzigen Zimmern schläft. Alle haben ihren *charpoi* (aus dem Indischen stammende Bezeichnung für ein Bett aus Schnurgeflecht, das die

Luft zirkulieren lässt) in den Hof gestellt. Total erledigt, von der Hitze ausgelaugt, können wir keinen Schlaf finden. Die Marabus stehen, den Kopf zwischen die engen Schultern gesteckt, da wie Totengräber und verschlingen die Ziegenfüße, die ihnen der Koch hingeworfen hat. Die Nacht ist kurz: Um fünf Uhr, noch in der Dunkelheit, packen wir die Taschen und ziehen in der Frische der Morgendämmerung los.

Trostlosigkeit, Öde, Lethargie. Diciotto, ein Kaff aus verrostetem Blech, erinnert an die vielen Bergwerksstädte des Altiplano: Weder feindlich noch freundlich – ein Ort, wo die Armut zu Hause ist. Die Einwohner liegen noch, in ihre Tücher gewickelt, vor ihren Hütten und schlafen.

Der Horizont verliert sich in einer Mondlandschaft von Salzseen mit extrem feindlichem Klima. Nathalie, der die Hitze besonders zusetzt, ist kategorisch: Die apokalyptische Szene, die wir vor uns haben, ist schlicht und einfach die Hölle.

Genau in dieser Region lebte, wie eine Gruppe amerikanischer Archäologen 1974 entdeckte, unsere Stammmutter Lucy vor 35 Millionen Jahren! Ihren modernen Namen verdankt sie dem Beatlesong *Lucy in the sky with diamonds,* den die Forscher auf der Ausgrabungsstätte immerzu in den Ohren hatten.

Eine armselige Strohhütte, ein Register, zwei Bedienstete. Der äthiopische Zoll ist ganz bescheiden und wird wohl nie in der Geschichte von sich reden machen.

Die Qatkauer

Zu Füßen einer verfallenen Festung steht der Zöllner im ärmellosen T-Shirt, eine weiße Kapitänsmütze auf dem Kopf, den grünen Mund voll Qat. Er hat Mühe mit der Aussprache. «Sprechen Sie Französisch? Willkommen in Djibouti!» Nach dem Grenzposten kommt nichts mehr. Nur noch der heulende Wind. Der Boden ist von einer hauchdünnen Schicht Salz bedeckt. Hie und da ein paar Zwergpalmen, die dieses undankbare Klima aushalten. Die Milchstraße steht hoch über uns und glitzert mit zahllosen Gestirnen. Ich lege mich splitternackt auf die Erde, und Nathalie erinnert mich humorvoll an den berühmte Forscher Wilfred Thesiger, der gesagt hat, dass bei den Afars von Danakil der Brauch herrsche, ihren Feinden die Testikel abzuschneiden!

Zu wenig Essen, glühende Hitze, Gegenwind. Das kleine Fleckchen Erde namens Djibouti (23.700 Quadratkilometer), ein «Haufen Steine», der den gleichen Namen trägt wie die Hauptstadt, gibt uns Rätsel auf.

Wir halten in Dikhil. Ein Einheimischer ruft erstaunt: «Aus Frankreich mit dem Rad? Warum tut ihr euch das an?» Ein kleines Mädchen sieht mich Wäsche waschen. Sie deutet mit dem Finger auf mich und sagt zu Nathalie: «In Somalia ist das nicht so. Dort machen die Frauen die Arbeit, und die Männer Siesta». «Und in Djibouti?» «Auch!» Über unsere Landkarte der Gegend gebeugt, gerät eine Gruppe von Studenten mit uns ins Gespräch. Von Zidane bis zur Politik kommen wir vom Hundertsten ins Tausendste. «Wieviele Kinder wünscht du dir?» frage ich. «Zwei oder drei, wenn ich Beamter werde, drei bis unendlich, wenn ich es zum Minister schaffe», kommt es schlagfertig zurück. Einer beklagt sich: «Wenn jemand in Djibouti Arbeit sucht, fragt man, zu welchem Stamm er gehört, was er kann, ist ganz egal!» «In ganz Afrika ist unser Präsident der reichste, im französischen Fernsehquiz haben sie das gesagt, Ismael Omar Guelleh ist der Allerreichste!»

Während wir den Großen Barra, eine Lateritebene, durchfahren, hat plötzlich ein Panzer, hinter einer Akazie versteckt, seine Kanone auf uns gerichtet. Am zweiten Baum der zweite Panzer, am dritten Baum der dritte. Das ohrenbetäubende Motorengeräusch eines Hubschraubers erfüllt die Luft, die

Maschine landet, um sofort von den Panzern eingekreist zu werden. Die französische Armee macht große Manöver in der Ex-Kolonie.

Es wird gerade Nacht, als wir an der Kreuzung der Straßen nach Djibouti und Tadjoura ankommen, wo sich ein Polizeiposten befindet. Ali, der Boss, versammelt gerade seine Leute nach dem Fastentag zum Abendessen und lädt uns ein, ihr einfaches Mahl aus Datteln, Orangen und *samosa* mit ihnen zu teilen. «Kaut mit uns, dann werdet ihr Djibouti nie wieder vergessen!» sagt er. «Kauen?» «Natürlich, Qat!» Gesagt, getan. Wir sitzen auf Matten in der winzigen Polizeistation und geben uns dem Nationalsport hin: qaten. Bis Mitternacht. Mit erweiterten Pupillen und einem bitteren Geschmack im Mund können wir trotz unserer großen körperlichen Müdigkeit keinen Schlaf finden.

Ein herrliches Panorama liegt vor uns: Der Golf von Aden, eine Ausbuchtung des arabischen Meers, mündet in eine Öffnung des Rift. Am Ende des Meerarms verschwindet das Wasser im Ghoubbet-el-Kharab, dem «Abgrund der Dämonen» unter der Erde, um später als Assalsee wieder an die Oberfläche zu gelangen. Nach einer langen Talfahrt von 17 km entdecken wir diesen See, der, wie in ein schillerndes weißes Schmuckkästchen gefasst, 157 m unter dem Meeresspiegel vor uns liegt. Hier ist der tiefste Punkt des afrikanischen Kontinents. Die Straße führt hinein in eine verlassene und vergessene Welt aus Stein, in der nichts zu existieren scheint als der glühend heiße Wind. Das kleine Binnenmeer bekommt die Gezeiten durch die unterirdische Verbindung mit dem arabischen Meer zu spüren. Die Verdunstung ist stark; das Salz, das sich an den Ufern absetzt, wurde früher von einer äthiopischen Firma geerntet, was aber wegen Streitigkeiten mit Djibouti eingestellt wurde.

Die drückende Hitze von 46 Grad, das grelle Licht und die korrosive Luft machen diesen unmenschlichen Ort, den man in Djibouti kurioserweise mit «Packeis» bezeichnet, nur umso trostloser. Und trotzdem nennen die Afars diese Gegend ihren «Garten», denn sie können mit dem Salz ihren Lebensunterhalt bestreiten.

Schatten ist selten. Sehr selten. Im Schutz eines Felsen kocht Nathalie Polenta, das letzte, was wir noch haben, während ich mich abmühe, aus dem platten Reifen einen winzigen Akaziendorn herauszuziehen. Als wir gegen Ende Nachmittag die Gluthitze dieses Ortes von herber aber bedrückender Schönheit verlassen, fühlen wir uns nach einer Weile wie neugeboren. Plötzlich bricht ein Gewitter los, wir müssen unsere Räder schieben. Wacklig auf den Beinen machen wir kehrt und gehen ein Stück zurück. Die Nacht ist schwarz wie Tinte, In 130 m Höhe können wir nicht mehr und schlagen todmüde unser Lager auf.

Am nächsten Morgen fahren wir durch ein Dorf; erstarrt liegt es der Sonne preisgegeben – aus dem vorgesehenen Salzabbau ist nichts geworden. Wer noch in diesem gottverlassenen Nest lebt, wird durch die strenge Einhaltung des Ramadan von sturer Lethargie erfasst. Wie zum Teufel können hier Menschen überleben?

Genau im richtigen Moment kommen wir an eine Straßenwirtschaft, in die wir uns vor dem Feuerofen draußen flüchten können. Der Kellner klärt uns sofort auf: «Bei uns sind die französischen Militärs Stammkunden, Amerikaner lassen sich hier nicht blicken, aus Angst, dass unter dem Tisch eine Bombe explodiert.» (Gelächter) «In Djibouti», fügt er hinzu, «gibt es nur ein Problem, das heißt Qat, nicht Terrorismus!» Früher lebte Djibouti vom Waffenhandel. Auf seiner unfruchtbaren Erde, wo permanent der Wind bläst, wächst nach wie vor nichts, gar nichts…

Der Asphalt, seit Sonnenaufgang glühend heiß, macht ein paar Kurven in der toten menschenleeren Landschaft. Plötzlich tauchen zwei junge Äthiopier aus dem Nichts auf, außer einer Flasche Wasser haben sie nichts bei sich. Wir bleiben stehen und sie grüßen uns bescheiden, Hunger und Müdigkeit schauen ihnen aus den Augen. Nathalie zieht aus ihrem Gepäck zwei Päckchen Kekse, die sie wie ausgehungerte Wölfe verschlingen. «Wo sind wir? Djibouti, wo geht es nach Djibouti?» Sie haben anscheinend keine Ahnung, wo sie sind. Meine Landkarte kann ihnen nicht helfen, mit Karten kennen sie sich nicht aus. «Wo wollt ihr hin, nach Saudi-Arabien?» fragt Nathalie. «Ja» sagen sie wie aus einem Mund. Zum Glück kommt gerade ein Auto. Die beiden jungen Leute steigen ein, der Fahrer ist freundlich und gibt ihnen gleich ein Stück Brot. Wir werden sie nicht wiedersehen. Aber die kurze Begegnung weckt in uns ein Gefühl der Revolte gegen die Ungerechtigkeit, und bittere Erinnerungen an die libysche Wüste werden in uns wach.

Alem, ein Äthiopier, den wir kurz vor der Grenze kennenlernten, machte die gleiche Reise wie die beiden. «Eineinhalb Jahre habe ich in Saudi-Arabien gearbeitet, natürlich illegal, für 600 Dollar im Monat (das Fünf- bis Zehnfache des äthiopischen Lohns). Dort gab ich mich als Moslem aus, trug immer Turban, damit man die Tätowierung auf der Stirn – ein Kreuz – nicht sehen konnte. Die heimlichen Einwanderer aus Äthiopien gehen am Vulkan Ardoukoba vorbei bis hin zur Küstenstadt Obock, das sind zu Fuß fünf Tage, dann fahren sie mit dem Schiff in den Yemen und kommen auf irgend eine Weise nach Saudi-Arabien, um schwarz einen Job zu finden.» Sie laufen, um aus ihrer Lage herauszukommen, wir, auf einer anderen tektonischen Platte geboren, treten in die Pedale, weil wir das wollen. Sie gehen los mit der Hoffnung, das gelobte Land zu finden, nicht die heiligen Stätten des Islam, sondern die des schwarzen Goldes…

Das Qat-Flugzeug aus Äthiopien wird in Djibouti von den vielen Wiederverkäufern jeden Tag ungeduldig erwartet. Der Vertrieb funktioniert wie selten etwas. An allen Ecken und Enden der Stadt sitzen Matronen vor kleinen Tischen und bieten ihre Ware an, die unter einem feuchten Tuch aus Jute frischgehalten wird. Wenn dann die Sonne gnadenlos über der Stadt steht, ist ganz Djibouti dem Qat hingegeben. Die Stunde des *mabraze* ist da. Man legt sich lang und stützt den Ellbogen aufs Trottoir oder gegen den Rollladen eines Geschäfts und kaut und kaut, wie ein hungriges Schaf. Man trifft sich, besiegelt Freundschaften, macht Besorgungen, schlichtet Streitigkeiten. Sogar die *choufs*, die die feinen Villen der französischen Militärs und der begüterten Einheimischen bewachen, legen sich auf ihre Matte und lassen dabei den Transistor laufen, bis die Sonne untergeht. Abdouraham A.Waberi schreibt in seinem Buch *«Le pays sans ombre»* (Editions Le Serpent a plumes, 1994): «Qat ist Gift und Gegengift, anders gesagt, lebenslängliche Gefangenschaft.»

In einem Cafe kommen wir mit einem Mann ins Gespräch. Er redet nicht um den heißen Brei: «Von hier aus scheint Äthiopien wie ein Paradiesgarten, ein gottgesegnetes Land. Unser Obst, unser Gemüse kommt schon immer von dort. Für die Äthiopier sind wir kleine Amerikaner, denn unser Franc ist nach dem US Dollar indexiert. Aber damit zerstört die Regierung die Mittelklasse. Die Reichen machen sich Sorgen wegen ihres Geldes, aber die Einwohner der Armenviertel von Balbala am Stadtrand von Djibouti haben Mühe, satt zu werden.»

Am nächsten Tisch sitzen Militärs aus den französischen Unterseebooten und essen Tintenfisch; sehr diskret, verlieren sie über ihre Tätigkeit kein Wort. Sie fahren im Roten Meer herum, und in fünf Wochen legen sie manchmal genügend Kilometer zurück, um unseren Planeten zu umrunden, ohne aber jemals die Sonne zu sehen. Die starke militärische Präsenz schockiert uns, doch darauf haben sie eine Antwort: «Wir zahlen Miete, die Amerikaner kaufen sich mit Cash für 99 Jahre ein. Die französische Armee, die schon seit 1862 hier ist, wird nach und nach von der amerikanischen Supermacht verdrängt, bis dann eines Tages die USA durch die Kotrolle beider Mündungen des Kanals (Port Said und Bab-el-Mandeb) absolute Herrscher über die Energieversorgung Europas werden und die Anrainerländer zu Vassallen machen!»

Dass jemand der so lange herumreist, unter Stress leidet, kann man sich nicht vorstellen. Kommt aber vor! Als wir dabei sind, Djibouti zu verlassen, stehen an allen Kreuzungen die Militärs der Präsidentengarde, die berühmten Rotkappen, die Kalaschnikow schussbereit, und halten aufgeregt den Verkehr an. Ihr Boss pfeift in voller Lautstärke. Taxichauffeure, Lastwagenfahrer, alle bleiben schlagartig stehen, denn «die Gangster», wie man die afrikanischen Staatsmänner hier gerne nennt, werden jede Sekunde vorbeifahren. Ich stecke im Stau, und mit jedem Augenblick werden meine Chancen geringer, das jemenitische Konsulat rechtzeitig zu erreichen. Dort muss ich nämlich unsere Pässe mit dem kostbaren Visum abholen, damit wir noch auf unser Schiff kommen, das in wenigen Stunden abfährt. Heulende Sirenen, Scheinwerfer, Blinklichter und Motorräder kündigen die kennzeichenlosen Wagen der hohen Herren an. Es ist soweit. Der Präsident der Arabischen Liga, einige Minister aus Djibouti, gefolgt vom Präsidenten des Landes, fahren hinter getönten Scheiben in gepanzerten Fahrzeugen vorbei, die sie von den Amerikanern offeriert bekamen.

Endlich ist der Spuk vorbei und das übliche Chaos bricht wieder los. Ich fasse Hoffnung, es doch noch zu schaffen. In Schweiß gebadet, erwische ich den Herrn Konsul höchstpersönlich, als er sich gerade anschickt, nach Hause zu gehen. Unsere Visa wurden uns schon zweimal versprochen, sind bezahlt und wir brauchen sie dringend. Ich appelliere an seine Ehre. Ehre ist für Jemeniten heilig. Der kleine rundliche Konsul dreht sich um, ohne ein Wort, ohne einen Blick, und wie durch ein Wunder zieht er genau unsere Papiere aus einem hohen wackligen Berg von Dokumenten hervor.

Atemlos komme ich am Hafen an, wo mich Nathalie unruhig erwartet. Aber wir brauchen uns keine Sorgen zu machen. «Das Schiff in den Jemen fährt erst morgen, *Inch Allah!*» informiert uns der Beamte, die Füße auf dem Schreibtisch. Mit seinen roten glasigen Augen, den dicken aufgedunsenen Backen, das Sträußchen Qat immer in Reichweite, sieht er nicht sehr vertrauenswürdig aus. Doch seine Auskunft stimmt. Der Kapitän selbst bestätigt: Heute keine Abfahrt.

Eigentlich gibt es zwischen Djibouti und dem jemenitischen Aden keine offizielle Passagierverbindung. Das heißt, wir brauchen sehr viel Diplomatie, damit wir auf einem Frachter mitfahren dürfen. Heute gibt es ein Schiff, zwei, mehrere, vielleicht erst morgen? So Gott will ... Ein Teil der Welt funktioniert so. Nach vier Tagen vergeblicher Versuche, um 15 Uhr, in dem Moment, wo die Wirkung des Qat am stärksten ist, will uns ein anderer Typ am Schalter noch einmal vertrösten. «Kommen Sie morgen wieder!» sagt er. «Das Schiff da hinten, fährt das nicht nach Aden?» frage ich. «Ach, das da, ja ...» gibt er ausweichend zurück. «Geben Sie mir Ihre Pässe!» fügt er lakonisch hinzu. Wir können an Bord gehen.

Das Schiff ist berstend voll und bereit zur Abfahrt. Die Dockarbeiter haben es mit Hunderten von Säcken Kürbiskerne aus Äthiopien beladen. Bei Sonnenuntergang kommen endlich unsere Räder an die Reihe Zwei Polizisten steigen an Bord, und wir fahren in die Nacht hinein, friedlich zieht unser Schiff seine Bahn in Richtung Meerenge Bab-el-Mandeb – «Pforte der Tränen».

Das Mysterium der Nacht macht uns wieder ruhiger. Ich muss an das arabische Wort *ayn* denken. Ayn ist das Auge und auch der Blick … Der Reisende ist das Auge …, und die Reise wird zum Blick … Nächtliche Gedanken …

Am nächsten Tag liegt in der Morgensonne das arabische Meer vor uns, etwas später sehen wir die Einfahrt zum Roten Meer. Weit draußen taucht ein Fischerboot auf und tauscht einen Tintenfisch und zwei Goldbrassen gegen ein paar Flaschen Wasser. Männer verschiedenster Herkunft – aus Pakistan, Kenia, Tansania, aus dem Jemen – arbeiten hier, das Zusammenleben an Bord ist rauh, aber herzlich. Die Mannschaft behandelt uns wie Könige: Wir bekommen jede Menge *foul*, Fladenbrot und Tee. Siebzehn Stunden später fährt unser Schiff zwischen zwei felsigen Hügeln in den kleinen Hafen von Aden ein.

Ein Boot der jemenitischen Zollverwaltung nähert sich, ein wohlbeleibter Jemenit, in makelloses Weiß gekleidet, entsteigt ihm und verlangt die Gebühr: «2000 Rial (etwa 10 Euro) für das Ausschiffen!» Der Zöllner möchte, dass ich sein Büschelchen Qat mitfinanziere. «Ein kleines Bakschisch …unter Freunden …» – «unter Freunden brauchen wir über Geld nicht zu sprechen, oder?» Auf diese Antwort meinerseits grinst mir sein Kollege zu, und reckt den Daume in die Höhe.

Qat ist am afrikanischen wie am asiatischen Ufer des arabischen Meers in gleichem Maße begehrt. Im Jemen wird ein Drittel(!) des Volkseinkommens von seinen Einwohnern (21,5 Millionen) verkaut, hauptsächlich von den Männern!

Aden: Fünf Städte stehen ineinandergeschachtelt auf einem Relief vulkanischen Ursprungs, welches senkrecht ins Meer abfällt. Das Fort auf einem der Hügel, die das Craterviertel umschließen, ruft die ottomanische Herrschaft (1538–1636 und 1850–1918) ins Gedächtnis. Kanonen erinnern an die Besetzung durch die Engländer, die in den Jahren nach 1869 mit der wachsenden Bedeutung des Hafens das Hinterland entwickelten. 1970 wurde das Gebiet – inzwischen demokratische Volksrepublik Südjemen – von der damaligen UdSSR unterstützt.

Wir betreten wieder festen Boden, als die Lieferanten mit ihren Dreirädern die erste Runde fahren und der Duft frischen Brotes durch die Straßen zieht.

Der Markt mit seinem bunten Treiben und einem Übermaß an Decibel versetzt uns von einer Sekunde auf die andere in die Atmosphäre typisch asiatischer Geschäftigkeit.

Aden hört überhaupt nicht mehr auf, die Stadt nimmt kein Ende. Wir fahren auf einem langen Damm über einen Meeresarm, die ersten Sonnenstrahlen spielen auf dem ruhigen Wasser. An einem *checkpoint* stoppt uns der Chef persönlich, um uns Tee und Mineralwasser anzubieten. Hier sitzen wir also, auf Betonblöcken, vor uns ein überdimensionales Portrait von Ali Abdullah Saleh, seit 1990 jemenitischer Präsident, und frisch wiedergewählt. Auf den nächsten 500 Kilometern wird uns sein Bild zum regelmäßigen Begleiter.

Ein zahnloser Mensch kommt auf uns zu, ein Stück Windschutzscheibe in der Hand. «Gib mir Geld, dann esse ich ein Stück», sagt er mit der größten Selbstverständlichkeit der Welt. Etwas später überholen uns Halbwüchsige auf laut knatternden Motorradrädern. Kurioserweise haben sie Schaffelle auf den Sitzen. Sie kehren um, überholen wieder und verschlingen Nathalie mit Blicken, obwohl sie von Kopf bis Fuß bekleidet ist. Offensichtlich sind sie fasziniert von ihren Fesseln, von denen sie durch die Bewegung der Pedale immer wieder einen kurzen Blick erhaschen! Aus Lautsprechern, die sie am Lenker befestigt haben, krächzen Koransuren, die sie mit hoher Kastratenstimme nachäffen.

Bis zu seinem Tode im Jahre 1962 herrschte Imam Ahmed, der Alkoholiker und zudem morphiumsüchtig war, selbstherrlich über das Land. Er regierte sein Volk, das in totaler Armut und Ignoranz gefangen war, puritanischer als Calvin es vermocht hätte. «Lass deinen Hund hungern, dann gehorcht er dir», sagt das Sprichwort. Der Jemen – seit 1990 vereinigt – leidet noch immer unter den Folgen von Bürgerkriegen und Abgeschlossenheit. Das Land der Königin von Saba am Rand der arabischen Halbinsel hat eine lange einsame Vergangenheit hinter sich. Vor kurzem hat es sich mit einem Schlag der Welt geöffnet; alte Werte und westliche Modernität stoßen brutal aufeinander. Wie die jemenitische Tageszeitung *Yemeni Observe*r berichtet, wurden während der letzten 30 Jahre im Land 12.000 Schulen gebaut, aber auch 72.000 Moscheen! In Ermanglung einer offiziellen Erhebung wird geschätzt, dass 70 % der Frauen nicht lesen und schreiben können.

Schon weit vor einem Dorf hört man das Zischen der Gaskocher. Was es Feines gibt? Zum Beispiel *salta*, ein wunderbares Ragout aus Schaffleisch mit Linsen und Fenchelsauce. *Khob*, das große Fladenbrot, isst man warm, direkt aus dem Ofen, dazu gibt es Tee mit Milch und Zucker. Die Straßenköche mit ihren mageren Gesichtern tragen meist einen *keffieh* auf dem Kopf und servieren das Essen mit viel Geschrei und Schwung auf einem Blatt Zeitungspapier.

Ein Teeglas erlebt so manches, wenn der Tag lang ist: Unvorhersehbares, Unglaubliches. Es hätte viel zu erzählen, von hennagefärbten Bärten, trockenen Kehlen, Spucke, heißen Reden, Gemurmel, von den Schritte des kleinen Kellners, die ihm so vertraut sind, vom Vorbeihuschen einer Katze, oder vom Geräusch der Wasserpfeife, neben der es gestanden hat. Es gelangt in feine Hände, kennt aber auch den festen Griff der Lkw-Fahrer. Denn alle trinken Tee. Immer und überall. Auf meine Bestellung bringt der Kellner zwei und reicht beide mir. Seine Diskretion angesichts unserer Zweisamkeit geht so weit, dass er Nathalie einfach ignoriert. Wenn sie aber einen Jemeniten anlächelt, ist er sofort entflammt. Sogar ein winziger Dreikäsehoch pflanzt sich einmal mit stolz gewölbter Brust vor ihr auf und wirft gekonnt die Haare nach hinten wie ein geübter Ladykiller aus der Telenovela.

Die Halbwüchsigen auf der Straße geben sich betont lässig, kommen ganz nahe an mich heran, weil sie ihre Größe mit meiner vergleichen oder mit mir Fußball spielen wollen. Sobald ich auftauche, bedecken sich die Frauen das Gesicht mit der *burqua* oder flüchten ins Haus. Sie auch nur zu grüßen, hieße sie für leichte Mädchen halten. Bei den Mohammedanern ist Freundschaft zwischen Mann und Frau nicht vorstellbar, schlicht und einfach tabu.

Hin und wieder wagt sich eine Frau in Begleitung ihres Ehemannes in die Öffentlichkeit. Es ist mir ein Rätsel, wie diese Wesen ihr Essen unter dem *niqab* verschwinden lassen, ohne sich zu bekleckern, und es dabei auch noch fertigbringen, den Mund zu verbergen? In der *abaya*, dem langen, formlosen schwarzen Gewand, das sie völlig bedeckt, laufen sie herum wie Gespenster, wenn auch zuweilen Jeans und hohe Absätze unter der freudlosen einfarbigen Kluft hervorspitzen. Ich habe den unangenehmen Eindruck, nur die Hälfte des Landes zu besuchen. Und doch ist dieses Volk, das die erotischen Geschichten aus Tausendundeiner Nacht hervorgebracht hat, unter seiner rauhen Schale sehr sentimental. Die *abaya* hat einen Vorteil: Die Prostituierten können ihr Gewerbe bei hellichtem Tag inkognito ungestört betreiben. So erklärt sich der seltsame Tanz, den eine Gruppe dieser verhüllten Gestalten vor einem Lkw aufführt. Eine ist besonders dynamisch, sie steht schon auf dem Trittbrett zum Führersitz und betört den Fahrer... eine andere wirft mir Küsschen zu!

Februar1989, Straße nach Taiz. Ich liege keuchend auf dem Lenker, bin ständig außer Atem. Am ganzen Körper zitternd wie Espenlaub, flüchte ich mich in Jeblah in ein Hotel, eine doppelte Krise hat mich erwischt: Malaria und Amöbenruhr. Das hätte das Ende der Reise sein können. Aber Vincent, mein Reisegefährte, bringt mich zu einem holländischen Arztehepaar, das mich in seine Klinik aufnimmt. Heute, fast 18 Jahre später, trinke ich einen Tee unter der gleichen winzigen Arkade auf dem Markt wie damals. Das Bild des Arztes, der vor einem Jahr verstorben ist, hängt an der Wand. Sein Sohn ist sichtlich bewegt, als wir von alten Zeiten sprechen, und lädt uns zum Essen ein.

Wir schwingen uns wieder auf unsere Räder. Am *Checkpoint* vor den Ortseinfahrten muss man persönliche Waffen abliefern, doch einige Stämme aus dem Norden, der Zentralregierung feindlich gesinnt, behalten sie bei sich ... Ein Strom von Fahrzeugen überholt uns mit höllischer Geschwindigkeit. Häufig sind sie reich geschmückt mit Bildern des Staatspräsidenten und des Scheich Hassan

Nasrallah, Chef der schiitischen Hezbollah im Libanon. Ein Jemenit am Steuer, mit knapper Not an den Eselskarren vorbeirasend, drosselt auch im Gebirge in den Haarnadelkurven die Geschwindigkeit keineswegs, kaut seelenruhig mit vollen Backen seinen Qat und glaubt sich Herr des Schicksals. Sein Machtgefühl ist durch nichts zu bremsen, vor allem nicht durch den Polizeiwagen, der uns einmal sechs Kilometer begleitet, und ununterbrochen von wutentbrannten Fahrern unter ohrenbetäubendem Gehupe rechts und links überholt wird. Sobald ein Sprössling der Familie groß genug ist, um den Fuß aufs Gaspedal zu setzen, kauft ihm der Vater einen Führerschein!

Auf den Höhenrücken des Faltengebirges erheben sich Türme aus Strohlehm, Backstein oder Naturstein und ragen hoch in den tiefblauen Himmel. Die Jemeniten sind geborene Baumeister. Nach dem Vorbild der archimedischen Schraube klettern wir auf einen sechsstöckigen Turm. Von seinem Flachdach aus sehen wir unter uns die Altstadt von Sana, Weltkulturgut der UNESCO, mit traditionellen Mitteln renoviert wie es schöner nicht sein könnte. Sanftes Licht strömt durch die Fenster des *mafradge*. Dieser Raum, der – wie das Wort sagt – traurige Gefühle vertreibt, ist eine Oase des Friedens, geschützt vor dem Lärm der modernen Stadt. Hier empfängt der Hausherr seine Gäste.

Mir hätte es gefallen, wenn wir unsere Route durch die große Einsamkeit Richtung Osten nach Oman und in die Vereinigten Arabische Staaten fortgesetzt hätten. Aber seit mehr als drei Wochen hustet Nathalie schon aus voller Lunge und sie hat keinen Mut, noch eine Wüste in Angriff zu nehmen. Außerdem würden wir uns gerne in einer Kultur aufhalten, wo den Frauen mehr Raum zukommt. Wir entschließen uns für den Himalaja, mit der Hoffnung, im nächsten Sommer das tibetanische Hochplateau zu durchfahren. Am 28. November 2006 unterbrechen wir für kurze Zeit unsere Reise auf zwei Rädern und fliegen nach Indien, nach Mumbay.

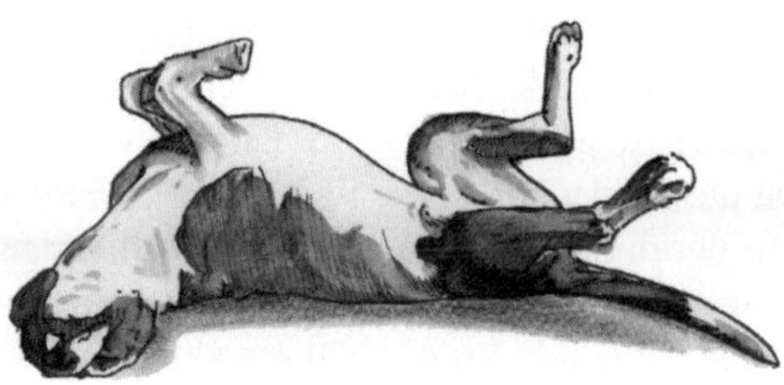

Mother India

In einer Nacht haben wir einen großen Sprung nach Osten gemacht, aus dem Jemen nach Indien, in das faszinierende Land der 300 Millionen Götter, das allen, die einmal hier gewesen sind unvergesslich bleibt.

Pedale, Sattel, Lenker. Die Träger am Flugplatz von Mumbay schauen mir interessiert zu, wie ich die Räder zusammenbaue. Die nächsten Monate wollen wir den Norden des Landes durchradeln, um Ende Frühling in Nepal anzukommen und nach Tibet hinaufzufahren. Das heutige Indien gleicht immer weniger den romantischen Erinnerungen aus früheren Reisen. Die Anzahl der Fahrzeuge nimmt explosionsartig zu, die Hauptverkehrsachsen wurden auf das Doppelte verbreitert, und jeden Monat werden sechs Millionen Handys verkauft. Die Wirtschaft läuft auf Hochtouren. Es ist schwindelerregend.

Unser kurzer Besuch in Mumbay gibt uns Gelegenheit, einen Artikel über die *dhabbawalla* zu veröffentlichen, die hier tagaus tagein für die Staatsangestellten 175.000 Mahlzeiten bei ihnen zu Hause abholen, um sie am Arbeitsplatz abzuliefern. Seit nunmehr 136 Jahren werden auf diese Weise 5.000 Personen beschäftigt, die, obwohl sie nicht lesen und schreiben können, die *tiffin boxes* (Metalldosen zum Aufeinanderstapeln) mit dem Zug, dem Fahrrad oder zu Fuß in der ganzen Stadt austragen. Ein echtes indisches Wunder, welches beweist, dass es möglich ist, gute Dienstleistungen auf originelle Weise zu organisieren und dabei allen Beteiligten zu nutzen.

Mumbay im Sattel verlassen zu wollen, erweist sich als ein Alptraum, der kein Ende nimmt! Ein Dschungel von Schubkarren, Rollern, Rikschas, Personenwagen und LKWs verstopft die Ausfallstraßen. Nathalie ist erbost. Sie hält diese Plackerei für Schwachsinn. «Dazu bringst du mich nicht wieder!» schreit sie im Dunst der Auspuffgase über das schrille Hupkonzert hinweg. Sie hatte ja vorgeschlagen, der Vernunft zu folgen und mit dem Zug aus der Stadt hinauszufahren. Für sie bin ich ein Fahrradfanatiker der schlimmsten Sorte. Sie hat recht. Es ist eine Schinderei. Mehr als 80 Kilometer Slalom zwischen diesen irrsinnigen Fahrzeugen, die uns jeden Moment überfahren können!

Direkt neben der Fahrbahn gehen Scherenschleifer, Schmiede, Besenmacher, Abfallsammler und -sortierer emsig ihrem Gewerbe nach. Hier stillt eine

Mutter ihr Kind, eine andere schaukelt ihres in der Hängmatte, dort hockt eine Frau mit dem Blasebalg und bringt ein Feuer in Gang. Eine Familie ist dabei, Drachenschnüre einzufärben. Auf den Terrassen steht groß und klein und lässt Drachen steigen, die einzig aus Altmaterial hergestellt sind. Der ganze Himmel ist voll, so wie Indien voll ist mit einer Bevölkerung, die 2005 die Milliardengrenze überschritten hat.

Es wird Nacht, wir sind erledigt, schwarz von oben bis unten. Der Besitzer eines winzigen Restaurants, zu dem auch ein Wassertank und ein paar Mangobäume und Bananenstauden gehören, lädt uns ein, dort zu übernachten. Zusammen mit seinem Koch schickt er mich los, um eine Henne zu kaufen, die anschließend fürs Abendessen geschlachtet wird. Im Lauf des Abends macht er sich Gedanken über unser Leben. «Du solltest eine Blume pflanzen, statt ziellos durch die Welt zu irren. Schau, hier steht ein Baum. Jemand hat ihn gesetzt. Heute spendet er allen seinen Schatten, die hier vorbeigehen. Was hast du hier verloren? Hier gibt es nichts zu sehen. Deine Fahrt ist sinnlos. Geh nach Hause und tu etwas für die andern ... Wann kommst du wieder?»

Auf der Strecke nach Palitana laufen Jainafrauen, weiß gekleidet, mit einem Federbusch im Gürtel, den Mund halten sie bedeckt und sind mit konzentriertem Blick streng darauf bedacht, nur ja kein Insekt zu zertreten, denn ihre Religion schreibt ihnen vor, das Leben in allen Formen zu respektieren. Das Jaina-Heiligtum von Sharungaya besteht aus nicht weniger als 863 Tempeln aus fein ziseliertem Granit, Sandstein und weißem Marmor, die im Verlauf von 900 Jahren auf einem großen Hügel erbaut wurden. Auf den 3.572 Stufen, die zu diesem Ort hinaufführen, haben wir das Gefühl, dass die ganze indische Gesellschaft vorgeführt wird. Opulente Inderinnen mit wohlgerundeten Hüften lassen sich von schweißüberströmten mageren Kulis auf Stühlen hinauftragen. Frauen und Kinder der Parias schleppen auf dem Rücken Gepäck und Sprösslinge der Wohlsituierten, junge Leute aus den Städten geben sich modern, mit Mütze und dunkler Sonnenbrille steigen sie lässig und ungeniert auf den heiligen Berg. Angetan mit dem besten Staat kommen ganze Familien, um die wichtige Wallfahrt zu vollbringen. Damit die hinduistische Welt funktioniert, muss jede der vier Kasten – *Brahmanen* (Priester und Lehrer), *kshatryas* (Krieger), *vaishyas* (Geschäftsleute) und *shudras* (Bauern) auf ihrem Platz bleiben und ihre Rechte und Pflichten übernehmen, die mit jeder Generation erneuert werden. Die *dhalits* (Parias oder Unberührbare) führen die niedrigsten Arbeiten aus, um überhaupt satt zu werden ... Was haben sie wohl in ihren früheren Leben verbrochen, um so ein elendes Dasein zu verdienen?

In Indien durchdringt die Religion seit Urzeiten das ganze Leben. Auf Reisen wird man automatisch als Pilger betrachtet und ist willkommen. Als wir heute Abend durch ein riesiges Tor einen Hindutempel betreten, besorgt uns ein Wächter freundlich ein Zimmer und einen Eimer Wasser zum Waschen.

Eine einfache Maschine schlägt auf eine Trommel und erzeugt Glockentöne, die sich in hypnotischem Rhythmus wiederholen. Es ist Zeit zur *puja* (Gebet). Unzählige Sandalen liegen vor den Stufen wild durcheinander. Im weißen Marmortempel wohnt Krishna, der blaue Gott mit der Flöte, Hanuman, der Gott in Affengestalt, und Ganesh, der Gott mit dem Elefantenkopf, der, voller blinkender bunter Kerzenlichter, aussieht wie ein Weihnachtsbaum. Ein Brahmane, die traditionelle Schnur um den Oberkörper geschlungen und den Kopf abrasiert bis auf einen Haarschopf am Hinterkopf, beweihräuchert die Gottheiten, die ungerührt in kaltem Marmor vor ihm stehen. Er drückt den inbrünstig singenden Betern ein *tika* auf die Stirn. Wir folgen den Pilgern in eine Säulenhalle, wo lange Teppiche ausgerollt sind. Die Familien setzen sich im Lotussitz nebeneinander, und auf Inoxtellern servieren die Schüler des lokalen Gurus mit rasender Geschwindigkeit Reis, Linsen und *Chapatis*.

Seit fast einem Jahr sind wir auf den Spuren von Eric Estivalet und Christine Tavernier, zweier Freunde, die 2004 mit dem Fahrrad in Genf abgefahren sind und sich momentan in Indien aufhalten. Sie haben sich vorgenommen, zehn Jahre durch die Welt zu radeln. Durch das Internet haben wir erfahren, dass sie gar nicht weit weg sind und freuen uns, sie in Dhandhuka zu treffen, einem größeren Städtchen, das durch keine Sehenswürdigkeit berühmt ist. Sie haben bald 22.000 Kilometer voll; die 400 Kilometer bis dorthin schaffen sie in drei Tagen. «Spitzenleistung interessiert uns aber nicht, wir radeln, weil es Spaß macht und unterwegs erlebt man immer was», meint Eric, in den Fünfzigern, der heute Abend Koch ist und Pfannkuchen serviert. Bis spät in die Nacht hinein wird gequasselt – libysche Gastfreundschaft, Ärger der beiden mit der Polizei im Iran, ihre herrliche Fahrt durch Ladakh, unsere Gesprächsthemen sind unerschöpflich …

Am nächsten Morgen sind die Räder zwar abfahrbereit, doch wir schaffen nur 800 Meter, bis zur nächsten *dhaba*, auf der anderen Straßenseite. Fehlstart, aber echte Freundschaft. Heute hat keiner Lust fortzugehen. Einen Tag später ziehen wir alle weiter, mit der Gewissheit, uns in ein paar Monaten in Kathmandu wiederzusehen …

Im Morgengrauen hört man die hölzernen Glocken der Zebus, die mit ihren riesigen Hörnern plötzlich aus, dem alle Entfernungen verschlucktendem, Nebel auftauchen.

Nach und nach dringt die Sonne durch den Dunst, noch undeutlich kommt im zarten Morgennebel die Landschaft hervor. Man hört das Geräusch der Wasserpumpen, Gesänge aus einem Hindutempel und das Knirschen der Wagenräder auf dem Asphalt. Das Thermometer zeigt 9 Grad. Die Inder, an große Hitze gewöhnt sind, husten und mummeln sich ein. Die kleinen Handwerker kauern um den Kerosinkocher, der ab und zu einen zischenden Laut von sich gibt. Die *rickshaw-wallas* (Rikscha-Pedalierer) – die Schultern in ein Schal gehüllt und ein Tuch ums Gesicht geschlungen – wärmen sich die Hände an einer Tasse heißem Tee. Einzelne Gestalten entfernen sich unauffällig, eine Flasche Wasser in der Hand, um sich ein Stückchen weiter zu erleichtern. In Indien haben 70 % der Landbevölkerung und 25 % der Stadtmenschen noch immer keine Toiletten.

Ein Lastwagen voll Kümmel füllt die Luft mit dem Duft seiner Ladung, auf dem Kühler reifen grüne Bananen. Kinder fahren neben uns her. Wenn ich sie sehe, muss ich an einen *side-car* denken: zu klein für ihr Rad, die Schultern in Sattelhöhe, stecken sie einen Fuß unter der Stange durch, um ihn aufs rechte Pedal zu setzen, halten mit einer Hand den Lenker und mit der anderen die Stange, und fahren so, asymmetrisch …

Das trockene Land des Kutch in Gujarat nimmt kein Ende, völlig flach, langweilig. Die Fabrikschlote entlang der Straße demonstrieren das enorme Wirtschaftswachstum des Landes. Hier kampieren unter behelfsmäßig zusammengestückelten Planen ganze Familien, die der Hunger hergetrieben hat. Männer, Frauen und Kinder zerschlagen Steine, schaufeln und tragen Eimer voll mit Bauschutt auf dem Kopf – billige Arbeitskräfte, die für den Straßenbau schamlos ausgebeutet werden. Diese harte Realität gibt uns ein entsetzliches Gefühl.

Die Häuser liegen weit verstreut in der nahezu baumlosen öden Landschaft. Der Wind bläst aus Norden. Am 26. Januar 2001 erschütterte ein Erdbeben von seltener Stärke (9,3 auf der Richter-Skala) diese Gegend bis nach Pakistan. Die kleine Stadt Bhuj ist noch immer dabei, Schutt und Geröll wegzuräumen und die Häuser wieder aufzubauen. Nach wie vor trauern die Bewohner des Ortes um die vielen Opfer (10 % der Bevölkerung wurden unter den Trümmern begraben). «Es war dreiviertel neun. Die Erde hat zwei Minuten gebebt und unser Dorf war völlig zerstört. Zum Glück feierten die Kinder im Schulhof gerade den *Republic Day* und keines von ihnen wurde verletzt», erinnert sich ein alter Mann im Dorf Ana Asombia. «Über die internationale Hilfe wurden große Summen gespendet, damit wir unsere Häuser wieder aufbauen können, aber wir haben nicht viel davon gesehen – ein paar hohe Tiere haben sich die Taschen voll gemacht.»

In der Bucht von Kutch werden Schiffe mit gigantischen Stämmen gebaut, die aus Malaysia eingeführt werden. Riesenschiffe, die bis zu 1.200 Tonnen Ladung befördern können. Über eine schmale zwanzig Meter hohe Leiter steige ich in einen Schiffsrumpf hinein. Das Dock hallt von Hammerschlägen. Hier wird nach wie vor alte Handwerkskunst ausgeübt. Dutzende von Arbeitern hämmern, sägen, hobeln – alles ohne Maschine. Riesenbalken werden mit Hilfe einer Handwinde für das zukünftige Deck emporgehievt. Wenn bei diesem Tempo weitergearbeitet wird, fahren die Schiffe in drei Jahren auf dem arabischen Meer.

Nathalie steigt in Bhuj in den Zug nach Pushkar, um ihre Schwester zu treffen, die extra angereist ist. Ich fahre die etwa eintausend Kilometer durch Rajasthan mit dem Fahrrad alleine weiter. Obwohl ich etwas schneller vorankomme – jeden Tag an die hundert Kilometer – nehme ich mir Zeit, unterwegs Menschen kennenzulernen. Ein Astrologe – aus der 14. Generation einer Astrologenfamilie – lädt mich in sein Haus ein, dass er zu einem Museum gemacht hat. Die Astrologie, wird durch das Handlesen und die Zahlenmystik bestätigt. «Wir arbeiten nicht für Geld, sondern für das Wohl der Menschheit.» Er zeigt mir besonders geformte Kupferplatten, yantras, die ihren Träger auf magische Weise schützen. «Mit dieser hier verdient man mehr», erklärt er. Es gibt Ketten aus verschiedenen Hölzern, die den Herzrhythmus verlangsamen. Ein erregter Mensch beruhigt sich, wenn man ihm die Kette rechtzeitig umhängt! «Dein Leben ist in Gottes Hand. An unserer Wissenschaft ist nicht der geringste Zweifel. Weißt du, dass Tag, Stunde und Ort Deiner Geburt über dein Leben bestimmen?» Inder konsultieren immer den Astrologen, wenn eine wichtige Entscheidung ansteht. Nur er hat die Macht, ein traditionelles Heiratsversprechen der Eltern ungültig zu machen.

Ich denke an Nathalie, die fest überzeugt ist, dass ich in einem vorherigen Leben *rickshaw-walla* gewesen bin…Ob mir die Astrologie erklären kann, warum ich dem Fahrrad so verfallen bin? Was treibt mich, ständig in der Welt herumzufahren?

Unterwegs tauchen allerlei mystische Gestalten auf. Plötzlich höre ich Glöckchengeklingel, und es dauert nicht lange, bis ein Hindu erscheint, der fröhliche Sprünge macht. Rot gekleidet, läuft er mit seinem energischen «*Ram Ram*» dahin, einen Bambusstock voller roter Fahnen und Glöckchen über der Schulter. In Trance, direkt mit seinem Gott verbunden, geht er mit leuchtendem Blick durch die Welt. Zwei splitternackte Jainamönche, die Brille auf der Nase, den Federbusch in der Hand, gehen leichten Schrittes über den holprigen Asphalt. Ein kleiner Mann mit langem Bart und leicht ergrautem Haar schiebt einen Einkaufswagen, den er zu einem fahrbaren Tempel umgebaut hat. Mit freundlicher Geste lädt er mich ein, ihn zu photographieren. Er hat das Grab des großen Sufimeisters Khawaja Moinuddin Chishti besucht, der, aus Persien stammend, sich 1195 in dem etwa 200 Kilometer entfernten Ajmer niederließ und heute von Pilgern aus aller Welt verehrt wird.

Flüchtige Begegnungen, unerwartet, lachhaft und ungewöhnlich – für mich sind sie wie Sterne, die mit ihrem Licht alles überstrahlen. Die moderne Welt, die unserem Leben die Poesie nimmt, verblasst vor ihnen.

In Pushkar treffe ich mich wieder mit Nathalie. Diese Stadt ist wirklich von den Göttern gesegnet. Man sagt, Brahma habe eine Lotusblume in den See gelegt, aus der die vierhundert weißen Tempel hervorgingen. Unter der fahlen Wintersonne spiegeln sie sich im stillen Wasser. Auf den halbem Weg zwischen den Stränden Goas und dem Gebirgskurort Manali, ist Pushkar Zwischenstation für die Hippies, die sich mit schmalem Gesicht und Dreadlocks aus den siebziger Jahren in die heutige Zeit hinübergerettet haben. Für Touristen ist der Ort ein Paradies der Ruhe. Hier ist der Fußgänger König.

Die Stufen der Erlösung, *ghat*, führen zum Ufer des heiligen Sees hinunter, in den auch die … Abwässer geleitet werden. Trotzdem waschen Frauen dort Wäsche und Wallfahrer vollziehen andächtig ihre rituelle Reinigung. Gegen ein paar Münzen verkaufen die *sadhus* Blumengirlanden und malen den Gläubigen *Tikas* auf die Stirn. In der Geschäftsstraße gibt es alles, was Inder, Pilger und frisch angekommene Touristen wünschen könnten: Popmusik, Kleidung für jeden Geschmack, Pizza … natürlich Massage, und Meditationsübungen! Für die Ladenbesitzer eine Goldgrube. Menschen aus aller Welt tauchen in diese Atmosphäre ein wie in einen Jungbrunnen. Die indische Jugend wird westlich, die Touristen werden indisch, zwischen Echtem und Imitation lässt sich keine genaue Grenze mehr feststellen.

Ab Februar nimmt die Hitze auf dem indischen Subkontinent allmählich zu. Im Mai bekommt die trockene Erde Risse. Im Juni zucken grelle Blitze über den bleiernen schwarzen Himmel. Und wieder einmal versinkt das Land während der Zeit des Monsuns in grüner tropischer Feuchtigkeit.

Das ganze Jahr lang beginnen die Besitzer eines *dhaba* (Restaurant für Lkw-Fahrer) jeden neuen Tag damit, ein Glas Wasser und ein Glas *tchai* auf die Straße zu leeren, eine Geste, die Glück bringt. Die Friseure ziehen mit Pinsel, Rasierklinge, und einem Gefäß mit Seifenwasser, in den wohltuenden Schatten riesiger Bäume. Ihre großen Spiegel reflektieren das frische Grün der Korianderfelder, die einen herrlichen Duft verbreiten. Heute scheint der Stuhl des Barbiers auf mich zu warten. Kaum habe ich mich hingesetzt, da füllt sich mein Spiegel auch schon mit zahllosen Augen und Schnurrbärten. Neugierig sind die Leute! Ein Inder kann sich selbst nicht ohne Schnurrbart vorstellen … nach oben gebogen gehört er zu einer höheren Kaste, nach unten ist das Gegenteil der Fall.

Eine bunte Menschenmenge streitet sich um den Platz vor Nathalies Objektiv. Sie selbst sprüht nur so vor Begeisterung. Die Inder sind verrückt nach Bildern und immer bereit, sich photographieren zu lassen. Als mein Sattelrohr kracht, verlangt der Mechaniker für das Löten nichts weiter als ein Bild von uns beiden auf seinem Handy!

Eine Radreise durch Indien zu beschreiben ist weniger ein journalistisches als ein impressionistisches Unterfangen. Unser Weg beschert uns eine anachronistische Szene nach der andern. In einer einfachen Färberei stehen Männer mit dicken Muskelpaketen in einer Wolke von Dampf und drehen eine Handkurbel. Aus einer halbierten Tonne, die direkt über den Flammen steht, strömt Säuregeruch. Eine endlose Stoffbahn wird darin im kochenden roten Bad eingefärbt. Nach dem Abkühlen landet die Färbflüssigkeit direkt in der freien Natur, was den wenigen, ohnehin schon schwächlichen Bäumen, die noch dahinvegetieren, den Rest gibt … Dutzende von Metern weißen und safrangelben Baumwollstoffs trocknen auf riesigen Gestellen im Wind, einer Installation von Christo zum Verwechseln ähnlich.

Die *ghat* der heiligen Stadt Ujjain liegen ruhig und still vor uns. Im Jahr 2004 fand hier die *Khumb Mela* statt. Zu dieser religiösen Versammlung pilgern alle zwölf Jahre zwölf Millionen Menschen. Als «Supermarkt der Spiritualität», ist sie ein Treffpunkt für alles und jedes: Gururituale, *sadhus*, lachende Kinder, ausgehungerte Hunde und diebische Äffchen bilden ein Durcheinander wie die Wurzeln des Banyan.

Am Morgen erscheinen nach und nach die Pilger, ein Sträußchen Luzerne unter dem Arm als Gabe für die vielen heiligen Kühe, die überall herumlaufen. Auf den steinernen Stufen am Ufer des Kshipra setzen sie sich in aller Stille im Kreis um einen Brahmanen, der die Gebetszeremonie leitet. Dann zerbrechen sie eine Kokosnuss auf einem *lingam* Shivas (steinerner Phallus), streuen Blumen, Karotten und Reiskörner in den Fluss, um Fruchtbarkeit und Wohlstand zu mehren. Ganze Familien tauchen ins heilige Wasser, die Männer in Boxer-Shorts, die Frauen in ihrem Sari, den sie dann mit weit ausgebreiteten Armen trocknen lassen wie ein Schiff mit vollen Segeln. Wasser hat für den gläubigen Hindu zweierlei Funktionen: Die körperliche und die seelische Reinigung.

Es ist die Zeit des Jahres, wo geheiratet wird. Seltsame Fahrzeuge mit blinkenden Lichtern, mit Pferden aus Pappmache oder riesigen Pfauen geschmückt, ziehen durch die Straßen. Ihnen folgt eine Band mit fadenscheinigen Uniformen und zerbeulten Musikinstrumenten, und, hoch zu Ross, lächerlich herausgeputzt, der zukünftige Ehemann. Mit großem Pomp begibt er sich zum Haus seiner Zukünftigen. Auch im 21. Jahrhundert werden Eheschließungen in Indien noch immer von der Familie arrangiert, mit Rücksicht auf Kaste und Stand der Gestirne. Die Tradition der Mitgift ist nach wie vor lebendig und häufig für die Familie der Braut eine extreme Belastung, die sich manchmal für die Zeit mehrerer Generationen verschulden muss! Deshalb treiben so viele Frauen ab, wenn sie ein Mädchen erwarten. Dadurch entstand großes Ungleichgewicht zwischen den Geschlechtern, das inzwischen zu einem echten Gesellschaftsproblem angewachsen ist. In der Presse liest man oft vom «Unfalltod» junger Frauen, die in der eigenen Küche, lebenden Fackeln gleich, verbrannten. Mit einem Sari aus Synthetik bekleidet, wird die junge Ehefrau ein leichtes Opfer der Familie ihres Mannes, die mit der «ungenügenden Mitgift» die Schwiegertochter nicht zufrieden ist, und ihren Sohn skrupellos wiederverheiratet, um eine zweite, möglicherweise höhere Mitgift einzukassieren.

Im Zentrum Indiens, in Madhya Pradesh, einer der ärmsten Regionen des Landes, bleibt uns wegen des wilden Straßenverkehrs oft nichts anderes übrig, als in den Staub des Straßengrabens zu flüchten. Überfüllte Minibusse rasen dahin, mit offenen Seiten- und Hintertüren rütteln und schütteln sie ihre Passagiere, die sich krampfhaft festklammern. Die Limousinen der Regierung, nagelneue weiße Ambassadors, sind bei weitem die schlimmsten. Mit Höchstgeschwindigkeit brausen sie vorbei, die Fahrbahn vor sich räumen sie mit einem Großeinsatz von Lautsprechern und Sirenengeheul. Aber auch die Nomaden des Rajasthan laufen mit ihren Schafherden auf der Straße. Die Frauen, Silber in Nasen und Ohren, breite Ringe an den Fesseln, die Arme voller Lackspangen, ziehen die Kamele an ihrem langen Schwanz. Der *charpoi* neigt sich bei jedem Schritt, sitzt aber fest auf dem Kamelhöcker. Hoch oben lässt sich der Jüngste, den nackten Popo in der Sonne, friedlich hin- und herschaukeln, zusammen mit seiner großen Schwester, dem rotznäsigen Hund und zwei staksigen neugeborenen Lämmern.

Der Rückenwind gibt uns Hoffnung, die nächste Stadt noch an diesem Abend zu erreichen. Die Kilometer fliegen nur so dahin. Plötzlich streift mich etwas – ein Traktor mit Anhänger! Der Schreck sitzt mir in den Knochen. Ich schreie los, spare nicht mit Schimpfworten. Nathalie, die vor mir fährt, fühlt die Gefahr auf sich zukommen, verlässt die Fahrbahn. Aber der Idiot auf dem Traktor schwenkt herum und stößt mit seinem Fahrzeug absichtlich an ihre Hinterradtasche. Nathalie wird vom Rad geschleudert. Wütend werfe ich meinen Yak zu Boden und verfolge den verdammten Kerl, der hämisch grinsend mit Vollgas davonfährt. Atemlos rase ich zu Nathalie zurück. Sie ist geschockt. Überall hat sie Prellungen, doch zum Glück war es kein schwerer Sturz. Dieses mörderische Verhalten, in Indien so ungewöhnlich, stimmt uns nachdenklich. Als Radfahrer sind wir auf der Straße allem schutzlos ausgesetzt, auf unserer langen Tour wahrscheinlich die häufigste Gefahr.

Es bildet sich ein Volksauflauf. Ich bin sicher, dass wir den Fahrer erwischen können, und gehe zur Polizei. Der Beamte vom Dienst hantiert mit zwei Mobiltelefonen herum, hat Kommissarallüren, aber weder Kugelschreiber noch ein Blatt Papier dabei. In seiner Verlegenheit führt er uns in die nächste *dhaba* des Ortes. Ich muss meine Anzeige im Licht der Stirnlampe auf meinen Notizblock schreiben. Der einzige freie Raum, ein Badezimmer, wird uns freundlicherweise für die Nacht zur Verfügung gestellt. Wo uns sofort die Augen zufallen.

Gewissenhaft erscheint der Polizist am nächsten Morgen. Er macht einen nervösen, fast gestressten Eindruck. Sein strenger Zeigefinger deutet auf das Wort «absichtlich», das ihm anscheinend in meiner Anzeige zu schaffen macht. Höflich, aber bestimmt, drängt er mich, es durch «aus Nachlässigkeit» zu ersetzen. Sein Vorgesetzter erklärt mir auf «Indisch», dass andernfalls der Fahrer zum Kriminellen abgestempelt, und meine Klage zum Obersten Gerichtshof weitergeleitet würde. Er sei in diesem Fall verpflichtet, uns während der Zeit der Untersuchung hier zurückzuhalten. Eine geschickte Art und Weise, den Fall zu schließen (was uns auch lieber ist)! «Wenn du nach Indien kommst und hast keine Geduld, wirst du Geduld lernen, und wenn du Geduld hast, reißt sie dir bestimmt!» sagt ein bengalisches Sprichwort.

Der Vorgesetzte sitzt in der Sonne, stolz auf seine britische Eleganz, lässt uns Tee bringen, während er mit pedantischer Schrift den *First Information Report* in sechs Exemplaren ausfertigt. «Keinen festen Wohnsitz in der Schweiz?» Das ist ihm rätselhaft; er kratzt sich am Kopf und will nicht einmal mehr in unsere Pässe schauen. Der Wind trägt ihm ein Blatt Kohlepapier fort, sein Adjutant hebt es beflissen auf. Inzwischen poliert sein Chauffeur mit einem schwarzen Tuch den Polizeiwagen, der mitten auf der Straße blitzend in der Sonne steht und einem Bauern mit dem Rinderfuhrwerk den Weg versperrt. Der Polizist, im Bewusstsein seiner Macht, schnauzt ihn an, und der Bauer ist gezwungen, einen unnötigen Umweg zu machen…

Direkt vor uns zieht ein Zebu einen seltsamen orangefarbenen Wagen, einen Tempel auf Rädern. Der Kopf des Tiers ist mit Muscheln geschmückt, um den Hals trägt es Blumengirlanden. Ich werfe eine Münze in den am Altar festgeschraubten Kasten, der auch durch eine Kette gesichert ist, doch die beiden *sadhus* sind damit nicht zufrieden. Sie verlangen 100 Rupien fürs Photographieren! Etwas weiter trotten zwei gutmütige, magisch bemalte Elefanten vorbei, auf denen zwei Elefantenführer und zwei *sadhus* sitzen, die nach Allahabad an den Ganges pilgern.

Ein Inder mit langen grauen Haaren, diskret wie eine Katze, läuft eine Zeitlang wie ein gütiger Schutzengel hinter uns her. Er ist taubstumm, drückt sich aber durch Mimik und Gesten phantastisch aus. Er begleitet uns zum nächsten

Wirtschaft, wo er uns einen Unfall schildert, der ihm beinahe zum Verhängnis geworden wäre. Die Zeichensprache ist universell und ermöglicht die größten Diskussionen. Nathalie erzählt ihm mit von ihrem jüngst erlebten Sturz und zeigt ihm ihre Abschürfungen. Das kleine Männchen kann seine Blicke nicht von Nathalie wenden, seine Bewunderung ist grenzenlos! Die mageren Beine erlauben ihm nicht lange, uns auf den Fersen zu bleiben, und so verlieren wir den guten Geist aus den Augen. Als wir in der Nähe eines Tempels Picknick machen und von ihm sprechen, ist er plötzlich wieder da. Lächelnd kommt er hinter dem Altar hervor und hält zwei entzündete Stäbchen Weihrauch in der Hand. «Wenn du dazukommst, wie jemand von dir spricht, wirst du 99 Jahre alt» sagt man in Indien.

Wenn für Menschen aus dem Westen die Zeit linear verläuft, und für den Radfahrer die Zeit leicht mit der durchfahrenen Entfernung gleichgesetzt wird, – für den Inder macht die Zeit eine kreisförmige Bewegung. Auf Hindi gibt es für gestern und morgen nur ein Wort, «*kal*», genau wie «*par-song*» vorgestern und übermorgen bedeutet. Ein Inder befindet sich im Mittelpunkt einer konzentrischen Zeit, seiner Zeit. Das Wort «Religion» ist unbekannt. Stattdessen gibt es das *Dharma*, das Rad des Lebens, das auf der indischen Fahne dargestellt ist. Allgemeiner gesagt, hat der Inder kein Gefühl für Geschichte. In seinen Augen besitzt ein alter Tempel den gleichen Wert wie ein moderner. Alter, künstlerischer oder architektonischer Reichtum sind unwichtig, was zählt, ist die Anzahl der Besucher. Während in Europa die Werte einer Epoche dazu tendieren, die der vorhergehenden abzuschaffen, werden in Indien die aufeinander folgenden kulturellen Strömungen assimiliert, absorbiert und leben nebeneinander weiter. Nie gibt der Inder eine seiner Gottheiten auf, genau wie er nie auf die Idee verfallen würde, ein Mitglied seiner riesigen Familie nicht zu ehren. Jeder einzelne wählt mehr oder weniger frei seinen Guru und seinen Gott.

In Uttar Pradesh, dem bevölkerungsreichsten Staat (170 Millionen Einwohner) der Union, aus dem sieben der ersten zehn Premierminister hervorgingen, ist die Wahlkampagne in vollem Gange. Es gibt Ansprachen, Tee, Gratismahlzeiten. Am Gangesufer stehen Zelte, in denen die Redner den versammelten Bauern viele Versprechungen machen. Die Fahnen der politischen Parteien flattern im Wind. Überdimensionale Plakate zeigen die Kandidaten: Blitzsauber, attraktiv geschminkt und mit einem großen Lächeln: Die Partei des Elefanten, des Lotus, der Hand (Kongresspartei), der Wasserpumpe und sogar des Fahrrads – was aber nichts Ökologisches bedeutet! Die Symbole dienen nur dazu, einem Großteil der Einwohner das Wählen zu ermöglichen, auch wenn sie nicht lesen und schreiben können! Der Staat Uttar Pradesh, überbevölkert, vorwiegend von Hindus bewohnt, bietet ein ungeschminktes Bild von Leid und Elend.

Im Schatten großer Bäume wird Schule gehalten, unter dem friedlichen Blick der Wasserbüffel, die in den Lotusteichen bis zum Hals im Wasser stehen. Wenn die Schüler Fehler machen, schlägt ihnen der Lehrer mit dem Stock auf die Finger. Die Kinder jammern still. Wir trauen unseren Augen nicht. Als wir stehen bleiben, wirft uns der Lehrer einen zerstreuten Blick zu, lässt sich aber nicht stören. Wir können es nicht glauben. Angesichts unserer Betroffenheit kommen auch schon die Gaffer und geben ihren Kommentar. Manche finden, Schläge gehören zur Erziehung, andere melden unsichere Zweifel an, doch niemand scheint bereit zu sein, die Autorität des Lehrers in Frage zu stellen…

Dutzende von Fahrrädern mit einer übergroßen Last an Blumenkohl, Heu, getrockneten Kuhfladen strömen in die Orte – ein symptomatisches Bild der Armut. Mehr als anderswo steht auf dem Land der männliche Teil der Bevölkerung voller Aufregung und Neugierde um uns herum, manchmal wird es fast zu viel.

Einmal lädt uns der Bürgermeister des Dorfes höchstpersönlich in sein Haus ein. Rajkumar ist mit 31 Jahren schon der reichste Mann seines Ortes, welcher 5.000 Einwohner zählt. Er besitzt Felder, mehrer Häuser und zwei Alkoholgeschäfte. Er ist Vorsitzender der lokalen Fahrradpartei. Schlaff lässt er seinen aufgedunsenen Körper in den Sessel fallen, Gesicht, Haare und Füße sind ölig parfümiert. Sobald er mit dem Finger schnalzt, springen seine Stiefellecker herbei, einer rast, um ihm Socken und geputzte Schuhe zu bringen, ein anderer springt davon und serviert Tee. Rajkumar gleicht seinem Parteichef Mulayan Singh aufs Haar genau. Zur Zeit an der Macht und wegen Korruption angeklagt, hat dieser Dinosaurus der indischen Politik – wie Mobutu – den Bau eines internationalen Flugplatzes angeordnet… in seinem Geburtsort, einem abgelegenen kleinen Dorf.

Rajkumar zögert anfänglich, stellt uns aber dann sein «Vorzimmer» für die Nacht zur Verfügung: Eine Vorhalle mit Toiletten. Er meint es gut mit uns: «Kommt, hier gibt es kein Restaurant» Er befiehlt seinem Chauffeur, uns in die nächste Stadt zu fahren, nach Banda.Vor dem besten Restaurant wird der Chauffeur als Wache aufpostiert. Unser Gastgeber bestellt drei ansehnliche *thali*, das Nationalgericht, bestehend aus einem Berg Reis und allerhand scharfen Saucen. Während wir noch dabei sind, die unerwartete Mahlzeit gebührend zu würdigen, schlingt er seine Portion in atemberaubender Geschwindigkeit hinunter und hat unsere Anwesenheit völlig vergessen.

Wieder bei ihm zu Hause, strecken wir uns, von Müdigkeit übermannt, auf dem Boden aus. Eine Stunde später läuft eine beunruhigende Gestalt durch den Raum: Rajkumar, Pistole am Gürtel, Gewehr über der Schulter, marschiert in sein Zimmer… Er schläft mit Licht und weit geöffneter Türe. Er strotzt nur so vor Macht. Am nächsten Morgen rufen ihn seine Lakaien mehrmals, doch er schläft schnarchend den Schlaf der Mächtigen, eine gute Gelegenheit, uns zu verduften.

Indien, das Ghandi, Ayurveda und Mangofrüchte zu seinen Hauptexportartikeln machte, ist ein Subkontinent mit den unterschiedlichsten Geschwindigkeiten. Nach vier Monaten hat sich uns das Indien der Kasten in seiner Explosivität und Grausamkeit gezeigt, wie es ist und gibt uns zu verstehen, dass wir hier weg müssen.

Die Büroklammer

Das schwerste Reisegepäck ist ein leerer Geldbeutel.

Deutsches Sprichwort

An der Grenze herrscht ein Tohuwabohu von Lastwagen, Dreirädern, Handkarren, die alle versuchen, sich auf der schmalen Straße durchzuzwängen, die wie so viele nicht asphaltiert ist. Das gigantische, frenetische Indien platzt aus allen Nähten, lässt seinen winzigen Nachbarn, das Königreich Nepal, noch kleiner erscheinen. Unser Visum bekommen wir im Handumdrehen. Nach der Grenze wird die Fahrbahn mit einem Schlag frei. Hier gelten andere Maßstäbe. Eine schmale Straße durchquert die Ebene von Terai und führt uns nach Lumbini, dem Geburtsort Buddhas.

Auf halbem Wege zwischen der schwülen Hitze Indiens und den Gipfeln im ewigen Schnee, gedeihen auf den ersten Himalajavorläufern mit ihren zahllosen Bächen Zedern und Bananen. Ein reizvolles Mosaik asymmetrischer Terrassen, auf denen Reis und Weizen angebaut wird, zieht sich bis an den rauschenden Fluss ins Tal hinunter. Den Korb auf dem Rücken steigen Träger energisch bergauf. Steinerne Stufen, die den Büffeln zu schaffen machen, erklimmen sie mit Leichtigkeit.

Die erste richtige Steigung seit vier Monaten! Radeln bekommt hier etwas von einem vergnüglichen Ausflug in die Alpen!

Voller Freude erreichen wir am Abend Pokhara. Doch plötzlich sieht mich Nathalie erschrocken an. «Claude, meine Tasche ist weg, mit Pass und Geld!» In einem Sekundenbruchteil wird ihr bewusst, dass sie sie letzte Nacht im Hotel in Bakunde vergessen hat. Sechzig Kilometer entfernt … Wir steigen in höchster Eile in ein Taxi, der Hotelbesitzer, der sofort die Dringlichkeit der Lage begriffen hat, fährt mit.

Das tibetanisch-nepalesische Ehepaar, das das Hotel im Dorf führt, ist erstaunt, uns wiederzusehen, begreift aber rasch den Grund unserer Rückkehr. Wir rasen in das Zimmer im ersten Stock. Nathalie dreht alles um, Kissen, Matratzen, Decken. Vergeblich … Die Tasche ist weg mitsamt ihrem Inhalt.

Beim Suchen finde ich ein Corpus Delicti: Auf dem Boden liegt die Büroklammer, mit der die Reiseschecks zusammengehalten wurden! Wir nehmen die beiden Mädchen, die noch am Morgen gleich nach unserer Abreise das Zimmer in Ordnung brachten, ins Kreuzverhör. Sie lassen sich nicht aus der Ruhe bringen und lügen wild drauflos. «Im Abfall habe ich falsche Scheine gefunden, aus Papier», sagt das kleinere. Die ihr unbekannten «falschen» Geldscheine waren natürlich Nathalies Reiseschecks. Das größere Mädchen, Tochter des Chefs, sagt dazu kein Wort. Wir lassen mit unseren Fragen nicht locker, bis sie schließlich doch den Mund aufmacht und von ihrem Bruder erzählt, der in einem Internat wohnt. Wir gehen stehenden Fußes dorthin, die Chefin und eines der beiden Mädchen begleiten uns. Der Junge liegt in einem Schlafsaal auf dem Bett und ist erstaunt über unser Erscheinen. Er begreift offenbar nicht, was es mit dem Diebstahl auf sich hat, zieht aber aus seinen Sachen das ersehnte Täschchen hervor. Atemlos kontrollieren wir die Scheine einzeln nach und können es fast nicht glauben. Alles ist da bis auf 5.000 nepalesische Rupien (etwa 60 Euro). Der Direktor des Internats schickt den Jungen sofort nach Hause. Der lässt den Kopf hängen, nimmt seine Decke unter den Arm, eine Kiste unter den anderen, murmelt eine Entschuldigung und geht. Wir sitzen um den Tisch und reden. «Ich will nicht, dass Sie einen schlechten Eindruck von Nepal mit nach Hause nehmen. Ich tue gerne alles, um Ihnen zu helfen, aber den Hotelinhaber kann ich nicht beschuldigen. Das Hotel existiert seit 25 Jahren, es würde seinen guten Ruf verlieren», erklärt der Internatsdirektor besonnen. Er unterbricht sich, um das Telefon zu beantworten, worauf er uns berichtet: «Der Chef ist außer sich, er hat die Tochter verprügelt, aber sie streitet alles ab.» «Die Hotelpächter haben das Mädchen und ihren Bruder zu sich genommen, damit die beiden zur Schule gehen können», erklärt er. «Wollen Sie noch das fehlende Geld, oder ist die Sache erledigt?» Wir möchten, dass das Mädchen gesteht, damit die Sache geklärt ist. Die Chefin, die bis jetzt sehr freundlich war, wird mit einem Mal laut, und der Direktor droht dem Kind mit der Polizei. In die Ecke getrieben, gibt das Mädchen nach und verrät das Versteck, wo wir tatsächlich das gestohlene Geld finden.

So ein Glück! Wir fühlen uns erleichtert, doch andererseits werden wir den bitteren Nachgeschmack nicht los, denn wer hat das junge Ding durch Nachlässigkeit zur Tat verführt und ihr und ihrem Bruder eine Chance genommen, die sich wohl kaum ein zweites Mal einstellen wird? Wir mit unserer verdammten Moral.

Kathmandu ist Basislager und Sackgasse zugleich. Wir haben keine Erlaubnis, die Grenze nach Tibet per Rad zu überqueren. Drei Wochen lang schlucken wir unseren Frust und setzen Himmel und Erde in Bewegung, um eine

Lösung zu finden. Die 950 Kilometer von Kathmandu nach Lhasa führen durch grandiose Landschaften und wir könnten uns unterwegs an die Höhe gewöhnen. Aber leider verbieten die Chinesen jetzt, dass man auf der Straße nach Tibet einreist. Zwei schottischen Radlern hat man das Visum einfach annulliert, als sie an der Grenze standen! Auch unsere Freunde Eric und Christine, die ein offizielles Einladungsschreiben für China vorzeigen konnten, haben es nicht geschafft. Die Chinesen wissen genau, dass die Touristen verrückt sind und jedes Opfer bringen um Tibet besuchen zu können. Sie haben den Kompass erfunden und steuern auch jetzt einen genauen Kurs: Mit allen Mitteln wollen sie die Kontrolle über Einzelreisende aufrechterhalten, welche die ausgetretenen Pfade verlassen, und nützen das Gesetz von Angebot und Nachfrage, um alljährlich den Preis zu erhöhen. Indien, das Tibet als integrierenden Bestandteil der Volksrepublik China anerkannt hat, damit ihm «sein» Sikkim zugestanden wurde, kam trotzdem am schlechtesten weg. Die Inder müssen wahnsinnig viel bezahlen (weit mehr als westliche Touristen), wenn sie die für sie so wichtige Wallfahrt zum hinduistischen Thron Shiwas, dem Mount Kailash machen wollen.

1996 war alles viel leichter: Ich hatte mir in Hongkong (noch unter britischer Kontrolle) ein chinesisches Visum ausstellen lassen, mit dem ich von Kathmandu aus die Grenze ohne weiteres passieren konnte. An den *checkpoints* der Polizei schlich ich mich immer nachts im Schutz der Dunkelheit vorbei.

Viele Radler, frustriert durch die Unbeugsamkeit des chinesischen Gesetzes, kehren wieder nach Indien zurück, durchqueren selbst in der heißesten Jahreszeit die Gangesebene, und dann Pakistan, fahren den Kunjerab-Pass hinauf und gelangen so vom Westen her nach China und Tibet … ein Umweg von über 3.000 Kilometern! Laut Auskunft der Reiseagenturen in der nepalesischen Hauptstadt ist es momentan unmöglich, ein Einzelvisum für China zu erhalten. In Thamel, dem touristischen Viertel, werden dafür umso mehr Gruppenreisen angeboten: Die Reise ins «Land des ewigen Schnees» (Tibet, fünfmal so groß wie Frankreich!), in nur acht Tagen im Geländewagen für sage und schreibe 550 Dollar!

Jetzt lassen wir es drauf ankommen und gehen selbst zur chinesischen Botschaft, um ein Visum zu beantragen. Die hohe Backsteinmauer erinnert seltsam an die Chinesische Mauer, die einst die Mongoleneinfälle aus dem Norden abwehrte. Vor der Türe drängen sich tibetanische Mönche in dunkelroten Gewändern, westliche Touristen wie wir, lange Gestalten mit zweifelhaften Erfolgsaussichten und Angestellte der nepalesischen Reiseagenturen, für die der Ort schon zur Routine geworden ist. Kameras, dicke Scheiben, Gitterstäbe, Schalter mit Mikrophon – alles wird hier streng bewacht. Der Wartesaal, nüchtern und unpersönlich, hat etwas Kerkerhaftes an sich. Jeder zieht sich von der Rolle seine Nummer. Wir gehören in die Abteilung «Business of Visa». Für alle gut sichtbar, liegen auf einem Regal Gratispublikationen mit dem Titel *«China's Tibet»*, auf Chinesisch, Englisch und sogar auf Tibetanisch – eine Sprache, die im Unterricht verboten wurde!

Endlich kommen wir an die Reihe. Offiziell haben wir uns ein Jahr frei genommen und möchten das Große China kennenlernen: Chengdu, Hongkong, Xian, Shanghai, Peking. Für ein Land dieser Dimensionen braucht man Zeit! Nationalistisch wie sie sind, muss ihnen das einleuchten. Von Tibet und Radfahren sagen wir natürlich keine Silbe (dabei ist China der größte Fahrradproduzent der Welt!). Die Frau am Schalter gibt unsere Passnummern gleichmütig in den Computer ein. Nur schwach dringt ihre Stimme durchs Mikrophon: «Drei Monate?» fragt sie. «Vier?» frage ich vorsichtig zurück. Ohne eine Miene zu verziehen, schiebt sie mir wortlos ein Blatt durch die Schalteröffnung: «120 Tage». Ich werfe Nathalie einen siegreichen Blick zu. Sie lächelt, sie hat schon begriffen, dass einer ihrer großen Träume greifbar wird. Unsere Tibetreise!

Doch das chinesische Kopfzerbrechen hat erst begonnen. Zweite Runde: Es gilt, eine tüchtige Reisegesellschaft zu finden, welche uns für 150 Dollar pro Nase diskret die vier erforderlichen Genehmigungen und eine Erlaubnis für den Flug beschafft. Dritte Runde: Wir müssen die einzige chinesische Fluggesellschaft, die auf dieser Strecke fliegt, überzeugen, uns eine Flugkarte zu verkaufen. Vierte und letzte Runde: Unser vieles Gepäck muss weniger werden.

Es gelingt uns, die Hindernisse alle zu überwinden. Einen Monat später fliegen wir ab nach Lhasa... Ein Freund, der seit fünfzehn Jahren in Kathmandu eine Reiseagentur leitet, befördert auf dem Landweg Proviant und Material, am Tag des Abflugs werden zwei hilfreiche Passagiere einen Teil des Gepäcks mitbringen... Einstein hat recht, wenn er sagt: «Das Leben ist wie ein Fahrrad, man muss fahren, damit man nicht aus dem Gleichgewicht gerät.»

Außer Atem

Seht den Raum
Meditiert über das Fehlen von Mitte und Grenzen!
Seht Sonne und Mond
Meditiert über das Licht ohne Schatten
Seht das Gebirge
Meditiert über das Unbewegliche, Unveränderliche
Seht das Meer
Meditiert über die unergründliche Tiefe!

Milarepa

In etwas mehr als einer Stunde überfliegt die Maschine die majestätische Kette des Himalaja. Aus einem Meer von Wolken taucht der Everest empor, der Chomolungma, die «Muttergöttin aller Gebirge». Wie ein Adler zieht das Flugzeug einen Kreis über dem Tal des Yarlung Tsangpo, in dessen wildem Quellgebiet vereinzelt Schnee liegt. Mit dem Flieger überwinden wir in kürzester Zeit größte Entfernungen, doch wird uns dadurch das Glück der Entdeckung genommen, und das herrliche Gefühl, es mit eigener Kraft geschafft zu haben.

Kurzatmig, wie betäubt und mit wankenden Beinen stehen wir auf dem Flugplatz in Lhasa, in 3.600 Meter Höhe, ohne großes Verdienst unsererseits, aber glücklich, in Tibet zu sein, in diesem Land, das ich so liebe, und das Nathalie jetzt entdecken wird.

Wie vorgesehen bringt uns der lokale Veranstalter mit seinem Jeep in die Stadt. Nur so können unsere Fahrräder nach Lhasa gelangen, ohne dass uns die Polizei Fragen stellt.

Wir fahren durch eine Landschaft aus Stein und Erde, hie und da wachsen Weiden oder Pappeln. Die Straße verschwindet in einem neuen 5-Kilometer-Tunnel, ders nach Lhasa hineinführt. Die vielen langen Mauern voller politischer Parolen kaschieren nur mit Mühe die massive Zerstörung traditioneller

Häuser. Auf den Dächern flattern Gebetsfahnen, manche Gebäude haben auch die rote Fahne aufgezogen, ein Akt der Unterwerfung, für den die Bewohner bezahlt werden. Unser tibetanischer Chauffeur gibt seine Einstellung unvorsichtigerweise sofort zu erkennen: «Die Chinesen jagen unsere Häuser in die Luft, und wir müssen neue bauen aus Zement und Ziegelsteinen. Betreten Sie bloß kein tibetanisches Haus! Das ist verboten». Mitten in der Stadt setzt er uns ab. Wir sind wieder auf freiem Fuß! Alles hat wunderbar funktioniert und wir können losradeln.

Die Höhe macht uns ungewohnt schlaff. Allein schon die Taschen ins Hotelzimmer zu tragen, bringt uns jämmerlich außer Atem. Eineinhalb Wochen lang schauen wir uns Lhasa an, zu Fuß oder per Rad. Für Nathalie ist alles neu aber ich werde traurig, wenn ich sehe, mit welch gewaltigen Veränderungen die Menschen konfrontiert werden.

Zehn Tage brauchen wir ohnehin, um uns an die Höhe zu gewöhnen. Bei 3.600 Meter Meereshöhe sind zwei, drei Wochen für eine optimale Akklimatisierung nicht zuviel, vor allem, wenn man vorhat, physisch aktiv zu sein.

Seit 1995, als ich zum ersten Mal hier war, ist Lhasa eine einzige permanente Baustelle geworden, die sich ständig ausdehnt. Die alte Heimat der Götter ist nicht wiederzuerkennen. So lange den westlichen Besuchern verschlossen, wird Lhasa jetzt beängstigend schnell zu einer chinesischen Stadt. Die gigantischen Boulevards sind, wie in China üblich, nach den vier Himmelsrichtungen orientiert, und stoßen natürlich früher oder später brutal gegen die Berge. Gläserne Buildings recken sich in den Himmel, übersät mit Riesenreklamen, architektonische Einheit gibt es keine. Hotels, Restaurants und Läden gehen, wenn es sein muss mit Gewalt, aus den Händen der Tibeter in chinesischen Besitz über. Tibetanisches Kunsthandwerk wird ersetzt durch Imitationen *made in China*. In grellen modernen Supermärkten verkauft man Bonbons aus Yakfleisch, Lebensmittel mit dem Potala, Mount Everest oder Mount Kailash auf der Verpackung, aber auch Algen aus dem Pazifischen Ozean, oder frischen Fisch... aus dem Aquarium!

Auf der Beijing East bewegen sich luxuriöse schwarze Limousinen mit getönten Scheiben neben Dreirädern voller frisch zerteilter Yakleiber, und vorallem jede Menge Rikschas. Auf den breiten Fußwegen sieht man Polizisten und gleich daneben alte Tibeter mit ihren Gebetsmühlen und Frauen, die ihre Kinder wie eh und je auf dem Rücken festgebunden haben. Die Kinder tragen, wie in China üblich, offene Hosen, durch die das Hinterteil hervorschaut.

Die Altstadt schrumpft unter dem unerbittlichen Angriff der Bulldozer Tag für Tag immer mehr zusammen. Wird sie am Ende ganz verschwinden? 1995 gab es kaum Fahrzeuge in den Straßen, ein Polizist stand an der Hauptkreuzung, das war alles. Lhasa war ein großes Dorf, in dem alle Wege zusammenführten. In der Nacht hatte man Angst vor streunenden Hunden. In den alten Mauern und in den Gesichtern liegt noch die Erinnerung…

Die Bahnlinie Peking-Lhasa, Instrument dieser unaufhaltsamen massiven Kolonialisierung, hat seit ihrer Eröffnung am 1. Juli 2006 schon etwa 700.000 Passagiere befördert, darunter chinesische Touristen, Militärs und Prostituierte, aber vor allem Bauern ohne jede Habe, die in ein hypothetisches Eldorado auswandern. Sie leben zusammengepfercht in Notunterkünften – sie sind billige Arbeitskräfte für die Baustellen, die wie Pilze aus der Erde wachsen.

Eine sechsspurige Hängebrücke führt zum Bahnhof. Er liegt 8 Kilometer vom Zentrum entfernt in einem felsigen Niemandsland. Er scheint surrealistisch, überdimensioniert und passt überhaupt nicht an diesen Ort. Die Chinesen haben den jetzigen Endpunkt der Linie großzügig geplant, er böte Platz für zwei Fußballstadien. Wirtschaftlich ist die Linie noch unrentabel, doch kann ihre politische und strategische Bedeutung nicht geleugnet werden. Die offizielle Propaganda drückt das so aus: «Der Zug fördert die kulturelle Kommunikation und die religiöse Harmonie zwischen Han und Tibetern. Er trägt bei zum Fortschritt der menschlichen Zivilisation.» Doch wird dieser Zug, der höchste der Welt, vor allem dem Abtransport von Erzen dienen, für deren 600 potentielle Fundstellen bereits ein Register angelegt wurde… Niemand zweifelt daran, dass Tibet, dessen einheimische Bevölkerung nur 0,5 % der Bevölkerung Chinas ausmacht, ein riesiger unberührter Raum ist für die wirtschaftliche und demographische Expansion der überfüllten chinesischen Gebiete.

Das Wahrzeichen der Stadt, der majestätische Potala, übte schon immer auf Touristen und Pilger eine magische Anziehungskraft aus. Als ich ihn 1995 zum ersten Mal sah, stiegen mir die Tränen in die Augen. Ein Jahr vorher war ich mit dem Rad in Genf losgefahren. Die Frühlingsatmosphäre, das frische Grün, das Murmeln des Wassers in den Kanälen, die herzliche Aufnahme, die freundlichen Menschen, all das vermischte sich in meinem Geist mit den Schriften von Heinrich Harrer, Alexandra David-Neel und Sven Hedin. Ich war wie verzaubert, von kindlicher Freude ganz erfüllt. Als ich ein Jahr später zurückkehrte, beseelte mich das gleiche fiebrige Glücksgefühl. 2005 allerdings, als ich an einer Expedition auf den Cho-Oyu teilnehme, erkenne ich Lhasa nicht wieder. Seitdem hat die grimmige Verbissenheit der chinesischen Regierung, diese Stadt umzugestalten und die tibetische Kultur auf den Rang lokaler Folklore herabzuwürdigen, weiter zugenommen. Rings um den Potala wurden chinesische Gärten angelegt, mit Brückchen aus Beton, Wassertreträdern und Lautsprechern. Chinesische Touristen lassen sich zu Füßen des Palastes, mit imitierten tibetischen Festkostümen angetan, in den lächerlichsten Posen photographieren. Am anderen Ende des Platzes stehen zwei Posten und bewachen ein Monument, das zu Ehren der «autonomen Region Tibet» errichtet wurde. «Tibet war von je her, ist und wird weiterhin ein unabtrennbarer Teil des Mutterlandes sein», plärrt die Stimme Pekings erbarmungslos.

Bei meinem dritten Besuch scheint mir der Potala noch immer genau so faszinierend. Gebannt sehen wir die hohen Mauern, weiß und granatfarben ragen sie in den azurblauen Himmel. Innen befinden sich in einem Saal die mit Gold und Türkis verzierten *chorten* der verstorbenen Dalai-Lamas. Wir streifen durch lange Gänge, klettern steile Treppen hinauf, in deren Ecken wir den Geruch ranziger Yakbutter wahrnehmen, und gelangen in das Zimmer des 14. Dalai Lama. Er war 13 Jahre alt, als «er 1956 den chinesischen Vizepräsidenten empfing» steht auf einem Schild zu lesen. Natürlich keine Silbe über den Friedensnobelpreisträger 1989, dessen Bilder 1996 in Tibet verboten wurden. Es beeindruckt mich unheimlich, die Räume des Dalai-Lama zu betreten, es ist, als könnte ich einen Blick in seine Kindheit tun. Wir überlegen, was die chinesischen Touristen, die in Gruppen lärmend an uns vorbeirennen, von ihm wirklich wissen und denken. Jede Stufe, die noch immer unsere Lungen auf eine harte Probe stellt, macht uns trauriger und zunehmend unsere Ohnmacht bewusst. Etwas weiter skandiert eine Gruppe tibetischer Frauen einen Gesang und planiert dabei den weichen Boden mit einem runden Gegenstand. Mit zwei unter den Schuhsohlen befestigten Tüchern, bringt ein Mönch das Parkett in einer Kapelle auf Hochglanz. Ein anderer, der dabei ist, Gefäße zu polieren, zeigt uns in einem Winkel eine goldene Statue. «Der Meister des Dalai-Lama», sagt er, und schon erscheint einer der vielen Polizisten in Zivil, walkie-talkie in der Hand, und will wissen, was er gesagt hat.

Am Stadtrand von Lhasa befindet sich in einem riesigen Park der Norbulingka, der bescheidene Sommerpalast, aus dem der Dalai-Lama in der Nacht vom 17. März 1959 in höchster Bedrängnis unter dem Schutz von 30.000 Tibetern geflüchtet ist. Einst ein goldenes Gefängnis, macht das Gebäude heute nur noch den traurigen Eindruck eines verlassenen Abstellplatzes, an dem ausrangierte alte Sänften deponiert werden. Es ist Sonntag. Die religiöse Inbrunst in den Klöstern scheint die letzten Jahre auszulöschen. Familien und Mönche verneigen sich vor dem leeren Thron seiner Heiligkeit und legen eine *khata* nieder, das glückbringende weiße Seidentuch. Sie vergessen nicht, andächtig ein wenig Yakbutter auf die Leuchter zu geben oder einen Schein von einem *jiao* in das Schälchen zu legen.

Zehn Tage später beschließen wir, unsere Kondition und Akklimatisierung zu testen und schwingen uns in den Sattel. Mit wenig Gepäck fahren wir auf der Nationalstraße 318 Shanghai-Zhangmu in Richtung nepalesische Grenze, um das von Lhasa etwa 50 km entfernte Kloster von Ganden zu besuchen. In der weiten Ebene des Yarlung Tsanpo wird jedes Fleckchen Erde genutzt. Hier stehen Gewächshäuser, dort werden die gefährlichen tibetischen Hunde gezüchtet, dann wieder kommt eine Zementfabrik oder ein Freizeitgelände – eine Entwicklung, die anscheinend nicht aufzuhalten ist. Tibetanische Pilger auf dem Weg nach Lhasa werfen sich der Länge nach auf den Boden, als einzigen Schutz tragen sie eine Schürze aus zusammengenähten Fahrzeugschläuchen. Jeden Tag legen sie auf diese Weise sechs bis sieben Kilometer zurück. Auf der Stirn haben sie vom Asphalt schon einen schwarzen Fleck. Einer von ihnen zieht einen schweren Wagen mit allem, was sie zum Kochen und Übernachten brauchen. Bußübung? Verdienste sammeln? Frömmigkeit? Fanatismus? Innere Kraft? Ich finde kein Wort, das stark genug wäre, auszudrücken, was hier geschieht.

Die Straße führt aus dem Tal, nach den ersten Haarnadelkurven sind wir völlig außer Atem, ein deutliches Zeichen, dass wir noch in der Akklimatisierungsphase sind. Nathalie fährt zum ersten Mal auf 4.000 Meter. Bravo!

Auf 4.150 Meter Meereshöhe liegt in voller Schönheit das Kloster von Ganden inmitten der Berge wie ein Juwel in seiner Fassung. Von einem Fenster winkt uns ein alter zahnloser alter Mönch zu und lädt uns mit einer Handbewegung ein, heraufzukommen. Tausend Falten durchziehen die Pergamenthaut seines lächelnden Gesichts; unwillkürlich muss ich an die Berge und Täler ringsum denken. Er meint es offensichtlich gut mit uns und humorvoll ist er auch. Energisch ergreift er eine von Nathalies Taschen und springt die steile Treppe hinauf. Atemlos versuchen wir, Schritt mit ihm zu halten.

Die zerfallenen Gebäude ringsum sind Zeugen der Geschichte: 1956 wurde das Kloster von der chinesischen Artillerie gestürmt, 1966 folgte die Kulturrevolution. Als dreißig Jahre später der Besitz von Bildern des Dalai-Lama endgültig verboten wird, brechen heftige Auseinandersetzungen zwischen der Armee und den Mönchen aus, bei denen viele Mönche ums Leben kommen. Doch darüber kein Wort, keine Geste. Unser gütiges Gegenüber ist wie ein stilles Meer. Er serviert uns Tee mit gesalzener Butter. Etwas befremdet betastet er unsere synthetischen Schlafsäcke, er macht sich Sorgen, dass wir davon Rheuma bekommen, und zeigt uns eine rauhe Decke aus Yakwolle. «Das ist das einzig Wahre!». Als ich ein Bild von ihm machen möchte, deutet er auf die paar Zähne, die ihm noch geblieben sind und wie Stalaktiten herausstehen. Nein, photographieren darf ich ihn nicht…

Wir besuchen das Grab von Tsongkhapa, dem großen Reformer der Gelugpa (Gelbmützen), der im Jahre 1409 das Kloster gründete. Als wir näherkommen, ist ein Mönch dabei, sich als Zeichen der Verehrung auf einem glatten Holzbrett ununterbrochen niederzuwerfen, während ein anderer auf seinem Handy herumtippt. Seltsam, das Gepiepse an diesem heiligen Ort.

Auf dem Berg hinter dem Kloster flattern Tausende von Gebetsfahnen. Es riecht nach verbrannten Wacholderzweigen. Ich denke noch einmal über die Worte Norbus nach, eines Tibeters, den ich in Lhasa kennenlernte: «Vor zwei Wochen verbrannten fünf Amerikaner auf dem Basislager des Everest die chinesische Fahne und hissten die tibetische. Vier von ihnen wurden sofort festgenommen, der fünfte konnte sich 24 Stunden verstecken und ein Video der Szene ins Internet bringen. Alle fünf wurden ausgewiesen; ein Konvoi von 14 Polizeifahrzeugen sorgte dafür, dass sie das Land verließen. Seitdem haben sich die Polizeikontrollen auf den Straßen verschärft. Seht euch vor!» Ich erinnere mich, wie er nach einer kurzen Pause weitersprach: «Das Geschäft ist ok, die Familie auch, aber ...», er legte sich die Hand auf die Brust, «hier wird es mir eng. Mein chinesischer Nachbar ist ganz nett, aber er kann mir schenken was er will, ich werde das dumme Gefühl nicht los, er will mich bespitzeln und herumdirigieren.»

Jetzt bin ich zum vierten Mal in Tibet und spüre einen schmerzhaften Verlust, spüre die Tragik der Gegenwartsgeschichte. Mehr denn je scheint mir das kolossale China mit seinem gigantischen Markt eine Macht, der sich nichts und niemand entziehen kann.

Nach Lhasa zurückgekehrt, decken wir uns ein mit Vorräten für unsere Fahrt durch Westtibet. Von Kashgar trennen uns 3.000 Kilometer, unterwegs wird es kaum etwas zu kaufen geben. Der größte Teil der Piste liegt über 4.600 m. Nathalie ist etwas unruhig, würde aber um nichts in der Welt auf das Abenteuer verzichten, so sehr hat sie Lust, diese Landschaften mit eigenen Augen zu sehen... Ich weiß, was es für sie bedeutet, sich auf ein solches Wagnis einzulassen, aber sie hat ihr Durchhaltevermögen schon so oft bewiesen! Wenn der Körper ermüdet, setzt sie geistige Kräfte ein. Für mich selbst gibt es nichts Schöneres, als hoch oben im Gebirge zu fahren, umso mehr als die unberührten wilden Naturlandschaften durch die höllische Maschine des «Fortschritts» immer seltener werden.

In Tibet kann man sich die Vorderseite an der Sonne wärmen, während der Rücken gleichzeitig an der eisigen Luft erstarrt, auch im Sommer! Auf der asphaltierten Straße flitzen wir dahin, beladen wie Yaks und mit einem unsagbaren Gefühl von Freiheit in diesem immensen weiten Raum, die Schönheit der Himalajakette vor uns. Nathalie ist begeistert. Es ist, als ob die Tausende an Kilometern bis hierher nichts weiter waren als die Anreise – die Anreise zum Himalaja. Die kleineren Seitentäler, ausgewaschene, sandige Schluchten, winzige Weiler, von Weiden und Pappeln umstanden, jeder Umweg erzählt uns von der Geschichte des Daches der Welt. Die vielen Radler, die auf unserem Planeten unterwegs sind und nach Tibet kamen, vergessen dieses Land nie.

Die Schönheit, nicht nur die Höhe, nimmt uns den Atem. Hier trinkt man literweise, sowohl den Wind als auch den Tee mit gesalzener Butter. Eine Böe nimmt uns die Luft, die Brust wird eng, das Herz rast. Wir holen Luft, um sofort wieder außer Atem zu sein. Sandwirbel werden weggeweht wie unsere Launen und Gedanken.

Im Schutz eines Lehmhauses, dessen Wände mit Zeitungen tapeziert sind, stärken wir uns mit der traditionellen *thukpa,* einer Nudelsuppe mit Yakfleisch. In den tibetanischen Imbiss-Stuben, wo die Tische nicht höher sind als die Bänke, müssen wir uns ordentlich verrenken. Die Teekanne singt auf dem Eisenofen, der mit getrocknetem Yakdung geheizt wird und durch den Wind laut aufflammt. Die Chefin, die untere Gesichtshälfte mit einer Staubmaske bedeckt, reibt ihrem Söhnchen das Gesicht mit Yakbutter ein, einem reinen unverfälschten Naturprodukt, das zu allem zu gebrauchen ist, auch zum Schmieren einer Fahrradkette! Sie gießt uns ständig Tee nach – der Becher des Gastes muss immer voll sein, das ist Tradition. Durch die Intimität des kleinen Raumes animiert, vergreift sie sich an meinen Radfahrerbeinen und zupft mir grinsend ein paar Haare aus den Waden, um anschließend Nathalies Oberschenkel prüfend zu betasten. Die Khampa mit ihren dunklen Gesichtern und Händen, mit türkisfarbenen Ohrringen, die langen Zöpfe in einem Ring aus Yakbein, inspizieren uns ganz offen. Wie so oft auf Reisen, fehlt die gemeinsame Sprache, das ist hart. Wie immer werden wir mit Gesten um das verbotene Bild des Dalai-Lama gebeten. Viele besitzen ein Bild von ihm, das sie in der Kleidung versteckt immer bei sich tragen. An der Wand hängt ein Plakat, auf ihm wird der chinesische Präsident, in Anzug und Krawatte, von lächelnden Tibetern empfangen – aber auch auf uns scheint er sein strenges Auge zu richten. Das obligate Bild der Schweizer Alpen, das auch in den Hütten Afrikas oder Boliviens allgegenwärtig ist, vervollständigt den Dekor.

Seit etwa zehn Jahren schreitet das Asphaltieren der Straßen mit irrsinniger Geschwindigkeit voran. Die chinesische Regierung mobilisiert Tausende von Arbeitern, die in Zelten ein erbärmliches Leben führen, Steine auf dem Rücken tragen, Stützmauern zementieren, Gräben ausheben und Pappeln pflanzen. Die Frauen, die Unterarme mit Stulpen bedeckt, bereiten Mahlzeiten zu und tragen Wasser in die primitiven Lager. Im heutigen China gibt es Baustellen von titanischen Ausmaßen. Mit Kelle und Schaufel, mit Sprengstoff und Maschinen, die Herkulesarbeit verrichten, stellt der Mensch die Natur in seinen Dienst und bewirkt Veränderungen, die nie rückgängig gemacht werden können. Hängebrücken und Kähne aus Tierhaut, werden ersetzt durch moderne Betonbrücken. Tankstellen und Satellitenantennen wachsen aus dem Boden. Schon bei der Gründung der Volksrepublik China im Jahre 1949 hatte

Mao mit seinem Zeigefinger die Transhimalajalinie gezeichnet, die er als nationale Priorität ansah.

Shigatse, zweitwichtigste Stadt Zentraltibets, ist unser erster großer Halt. Die Chinesen warten auf dem Gehsteig auf Kundschaft, sie frönen ihrem Spieltrieb und vertreiben sich mit Domino die Zeit. Andere stehen herum, die Nase in einer Schüssel heißer Nudelsuppe, die sie auf einem *solar cooker* zubereiten. Übrigens eine geniale Erfindung: Zwei bewegliche Reflektoren bündeln die Sonnenstrahlen und erhitzen damit einen Wasserkessel, der so in zehn Minuten einige Liter heißes Wasser liefert. Übrigens bieten die Läden seit dem Ausbau des Stromnetzes viel mehr elektrische Haushaltsgeräte an, und Mixer ersetzen nach und nach das Butterfass, in dem bisher der Tee mit Yakbutter gemischt wurde.

Die Tibeter, in ihren dicken Westen aus Yakwolle, einen Gürtel um die Taille geschlungen, haben ihre ländlichen Angewohnheiten beibehalten; statt wie früher auf die Erde, setzen sie sich jetzt auf den Betonboden, wenn sie von ihrer Kinderschar umringt, inmitten vieler Bündel Gepäck ein paar Runden Poker spielen und mit dem lokalen Gerstenbier *tchang* ihren Durst bekämpfen.

Es gibt nicht viel auf dem Markt zu kaufen. Ganze getrocknete Ziegen für 270 Yuan pro Stück (27 Euro), tibetanische Welpen für 4.000 Yuan! Auf der Straße waren diese Hunde für jeden Radfahrer immer eine gefürchtete Bedrohung. Nathalie standen die Haare zu Berge, als ich ihr davon erzählte. Aber inzwischen wurden viele Nomaden, die Tiere zur Bewachung ihrer Herden hielten, zur Sesshaftigkeit gezwungen. Seitdem werden die Hunde, die am Aussterben sind, zu immer höheren Preisen gehandelt. Für die Chinesen sind sie nämlich eine begehrte Delikatesse!

Der Tashilumpo in Shigatse ist wie der Jokhang oder der Potala in Lhasa Wahrzeichen der Stadt, die übrigens früher mit Lhasa rivalisierte. 1.447 von Genden Drup – Schüler von Tsongkhapa und Reformer der Gelbmützen – erbaut, ist dieses majestätische Kloster die Residenz des Panchen-Lama, der Nummer zwei in der Hierarchie des tibetanischen Buddhismus. Es heißt, die Augen des 26 Meter hohen goldenen Buddhas können alles sehen … Pilger drängen sich in langen den Gängen, auf deren Böden Edelsteinen eingelegt sind, deren Wände voll sind mit Münzen, die sie mit Yakbutter festkleben, sie schütteln ihre Gebetsmühle oder trinken im Schutz eines *chorten* gemeinsam eine Thermosflasche Tee. Im Gegensatz zu den buddhistischen Klöstern in Ladakh oder Sikkim, in denen reges monastisches Leben und Treiben herrscht, scheint es hier überhaupt keine Aktivität zu geben. Die Mauern wurden wohl restauriert, aber dem Ort fehlt seine Substanz. Er ist jetzt auf Tourismus eingestellt, und die wenigen Mönche, die es noch gibt, sind nichts weiter als bezahlte Arbeitnehmer Pekings!

Die Anerkennung der Reinkarnation des Panchen-Lama ist heute immer noch Gegenstand grimmiger politischer Auseinandersetzungen. Über diesen hohen Würdenträger wollen die Chinesen alle religiösen Tätigkeiten in Tibet kontrollieren. Laut der offiziellen Version hat der damals 11jährige zehnte Panchen-Lama im Jahr 1949, Mao Tse-tung geschrieben mit der ausdrücklichen Bitte, «Tibet zu befreien».1961, schockiert von der Repression nach dem Aufstand von Lhasa 1959 sandte er der chinesischen Regierung ein Schreiben, in dem er die Grausamkeiten nennt, die von den Invasoren begangen wurden, und mehr Freiheit für sein Volk fordert. Die Antwort folgte auf dem Fuß. Man zwang ihn, sich offen gegen den Dalai-Lama Stellung zu stellen. 1964 sprach der Panchen-Lama beim Festival von Monlam vor mehreren tausend Pilgern von der Unabhängigkeit Tibets und von seinem Wunsch nach der Rückkehr des Dalai-Lama. Diese Kühnheit bezahlte er mit 14 Jahren Kerker in Peking. 1989 wurde ihm endlich erlaubt, nach Shigatse zurückzukehren. Sechs Tage später starb er unter mysteriösen Umständen. Viele meinen, er sei vergiftet worden. Das ist aber nicht alles, denn im Mai 1989 erklärte der Dalai-Lama, Gedün Choekyi Nyima, damals 6 Jahre alt, sei die Reinkarnation des verstorbenen Panchen Lama. Diese Ankündigung missfiel der kommunistischen Regierung über alle Maßen. Der Junge wurde sofort an einem geheimen Ort eingesperrt und damit zum jüngsten politischen Gefangenen der Welt. Die Chinesen bestimmten daraufhin den Sohn eines Parteifunktionärs, Gyancain Norbu, zum neuen Panchen-Lama. Der echte und der falsche Panchen-Lama stehen heute beide unter Hausarrest, doch niemand weiß, wo sie festgehalten werden. Das Bild von Gyancain Norbu muss in jedem Kloster neben den Bildern des 9. und. 10. Panchen-Lama aufgehängt werden.

Ich erinnerte mich noch genau an eine Zeichnung des *dzong*, der Festung von Shigatse, von Heinrich Harrer, die bei der chinesischen Invasion völlig zerstört wurde. Vor zwölf Jahren lief ich durch die Ruinen hoch über der Stadt. Heute steht der *dzong* wieder an seinem Platz, von den Chinesen architektonisch in jeder Hinsicht originalgetreu wieder aufgebaut. Das imposante Gebäude ist noch für den Tourismus geschlossen. Anscheinend soll ein Spielkasino daraus gemacht werden.

Als ich im Sommer 2004 von Genf nach Sankt Petersburg radelte, machte ich einen Umweg über das österreichische Hüttenberg, um dort dem damals 91jährigen Heinrich Harrer, in seinem Chalet einen Besuch abzustatten. Er empfing mich sehr herzlich. Als ich ihm sagte, wie mich seine Bücher inspiriert hatten, war er sichtlich bewegt und sah seine Frau mit einem Lächeln an. Die abenteuerlichen Fahrten Heinrich Harrers zeigen seine Liebe zu den Bergen und zu Tibet. Sie sind Ausdruck von Lebensfreude, Wissbegierde und

Großzügigkeit. Ich bewundere ihn maßlos. Als ich das Dorf Thöling erwähne, werden alte Erinnerungen wach. «Aufschneiter und ich, wir hatten nichts mehr zu essen, und der Dorfälteste befahl uns, zu verschwinden. Ein paar Jahre später, als ich für den Dalai-Lama arbeitete, überbrachte mir eine Frau Dutzende an Eiern und etliche Kilo *tsampa*... vom Dorfältesten von Thöling, der sich damit entschuldigte!» Heinrich Harrer untersuchte mein Fahrrad von vorne bis hinten und verabschiedete mich mit leuchtenden Augen, als hätte ihn mein kurzer Besuch in seine Jugend zurückversetzt.

Bei jeder Gelegenheit behaupten die Chinesen, Tibet sei ein Teil des Mutterlands. Erstaunlich, dass man nicht nur das Visum für Tibet braucht, sondern noch einen *Alien Travel Permit* (Reisegenehmigung für Ausländer), um die Region zu besuchen. Da aber diese Genehmigung an Einzelreisende nicht ausgestellt wird, verzichten die Radfahrer einfach darauf und fahren auf oft abenteuerliche Weise nachts heimlich an den Kontrollen vorbei...

Lhatze, vier Uhr morgens. Eine Meute von Hunden bellt in der Nacht. Wir stopfen Steine in die Taschen und springen wortlos in den Sattel. Unsere Nervosität wächst, denn der *checkpoint* kommt näher, und mit ihm der starke Scheinwerfer, der sein brutales Licht auf den Asphalt wirft. Durch die angelehnte Türe sehe ich die übliche chinesische Thermosflasche, aber keine Spur von einem Menschen. Die hölzerne Schranke ist oben. Wir fahren nebeneinander. «Vollgas» sage ich zu Nathalie, und lege mich ins Zeug, stoße jedoch heftig gegen einen unsichtbaren Draht, der zwar zerreißt, aber einen höllischen Lärm verursacht. Ich rase davon und lasse mich erst sehr viel später zu Boden fallen, um wieder Luft zu schöpfen. Nathalie tritt überrascht auf die Bremse, das laute Quietschen ist nicht zu überhören. «Ho!» schreit ein Mann, Nathalie erschrickt, fährt aber davon, so schnell sie kann. Ich zittere, dass alles gut geht. Endlich keucht sie daher, und schweigend setzen wir die Flucht fort. Auf der chaotischen Piste ist keine Orientierung möglich. Es geht bergab, hinunter zum Yarlung Tsangpo, wir fahren schneller und schneller, die Angst im Nacken. Nathalie stürzt in einen Graben und kommt nur mit Mühe wieder hoch. Hinter uns wacht noch immer das unheilvolle Scheinwerferauge. Wir müssen weg. Auf der anderen Seite des Flusses fühlen wir uns endlich sicher, da zerreißen plötzlich die Lichtkegel eines Lkw die dunkle Nacht. Stacheln und Dornen sind uns in diesem Moment egal, wir reißen die schweren Räder von der Piste und werfen uns atemlos auf die Böschung. Der Lkw fährt vorbei.

Später treffen wir einen Schäfer, der uns erst mit seiner Fackel blendet und dann mit einem freundlichen *Tashi delek* (guten Tag) begrüßt. Diskret fahren wir durch kleine Dörfer, die noch im Schlaf liegen. Temperatur: zwei Grad. Die Hunde bellen, aber unsere kleine Karawane kommt durch.

Einige Stunden später geht endlich die Sonne auf, welch Wohltat! Ihre ersten Strahlen umspielen die Felswände. Wir werden warm, und die Erleichterung, noch einmal dem Schlimmsten entgangen zu sein, macht Appetit. Hungrig verschlingen wir eine Handvoll Trockenfrüchte. Die Gipfel im ersten Sonnenlicht sind von unbeschreiblicher Schönheit. Der Anblick des Sees von Lang, der türkisfarben und still vor uns liegt, lässt uns wieder ganz ruhig werden. Auf dem Gipfel des Chotse-La (4.575 Meter) merken wir zu spät, dass ein Polizeiwagen daherschiesst, eine riesige Staubwolke hinter sich aufwirbelnd, aber er fährt einfach vorbei! Jetzt sitzen wir schon 16 Stunden im Sattel und haben jämmerliche 58 Kilometer zurückgelegt. Nathalie feiert heute ihren 48. Geburtstag. Sie wird dieses Geburtstagsgeschenk wohl nicht so schnell vergessen.

Die Höhe des Plateaus macht uns zu schaffen. Der Wind lässt nicht nach und Nathalie, die leichter ist als ich, wird förmlich weggeblasen! Das letzte Stück bis zur Passhöhe – zwischen 4.000 und 5.000 Metern – macht sie gewöhnlich zu Fuß. Ich helfe ihr gern das Rad schieben, aber auf der schwierigen Piste zeigt sich die Unterschiedlichkeit unserer Kräfte. Es kommt vor, dass Nathalie nervös wird. «Du Autist! Spartanischer Autist!» schimpft sie mich. «Versprechungen, leere Versprechungen», wirft sie mir vor. Am Abend, wenn sie wie ein Stein auf die Luftmatratze fällt und sofort weg ist, lese ich noch im Schein meiner Stirnlampe. Höchste körperliche Anstrengung scheint Männern wirklich besser zu liegen ... ein Überbleibsel aus der fernen Zeit der Jäger?

Wir fahren von einem Pass zum nächsten. Wenn wir abends unser Lager aufschlagen, kommen oft die Nomaden, die uns mit neugierigen Augen betrachten, und helfen uns. Sie sind unheimlich fröhlich und geschickt. Sie interessieren sich natürlich brennend für unser High Tech Material, d. h. unsere Fahrräder (auf tibetisch kangari) oder unseren Benzinkocher. Auf dem Hochplateau tauchen nach endlosen windigen Wellblechpisten höchst unwahrscheinliche Straßendörfer auf. Szetschuanchinesen hantieren mit Wok und Gasbrenner. Ringsum streifen die berühmten tibetanischen Hunde umher, die anscheinend durch den herrlichen Geruch von gebratenem Fett ihre Wildheit eingebüßt haben. Heute Abend flüchten wir uns in eins dieser Dörfer. Wir sind auf 4.900 Meter Höhe und haben das Gefühl, am Ende der Welt zu sein. Aber hier gibt es Menschen. So erhoffen wir uns auch eine ordentliche Mahlzeit und eine «Kampfpause» d. h. einen erholsamen Schlaf zwischen vier festen Mauern, denen der Wind nichts anhaben kann.

Wir nähern uns dem *checkpoint* von Saga, der kurz vor der Stadt gelegen ist, und überlegen uns die beste Taktik. Nathalie will um keinen Preis ein zweites nächtliches Abenteuer, also fahren wir bei helllichtem Tag. Die Piste folgt wieder den sandigen Ufern des Yarlung Tsangpo und wir erraten den Posten hinter einem Hügel. Es geht etwas bergab, und Nathalie, die vor mir fährt, kann mit Leichtigkeit die gesenkte Schranke umfahren. Ich hinterher. Aber ein junger Polizist hat uns gesehen und ruft uns zurück. Diesmal gibt es kein Entrinnen. Wir gehorchen. Der Chef sitzt hinter dem Schalter, beguckt unsere Pässe und verlangt: «Permit!» Wir haben beschlossen, kein Wort zu verstehen, und jede direkte Konfrontation zu vermeiden. Der Beamte nestelt nervös an den chinesischen Dokumenten, die auf seinem Schreibtisch herumliegen, in der Hoffnung eines auf Englisch zu finden. Doch alles umsonst. Drei Telefonanrufe später kommt ein Polizeiwagen aus Saga. Der Inspektor ist streng. Er befiehlt uns, nach Shigatse zurückzufahren, um dort den bewussten Schein zu holen. Zurück? Wir sind total k.o. und wollten um keinen Preis noch einmal 12 Tage und 8 Pässe im Sattel sitzen. Wir sagen ihm das und bleiben cool, ganz cool… Eine junge Tibeterin, die des Englischen mächtig ist, übersetzt für uns. Die Polizisten ziehen sich zur Beratung zurück. Dann bedeuten sie uns, ihnen mit dem Fahrrad zum Posten von Saga zu folgen. Die Sache geht gut aus: Gegen eine Strafe von 100 Yuan pro Nase (etwa zehn Euro) erhalten wir ein ordnungsgemäß abgestempeltes Papier, das uns erlaubt, die *checkpoints* bis zum Mount Kailash, der bereits in der nächsten Präfektur liegt, legal zu passieren!

Als wir Saga verlassen treffen wir Jörg und Ute, ein Radlerpärchen. Abgemagert und mit erloschenem Blick sind sie für Nathalie keine große Ermutigung. Ich bin immer wieder verblüfft, wenn manche Leute, die es sich offensichtlich leisten können, mit der modernen Welt zu brechen, ihre Hektik während der ganzen Tour nicht ablegen. Die beiden haben in 40 Tagen 2.000 Kilometer Piste gefressen: Vierzig Tage auf dem Rad ohne eine einzige Ruhepause! Das Ergebnis: Sie sind erledigt, ihre Begeisterung ist hin. Um durchzuhalten, muss man dosieren, man lebt nicht nur von Kilometern.

Die Wellblechpiste schüttelt uns unbarmherzig. Die Nadel unserer Zähler schwankt zwischen 5 und 6 Stundenkilometern. Wir lassen den Weg keine Sekunde aus den Augen, damit wir nicht das Gleichgewicht verlieren. Hasen und die anmutigen vom Aussterben bedrohten *chirus* (Antilopen), die wegen ihrer Wolle gejagt werden – ein Kilo verkauft sich in Indien zwischen 1.500 und 2.000 Dollar – nehmen Reißaus, als wir uns nähern. Wir beneiden sie um ihre Schnelligkeit: Bis zu 80 Kilometer in der Stunde! Mit dem Fernglas beobachten wir fuchsrote wilde Esel *kiang*. An den Seen und Flüssen machen schwarzköpfige Storchenpaare einen Heidenlärm, denn für sie ist jetzt die Zeit der Paarung. Die kolossalen Entfernungen, das unvorhersehbare Wetter und die herbe Schönheit des Ortes machen jede Reise im Westtibet zu einer Pilgerfahrt (auf Chinesisch: «zum Berg fahren und Weihrauch opfern», auf tibetisch: »einen heiligen Berg umlaufen») Um keinen Preis möchte ich woanders herumradeln.

Hinter Raga gibt es zwei Wege zum Mount Kailash: Die Südpiste ist sandig, und ihre vielen Flüsse führen oft Hochwasser; die Nordpiste ist sicherer, dafür aber bedeutend länger. Im Sommer 1995 nahmen die meisten Fahrzeuge die Nordpiste. Auf der Südroute herrschte die große Hilfsbereitschaft der Wüste: Die seltenen Fahrer fragten, ob ich etwas brauche, waren erstaunt über mein fernes Ziel und nie fuhren sie weiter, ohne mir etwas zu Essen dazulassen. Heute ist alles ganz anders. Inzwischen sind Brücken gebaut, die Piste wurde verbessert und Konvois von bis zu 25 Geländefahrzeugen rasen mit Höchstgeschwindigkeit vorbei, um sich die Erschütterungen der Wellblechpiste zu ersparen. Wie alle Radfahrer entscheiden wir uns natürlich für die Südpiste.

Militärmusik aus einer Kaserne kündigt uns die Nähe des kleinen Dorfes Lakhsang an. *Tchai namo*, süß und nahrhaft, ist für uns Treibstoff und ein stets willkommener Vorwand für eine Pause. Die trockene Luft, Wind und Staub dörren die Kehle entsetzlich aus und brennen auf den Lippen. Dorje, der Cafe-Eigentümer fragt uns, ob wir den Karmapa kennen (Nach dem Dalai-Lama und dem Pantschen-Lama an dritter Stelle in der Hierarchie des tibetanischen Buddhismus). Er deutet auf ein Bild, das er an die Wand geklebt hat. «Der Karmapa war Ende 1999 hier, in der Nacht seiner Flucht nach Mustang (30 Kilometer entfernt, im benachbarten Nepal)» sagt er mit erregter Stimme. Dorje ist ein frommer Mann, man hört ihm die Empörung an.

Ich erinnere mich an den jungen Würdenträger, ich habe ihn damals in seinem Kloster von Tsurphu (nordwestlich von Lhasa) zu Gesicht bekommen, als er 11 Jahre alt war. Drei Jahre später bin ich immer noch unterwegs, und es fällt mir in Nairobi ein Artikel in die Hand, der von seiner unglaublichen Flucht vom 28. Dezember 1999 berichtet. Dem jungen Karmapa, mit Namen Ugyen Thinley Dorje, gelang es, aus dem Kloster, in dem er festgehalten wurde, durch das Fenster zu entkommen. Die Wachen glaubten ihn in seinem Zimmer, denn einige Wochen vorher hatte er davon gesprochen, sich wegen religiöser Übungen eine Weile zurückzuziehen, was für einen Mönch ja nicht ungewöhnlich ist. Eine waghalsige Fahrt von 1.400 Kilometern brachte ihn zusammen mit seiner Schwester und vier treuen Begleitern nach Indien. Sie legten den ganzen Weg im Schutz der Nacht, im Jeep oder zu Fuß zurück, nach Sonnenaufgang versteckten sie sich in Höhlen oder zwischen den Felsen und schliefen. Auf diese Weise durchquerten sie Gebiete mit Temperatur bis zu minus 20 Grad. Am 5. Januar 2000 gelangte das Trüppchen wohlbehalten in Dharamsala beim Dalai-Lama an. Einige Tage später entdeckte die chinesische Regierung das Verschwinden und war erzürnt. Bislang beschrieb die Propaganda des Regimes den Karmapa als treuen Diener des kommunistischen China. Seit er 1992 im Kloster Tsurphu in Gegenwart von 20.000 Gläubigen und eines Ministers aus Peking offiziell inthronisiert wurde, machte er zwei offizielle

Chinareisen, bei denen er von den höchsten Funktionären, darunter der damalige Präsident Jiang Zemin, empfangen wurde. Er ist der einzige hohe religiöse Würdenträger, der sowohl von der chinesischen Regierung als auch vom Dalai-Lama im Exil anerkannt wurde. Er ist das Oberhaupt der Linie der Kagyupa, die auf der ganzen Welt 5 Millionen Anhänger zählt.

Dorje möchte, dass wir die Nacht bei ihm verbringen, aber wir wollen weiter. Zum Mount Kailash ist es noch weit. Im Schneckentempo setzen wir unsere Reise fort. Die Piste führt abwechselnd durch Weiden und Mondlandschaften. Im Süden liegt eine Kette verschneiter Gipfel mit über 6.600 Meter Höhe, es ist die Gegend des nepalesischen Dolpo. Heute Abend schlafen wir in einem Schafspferch, in der Nähe einer Gruppe von Nomaden. Gleich bei unserer Ankunft leistet Nathalie erste Hilfe, sie betupft einer Frau den geschwollenen Finger mit einem Mittel, und schon glauben die Umstehenden, wir seien Ärzte. In dieser Einsamkeit haben die Menschen nicht die geringste medizinische Versorgung, und so kommen sie, einer nach dem anderen und klagen über ihre Leiden. Der eine deutet auf die Zähne, ein anderer auf den Bauch, der dritte auf den Kopf, und alle wollen Medikamente.

Obwohl auf unserer Karte fettgedruckt, werden die Orte immer winziger, oft sind sie trostlos, und immer staubig. Die Sträßchen liegen voll mit Glas- und Plastikflaschen. Es qualmt über den Blechdächern, Tierdung ist das einzige Brennmaterial. Es gibt weniger Menschen hier als streunende Hunde, sie irren herum wie Gespenster. In Militärzelten sind Familien, Läden und Imbiss-Stuben untergebracht. Doch für uns ist jedes Dorf, wie es auch sei, ein Festpunkt, ein Etappensieg. Bei der Ankunft fühlen wir uns wie betäubt, in einem besonderen Zustand. Durch die unheimliche Anstrengung sehen wir die Welt mit intensiveren Gefühlen.

In einem Weiler treffen wir auf eine junge Frau, die unaufhörlich beschäftigt ist. Vor erst 12 Tagen hat sie ein Kind zur Welt gebracht, ein winziges Wesen, das kaum mehr als eineinhalb Kilo wiegt. Sie hat es in ein Lammfell eingepackt, das von einem Stück Plastik und etlichen Decken umhüllt ist und von einer Wärmflasche warm gehalten werden soll.

Ob es wohl durchkommt? Nathalie hatte selbst mit 20 Jahren Drillinge, von denen jedes 1,3 Kilogramm wog. Ich sehe, dass sie sich Gedanken macht. Es ist Sitte hier, den Kindern eine Ohrfeige zu geben, wenn sie zu wild werden, um sie danach zum Trost an die Brust zu legen. Ein dreijähriges ist besonders ungezogen und hört nicht auf Dummheiten zu machen. Wenn die Mutter schimpft, fängt es an zu weinen, wirft uns aber einen triumphierenden Blick zu, wenn ihm die Mutter die Brust gibt.

1.000 km von Lhasa entfernt wird die Einsamkeit zur Last. Wir haben das

Gefühl für Realität und Entfernungen verloren, und unsere physische Müdigkeit erstickt oft jede metaphysische Regung. An manchen Tagen vergisst Nathalie die körperliche Schinderei, so packt sie die Schönheit der Landschaft. In anderen Momenten schwört sie «Nie wieder! So irr und masochistisch kann man gar nicht sein». Ihre Leber tut ihr gewaltig weh. Die Anstrengung und die Höhe schlauchen uns entsetzlich. Wir sind buchstäblich nur noch Haut und Knochen. Die Windböen fegen über die Piste und verwischen sofort unsere Spur, sie weigern sich, unser Hiersein zu dulden. Ein plötzlicher Riss in meiner Hinterfelge setzt unserer Widerstandskraft noch mehr zu. Wolkenbrüche, ausgefahrene Pisten, rationiertes Essen, ein hartes Leben … Muss das sein, damit wir würdig werden, uns dem heiligen Kailash zu nähern?

Ich mache mir Sorgen um Nathalie. Ihr Zustand gefällt mir nicht. Ich flehe zu den Göttern, dass sie durchhält. Bis Kashgar liegen noch 2.000 km Piste vor uns. Meine Felge repariere ich mit Epoxykleber und montiere sie Nathalie aufs Rad, weil ihres weniger schwer ist. Mit einem Mal kann sie ihre Rückbremse nicht mehr benutzen. Wo sie sich so abrackert, muss sie auch noch auf den Nachtisch verzichten – den Genuss der Talfahrt, die Entschädigung für den harten Weg hinauf!

Es sieht aus, als wären alle Nomaden auf dem Osthang von Mayum-La, einem Pass von 5.137 Meter zusammengekommen. Riesige Yak-, Ziegen- und Schafherden ziehen umher. Ihre Hirten, ein leuchtend farbiges Tuch ums Gesicht geschlungen, haben Steinschleudern, mit denen sie Herden herumdirigieren. In einem Tragekorb, den man ihm auf der Seite festgebunden hat, befördert ein Yak geduldig ein kleines Kind. Die Pferde, mit Glöckchen geschmückt, im Schwanz ein rosa Band eingeflochten und einen Teppich auf dem Rücken, sind der Männer ganzer Stolz.

Im letzten Moment geht es nochmals bergauf, dann sind wir oben auf dem Pass. Hier steht ein dicker Mast mit Gebetsfahnen, umgeben von Hunderten von Steinkegeln. Mount Kailash (6.638 Meter), das Gurla Mandata Massiv (7.694 Meter) und der Manasarovarsee liegen vor uns. Wir können sie mit einem einzigen Blick umfassen.

Wir widerstehen nicht der Versuchung, uns in die «Mutter aller Flüsse» hineinzustürzen. Für die Hindus wäscht ein Bad in diesem See alle Sünden ab. In ihren Augen ist der Fisch heilig, denn er repräsentiert die Emanzipierung des Bewusstseins, die zur spirituellen Befreiung führt. Für die Tibeter ist er ein Symbol für Glück, Fruchtbarkeit und Fülle. Sie sammeln die toten Fische und verkaufen sie getrocknet den Frauen, die eine schwierige Entbindung fürchten. Manchmal kaufen die Tibeter den Chinesen auch lebende Fische ab, um sie im nächsten Fluss freizulassen. Die Chinesen sind anders eingestellt: Sie fischen mit Dynamit.

Auf der ganzen Welt hat der Berg seit Urzeiten große Symbolkraft, er ist eine Art Vermittler zwischen Göttern und Menschen. Olymp, Fujiyama, Ayer's Rock, der Berg Sinai der Popocatepetl, alle werden als heilige Berge verehrt.

Mount Kailash, ist für den Hindu Heimstätte von Shiwa und Parvati, der Tochter des Himalaj. Von dem Buddhisten Kang Rinpoche, und auch von Jainas und Böns wird der Berg als spirituelles Zentrum verehrt. Mount Kailash ist der heiligste aller Berge. Seine Hänge zeigen genau in die vier Haupthimmelsrichtungen. Man nennt sie «Gold-, Rubin-, Saphir- und Kristallseite». Daher sein Name «Juwel im ewigen Schnee». Bis heute haben ihn nur Bönpo, Begründer der Bönreligion, und Milarepa, der berühmte buddhistische Dichter und Yogi (1040–1123) bestiegen. Bönpo ging mit seinem Konkurrenten eine Wette ein, wer zuerst oben ankäme. Als Bönpo zu seiner großen Überraschung sah, dass Milarepa schon vor ihm auf dem Gipfel angekommen war, verlor er das Gleichgewicht und rutschte auf seiner Trommel die Südflanke hinunter, wo man noch heute die Spuren sehen kann. Damit war der Triumph des Buddhismus über die Bönreligion in Tibet besiegelt. Auf dieser Seite, der Saphirseite, die an die 2.300 m hoch ist, klafft ein senkrechter Einschnitt, der sich mit einem waagrechten Riss kreuzt. Die Hindus sehen hier eine Swastika – für sie ein wichtiges Zeichen. Die Schneeflächen auf den verschiedenen Höhen des Berges sind Stufen, auf denen die Götter zwischen Himmel und Erde auf- und niedersteigen. Jede Falte des Granitriesen hat ihre Bedeutung. Die heiligen Texte sagen, der Kailash sei Mittelpunkt eines kosmischen Mandala. An diesem Berg entspringen vier große Ströme Asiens: Karnali, Brahmaputra, Indus und Sutlej.

Darchen (4.670 Meter) ist Ausgangspunkt für alle Pilger, die Mount Kailash umlaufen – *kora* nennt sich die Wallfahrt für die Tibeter, *parikrama* für die Hindus. 1995 standen hier nur ein paar Häuser aus Lehm, und im Sommer bauten die Khampahändler ringsum ihre Zelte auf. Im Namen des Kommunismus haben die Chinesen jetzt Reihen länglicher Gebäude errichtet, eines wie das andere, aber ohne Wasser und Toiletten … Die Einwohner, die immer zahlreicher werden, verrichten ihre Bedürfnisse, wo es ihnen gefällt – die öffentliche Gesundheit ist ihnen egal. Ausgehungerte Hunde streifen durch die mit Unrat übersäten Straßen und suchen nach einem Restchen Nahrung. Einheimische wie Pilger werfen ihre Abfälle in jedes Eck. Das Wasser für den Tee oder zum Kochen holen alle aus dem verschmutzten Fluss, wo sie auch Wäsche waschen … Die Fahrer der Reisegesellschaften putzen ihre Fahrzeuge und sparen nicht mit Shampoo. Innerhalb von zehn Jahren hat sich Darchen zu einem bedeutenden Pilgerzentrum entwickelt, ohne im geringsten daran zu denken, dass das empfindliche Ökosystem enormen Schaden leidet.

Nach einigen Ruhetagen lassen wir unsere Fahrräder hier und ziehen mit dem Rucksack los, um unsererseits die *kora* des Mount Kailash zu machen. Nach einer Mauer aus *mani*-Steinen, auf denen heilige Bilder und Texte eingraviert sind – gelangen wir in ein langes Tal mit hohen Sandsteinwänden. Die Rubinseite (Westen) des mythischen Kailash kommt in Sicht. Wir betreten ein Plateau, wo die Wallfahrer in die vielen Steinkegel sinnigerweise auch Hemd oder Mütze hineingesteckt haben.

Links oben befindet sich das Kloster Chukku Gompa, in dem der berühmte schwedische Asienforscher Sven Hedin 1907 einige Tage Rast machte. Das Juwel im Schnee mit seinen schwarzen Felswänden, von der Erosion geglättet wie Orgelpfeifen, macht den Eindruck einer uneinnehmbaren Festung. Etliche Hindutempel haben sich an seiner Form inspiriert, namentlich der des indischen Ellora.

Die Hirten, in dicke Tierfelle eingemummt, kehren in ihre Zelte zurück. Ihre Motorräder sind weiß von Staub. Ihre Zelte, an allen Seiten von festgezurrten Seilen gehalten, sehen aus wie Spinnennetze.

In 5.000 Meter Höhe federn die Matten unter unseren Schritten. Das Gekeuche ist vorbei, unsere Lungen haben sich akklimatisiert. In dieser grünen Landschaft sind etwa drei Dutzend Heilpflanzen heimisch, die in Tibet verwendet werden. Nach einer Reihe von *chorten* in weiß und gelb kommt gegenüber des heiligen Berges das kleine Kloster Dira Phuk in Sicht. Die «goldene» Nordseite erscheint, von einem Gletscher bedeckt, majestätisch und symmetrisch zwischen zwei düsteren finsteren Hügeln, die wie zwei Samurai Wache halten.

Durch einen engen Gang gelangen wir in die Klosterküche, vorbei an der alten Einsiedelei, einer winzigen Grotte mit einem vom Ruß der Butterlampen geschwärzten Felsen. In der mittelalterlichen Höhle sitzen die Beter in tiefer Sammlung auf einem steinernen Mäuerchen. Der mit Yakdung beheizte Ofen erzeugt höllische Hitze, in enormen Kesseln sprudelt und dampft das Wasser. Eine junge Tibeterin, groß und schlank, mischt Tee mit gesalzener Butter, und ein schalkhafter Mönch rollt für uns zwischen Handfläche und Zeigefinger süße *Tsampa*kügelchen aus geröstetem Gerstenmehl, dem Hauptnahrungsmittel der Tibeter. Der Mann neben uns schneidet uns ein Stück getrocknetes Yakfleisch herunter. Von Müdigkeit übermannt, verziehen wir uns in den Schlafsaal. Kaum unter die vielen Decken geschlüpft, sind wir auch schon weg. Die Wallfahrer verbringen die Nacht auf dem Granitboden im kalten Vorzimmer, durch dessen halboffene Türe sie den heiligen Berg sehen können.

Im kristallklaren Morgenlicht berührt die erste Sonne schon die schwarze Wand des Kailash, welche in ihrer ganzen Gewaltigkeit senkrecht aufragt. Wenn man diese Schönheit in Worte fassen könnte!

Vorhergehende Seite: *Sanddünen in Westtibet. Photo: CM.*

Oben: *Auf der Piste von Raga, in 5.000 m Höhe, Tibet. Photo: CM.*

Unten: *Aufbruch am Pangong-See, Westtibet. Photo: CM.*

Kleine Morgentoilette, Libyen. Photo: CM.

Chinesischer Pamir, auf der Straße nach Tashkurgan. Photo: CM.

Bei den **drogkpa** *(tibetanische Nomanden). Photo: CM.*

Gujarat, Indian. Photo: CM.

Nach dem Mayuma-La (5.204 m), Westtibet. Photo: NP.

Abendessen, Westtibet. Photo: NP.

Gastfreundschaft in einer Schulküche in Gujarat, Indien. Photo: NP.

Töpfer in Birma. Photo: CM.

Oben: *Qiongmei Li und Nick Wiszynski (www.cyclown.org) in Kunming, Jünnan, China. Photo: CM.*

Nächste Seite: *‹Cyclonautendenkmal› in Shigatse, Zentraltibet. Photo: CM.*

Wir lassen uns Zeit und bleiben weit hinter den Wallfahrern zurück. Im Norden führt ein Tal zu den Quellen des Indus, der nach seiner Reise durch Ladakh und Pakistan ins arabische Meer mündet. Auf der anderen Seite des Kailash entspringen Ganges und Brahmaputra, die durch den Hochhimalaja getrennt, aber dann im Hooglidelta bei Kalkutta wieder zusammenfließen und sich gemeinsam in den Golf von Bengalen ergießen.

Eine Gruppe indischer Wallfahrer, die bei Sonnenaufgang das Lager unterhalb des Klosters verlassen hat, steigt den steilen Weg bergauf, der übersät ist mit Glas- und Plastikflaschen. Sie sind alle von der Reiseagentur gleich ausgestattet: Safrangelbe daunengefüllte Steppjacke, Mütze, Handschuhe und Sonnenbrille. Gutsituierte Inder, meist korpulent und sportlich ungeübt, ringen nach Luft, ihre freundlichen nepalesischen Reiseführern stützen sie nach besten Kräften. Für den wahrscheinlichen Fall einer Höhenkrankheit ist auch ein «Apotheker» dabei. Die Schwächsten werden von Pferden getragen, so lange es die Steigung ermöglicht. Sie sehen aus wie eine Armee, die in die Flucht geschlagen wurde. Sie haben alle um die *parikrama*, die Wallfahrt ihres Lebens, zu wagen ein kleines Vermögen ausgegeben. Lieber sterben als darauf verzichten. Ein nepalesischer Reiseführer behauptet, dass alljährlich etwa fünfzehn unter ihnen die gewaltige Anstrengung tatsächlich nicht überstehen.

Fromme Tibeter haben auf dem ganzen Berghang irgendwelche Kleidungsstücke oder Haarbüschel hinterlassen. Wer über diesen Pass geht, wird neu geboren, eine Kailash-Umrundung tilgt die Sünden eines ganzen Lebens.

Auf der höchsten Strecke der *kora*, dem Dolma-Pass mit seinen 5.600 Metern – zu erkennen an einem Granitfelsen und einer Unzahl an Gebetsfahnen – können sich die Inder kaum noch auf den Beinen halten. Total mitgenommen sacken sie zusammen und lutschen an der Sauerstoffflasche. Ihre Begleiter strömen herbei, um sie wieder aufzurichten und reden ihnen gut zu. Sie müssen weiter, koste es, was es wolle.

Ob Inder oder Tibeter, die Wallfahrer haben kein ökologisches Bewusstsein, was sich für die Umwelt katastrophal auswirkt. Bei den Indern sind die Verantwortlichen die Reisegesellschaften, die für Abfallsäcke sorgen könnten, damit der Müll in die Ebene hinunterbefördert werden kann. Inzwischen machen die Schüler und Lehrer des *Tibetan medical and Astro Institute* in Darchen mindestens zweimal im Jahr den Weg sauber.

Wir gehen den anderen Hang hinunter, am eisigen See von Gauri Kund vorbei, in dem man untertauchen müsste, um die Wallfahrt vollständig zu machen. Weiter unten im Tal bieten Tibeter den müden Betern heiße Suppe und heißen Tee an. Der Weg zum Kloster Zuthrul Phuk, dem letzten Halt vor Darchen, ist noch lang, aber die Pferde kommen schon, um die Schwächsten zu tragen. Morgen treffen die Familienmitglieder ein, die sich nicht stark genug fühlten und auf die *parikrama* verzichteten. Sie werden den tapferen Wallfahrern auf dem Rückweg einen gefühlvollen Empfang bereiten. Und, wie bei der Herfahrt, steigen sie in den Quatro und kürzen den Weg noch um ein gutes Dutzend Kilometer ab. Einige Tage später sind sie wieder in ihrer Heimat, wo der Monsun alles unter Wasser setzt. ... In diesem Moment liegt gerade eine junge Inderin von gewaltiger Leibesfülle bewusstlos in den Armen ihres nepalesischen Reiseführers, einen Sauerstoffschlauch in der Nase. Unter den Tibetern haben die schnellsten die ganze *kora* (53 Kilometer) in etwa 15 Stunden bewältigt. Die, die sich immerwährend zu Boden werfen, brauchen gute 20 Tage für die gleiche Strecke.

Darchen befindet sich fast auf halbem Wege zwischen Lhasa und Kashgar. Wir rechnen die Entfernungen und vorallem zählen wir die Pässe. Seit Lhasa haben wir 22 überquert! Die 80 Kilometer Asphalt vor unseren Rädern führen nach Ali, Hauptort von Ngari in Westtibet. Beim ersten Hinschauen bin ich etwas verwirrt. Die kleine Garnisonsstadt bestand vorher aus einer einzigen Kreuzung betonierter Straßen. Ich kann mich genau erinnern, weil ich mich hier drei Tage vor der Polizei versteckte.

Heute ist der Ort, der inmitten einer Steinwüste liegt, wie verwandelt. Ringsum stehen grüne Weidenbäume und mehreren Reihen Pappeln. Die kahlen Berge spiegeln sich in getönten Scheiben moderner Buildings. Breite Boulevards à la Haussmann, die ihre militärische Bestimmung schlecht verleugnen können, führen zu monumentalen Bögen mit dem allgegenwärtigen chinesischen Drachen. Auf den breiten Fußwegen allerdings stehen tibetische Taglöhner in der Hoffnung auf eine Arbeit. Wir müssen an die afrikanischen Illegalen aus den Subsaharaländern denken, die mit Malerutensilien vor den Toren Tripolis aufpostiert sind. Einige entsetzlich leere Plätze, flankiert mit kolossalen Denkmälern des Proletariats und römischen Säulen, sind umgeben von abscheulichen Mietswohnungen im Stil der Ex-Sowjetunion. China baut so schnell, so schlecht und so billig, dass die Orte, die wie Pilze aus dem Boden schießen, deprimierend nach Kasernen aussehen. Weniger als 250 Kilometer nach seiner Quelle ist der Indus, der mitten durch die neue Stadt fließt, bereits verschmutzt.

Es riecht nach Kohle und Barbecue. Das lockt uns. Uiguren stehen im Freien und zerteilen die geschlachteten Schafe. Auf einem Holzblock hacken sie das Fleisch mit dem Beil in Stücke und fabrizieren Hunderte von Spießen. Das Restaurant ist an diesem Samstag berstend voll – und wir wollen die Etappe mit einem guten Essen feiern. Die Tibeterin, die lächelnd neben uns sitzt und mit ihrer Familie isst, spricht uns an. «Ich bin Chefin im *Police Security Bureau*», erklärt sie und wie einen Trumpf zieht sie ihre amtliche Visitenkarte hervor. Autoritär fordert sie uns auf, noch heute zu ihr ins Büro zu kommen, um unseren Aufenthalt zu legalisieren, sprich eine Genehmigung zu kaufen, um durch ihre Präfektur zu fahren…

Abgesehen von einem Cyber-Cafe, in dem ich meinen nächsten Artikel für die Zeitung *La Liberte* abschicken kann, gibt es in Ali keine Attraktionen. Täglich 24 Stunden geöffnet, verfügt das Cafe über mehr als 100 Computer und ist Treffpunkt für die chinesische Jugend, der es an Unterhaltung fehlt. Die fahlen Gesichter lassen viele schlaflose Nächte vermuten. Bei manchen sinkt der Kopf nach vorne und sie schlafen auf dem Stuhl vor dem Computer ein. Die meisten hämmern mit nahezu krankhafter Nervosität auf der Tastatur herum, der Welt durch die Spiele völlig entrückt, und rauchen wie Schlote.

Nach sechs Tagen Ruhepause, mit frischer Kraft und 20 Kilogramm Proviant, schwingen wir uns in den Sattel und die wilde Welt der Natur hat uns wieder. Nach jedem Pass folgt ein Tal, bis hin zum Salzsee von Pangong, der sich am Fuß der Berge wie ein dünner Faden bis nach Ladakh zieht. An seinen Ufern stoßen wir auf eine einsame Imbiss-Stube, die von einem chinesischen Ehepaar betrieben wird, das uns einen vorzüglichen Fisch, mit Knoblauch und Ingwer gewürzt, im Dampf zubereitet. Danach baden wir im Kristallwasser des Sees, der von türkis bis dunkelblau in allen Schattierungen leuchtet. Es ist Sommer, die Sonne scheint, wir sind an diesem idyllischen Ort und glücklich! Wir schlafen wie Murmeltiere, die angerissene Felge, mit Epoxy zurechtgeflickt, scheint die wüstesten Strapazen auszuhalten. Obwohl unsere Zeltwände im Wind flattern wie ein altes Segel, schlafen wir die ganze Nacht tief und fest.

Anscheinend wird Westtibet ein Hit unter den Fahrradtouristen. Wir treffen nicht weniger als 47! Unter ihnen die Langzeitfahrer aus dem Westen oder aus Japan, die bindungs- und zeitlos durch die Welt ziehen. Dann gibt es die Eiligen mit zwei Taschen, die sich einzig mit Nudeln ernähren, und die gemischte Sorte, die ihr Rad auch mal in Bus, Zug oder Flugzeug laden, um rechtzeitig wieder zu Hause zu sein. Unter all diesen Typen sind viele Träumer, ein paar Exzentriker und kaum Frauen.

Ruth ist mit 50 Jahren aus Deutschland losgefahren, auf einem alten Rad ohne Gangschaltung. «Damit ich es selbst reparieren kann», erklärt sie uns. Ihr Sattel, mit seinem gehäkelten Überzug erinnert an ein Sofakissen. Sie wollte einfach nur ein anderes Leben führen. Aber auf Reisen gibt es mehr neue Fragen und mehr neuen Staub als Antworten, weil man sich selbst ja immer dabei hat. Wie Georges Moore schreibt: «Man reist durch die Welt und sucht das Wesentliche, und kehrt nach Hause zurück, um es am Ende dort zu finden.»

Christina aus Österreich ist 55. Temperamentvoll, schlagfertig und philosophisch in einem, erzählt sie uns, wie sie einem tibetanischen Chauffeur eine Ohrfeige versetzte, weil er für seine Hilfe bei der Flussüberquerung einen unverschämten Preis verlangte. Und weil sie sich aus dem nämlichen Grund weigerte, ihre Nacht im Hotel zu bezahlen, holte der Hoteldirektor die Polizei. Der Hüter des Gesetzes klopft an ihre Zimmertüre. Sie öffnet … im Evaskostüm, worauf der Arme aus lauter Verlegenheit die Flucht ergreift. «Du wirst sehen», sagt sie zu Nathalie, «nach 50 und nach der Menopause steigt das Testosteron und du hast eine höllische Energie! Für die Frau beginnt das Leben mit 50!»

Und dann gibt es die jungen Chinesen, die sich seit kurzem begeistert auf die Socken machen ihr gigantisches Land und das unberührte Tibet zu entdecken. Ohne Pass und harte Devisen hört ihre Welt an der chinesischen Grenze auf. Sie sind nach der Invasion Tibets geboren, was wissen sie von der Geschichte des Hochlands?

Was soll man zu Tsao sagen, der 64-jährige fährt in Maouniform auf einem klapprigen alten Drahtesel, den er mit etlichen roten Fahnen geschmückt hat, für die olympischen Spiele in Peking durch «alle Provinzen des Landes». Wo immer er erscheint, wird er mit Ehrungen überhäuft. Er zeigt uns sein Tagebuch mit zahlreichen Photos, auf denen er mit großem Pomp von den örtlichen Funktionären gefeiert wird. Seinen Triumph wird er im nächsten Sommer erleben, wenn er als Ehrengast bei den olympischen Spielen zugegen ist.

Vor nur zehn Jahren bewegte sich ganz China auf zwei Rädern, mit eigener Muskelkraft. Jeder Chinese musste seiner Braut die drei Dinge schenken, die sich drehen: Eine Uhr, eine Nähmaschine und ein Fahrrad.

Ein brutaler Wind fegt über das weite Tal, nimmt uns die letzten Kräfte. Zu Füßen der Berge mit ihrer Farbenpracht von grün, ocker, gelb und karminrot liegen wie auf einer Perlenschnur aufgereiht Seen mit salzverkrusteten Ufern. Unter einer dicken Schneedecke, die der Permafrost aufrechterhält, ein Fluss, still und unsichtbar. Nicht eine Menschenseele in dieser Einöde. Auf dem höchsten Pass unserer Reise – 5.400 Meter – katapultiert uns ein feiner Nieselregen in eine andere Jahreszeit. Der ganze Körper spannt sich an, die Füße sind durchnässt, die Finger starr an die Handbremse geklammert. Seitlich der Piste liegen im dichten Nebel zahlreiche Nomadenzelte. Mit einem Schlag ist alles wieder ruhig, der Himmel klärt sich auf, die 6.500 Meter hohen Gipfel treten hervor und liegen vor uns in der ganzen Reinheit des Abendlichts. Im endlosen tibetanischen Hochland sein Zelt aufzuschlagen ist herrlich! Das Nomadenleben kennt nur das Wesentliche.

Die unendliche Linie der Telegraphenmasten im Abstand von jeweils 10 Metern zwingt unserer Route eine erbarmungslose Regelmäßigkeit auf, erinnert an lange ereignislose Zeiten im Leben. Nathalie, die darauf brennt,

Wölfe in der Natur zu beobachten, hat das Fernglas auf den Horizont gerichtet. Sie entdeckt eine Gestalt, die auf uns zukommt. Es dauert nicht lange, und wir machen Bekanntschaft mit Tsa-o-Tche, einem chinesischen Läufer mit sanften Augen. Trotz der stechenden Sonne trägt er weder Brille noch Mütze. Vor 25 Tagen hat er mit seinem Rucksack von 30 Kilogramm Gewicht Kashgar verlassen und steuert auf das Basislager des Mount Everest zu. Ich breite auf dem Boden unsere Eurasienkarte aus und zeige ihm die Schweiz: «Ruishi» das kleine Ländchen von 41.290 Quadratkilometern, nicht größer als die Ebene von Aksai Chin, die schon hinter ihm liegt. Er reißt die Augen auf und deutet auf den pazifischen Ozean. «Das Meer habe ich noch nie gesehen!» Er ist 26, und genau das Gegenteil der Chinesen seiner Generation, die in den Cyber-Cafes herumlungern. Dazu ist er auch meilenweit entfernt von der totalitären Politik des Landes. Er hat etwas Poetisches an sich, eine seltene Feinheit, wie der Kleine Prinz.

Konvois, Lager und Tankwagen zeugen von intensiver militärischer Tätigkeit. 1962 kam es auf den Höhen des Himalaja wegen der Ebene von Aksai Chin, einem Gebiet mit Permafrost, zu Auseinandersetzungen zwischen der indischen und der chinesischen Armee. Noch heute stehen sich Indien und Pakistan nicht weit von hier auf dem 5.753 Meter hohen Gletscher von Siachen gegenüber, dem zweitgrößten nichtpolaren Gletscher der Welt. Dieser «kalte Krieg» kostet Indien jeden Tag eine Million Dollar und bringt durch die Höhenkrankheit mehr Soldaten um als im Gefecht.

Nach 225 Kilometern Piste in über 5.000 Meter Höhe erreichen wir das Ende der Aksai Chin Ebene. Um dem Wind zu entgehen, flüchten wir uns in ein *doban,* ehemals eine Behausung für Straßenarbeiter, wie es viele an den Hauptverbindungsachsen in China gibt. Die Zentralregierung brachte hier revoltierende Studenten und Dissidenten unter, die unter extremen Bedingungen Zwangsarbeit leisten mussten. Heute sind die Gebäude am Einfallen, der Wind pfeift durch leere Fensterhöhlen, gelegentlich suchen Schäfer oder Radfahrer Schutz vor den Elementen. Der Putz bröckelt von den Mauern, auf denen Lobeshymnen auf das kommunistische China die Zeit überdauerten

Auf den drei letzten Passhöhen müssen wir die härtesten Steigungen unserer ganzen Fahrt bewältigen. Training haben wir jetzt genug, akklimatisiert sind wir auch optimal, aber die Müdigkeit hat sich angesammelt und sitzt uns in den Knochen. Doch wir haben unheimlich Schwung, wie Pferde, die den Stall riechen. Der letzte dieser 35 Berge ist 3.300 Meter hoch und verspricht uns eine Talfahrt von 2.000 Höhenmetern hinunter in die Wüste Taklamakan («im Sand verwehte Häuser»). Baktrische Kamele nehmen, als wir vorbeiflitzen, vor uns Reißaus. Wir gelangen in ein Dorf, Pusa, dessen Basar nur so vor Leben sprüht. Zwei Männer stehen schweißüberströmt vor einem hohen Backofen, in den sie wie im Takt abwechselnd eintauchen, um die knusprigen Fladenbrote mit einer Metallstange herauszuholen. Die alten Schäfer, die sich mit ihren störrischen Schafen einen Weg durch die Menge bahnen, tragen als Kopfbedeckung wie eh und je die viereckige kunstvoll bestickte *toubiteika.*

Die Oase mit ihren Pappeln, Lehmhäusern und Eselskarren ist für uns die Rückkehr ins Gelobte Land, wir sind wie neugeboren. Nachdem wir in den drei Monaten Fahrt über die Hochebene kaum etwas Frisches zu uns nehmen konnten, entdecken wir begeistert einen Berg von Melonen. Und lassen uns, eine Scheibe nach der andern, drei Kilo heruntersäbeln. Ein Genuss!

Nach und nach wird die Himalajakette hinter uns kleiner, wo uns das Wasser literweise aus allen Poren rann, unsere Gesichter schmal und energisch wurden und unsere Körper dünn und mager, wo unsere Herzen pulsierten wie nie. Mehr als einmal hat uns der Berg gezeigt, dass wir ganz einfach auch Tier sind. Durch den Berg werden wir geboren. Kein Wunder, dass wir ihm ähneln.

Straff!

Nach unserer langen Fahrt durch Westtibet brauchen wir in Kashgar eine ordentliche Verschnaufpause. Wir haben Sehnsucht nach ein wenig Wärme, nach Komfort, gutem Essen und Gesellschaft. Ich freue mich, in dieser Oase zu sein, am Rand der Taklamakan, die einen unweigerlich an die Zeit der Karawanen denken lässt, die uns aus dem Westen so viel bedeutet. Kashgar ist ein wichtiger Treffpunkt für alle Weltenbummler, die aus Kirgistan, Tadschikistan, Pakistan und aus dem großen China kommen. Eine einmalige Gelegenheit, um große Tische zu sitzen und Informationen aus erster Hand auszutauschen.

Das romantische Kashgar, das ich sehe, möchte ich Nathalie gerne zeigen, aber leider wurde die ganze Romantik vom chinesischen Pragmatismus weggefegt. Wie alle Städte des Landes muss Kashgar mit dem Ansturm der Han fertigwerden, die sich hier niederlassen, und dazu kommt noch eine Unzahl chinesischer Touristen.

Die Uiguren, eine Volksgruppe türkisch-mongolischen Ursprungs, die seit mehr als tausend Jahren hier ansässig ist, bilden in der Region noch die Mehrheit, doch sie werden zur Assimilierung gezwungen und wie die etwa fünfzig anderen Minoritäten in China wirtschaftlich an die Wand gedrückt.

Hier ist der wilde Westen Chinas, wo seltsame Dinge geschehen: Ganze Altstadtviertel werden von der Regierung abgerissen. Doch *Zhongkun Travel*, eine Firma aus Peking, hat anscheinend das Potential der alten Mauern erkannt und sich einen Teil davon unter den Nagel gerissen, einschließlich der größten Moschee des Landes Id Kah, aus dem Jahr 1142, alles für die symbolische Summe von einem *Yuan*, aber dafür muss jetzt jeder Besucher Eintritt bezahlen! Die Gesellschaft besitzt offensichtlich Sinn fürs Geschäft. Hat sie doch auch das Basislager des Muztagh-Ata (7.547 Meter) gekauft und ferner das Recht, während der nächsten 50 Jahre für die Besteigung Gebühren zu erheben. Ein nie gekannter Wirtschaftsboom ermöglicht den Chinesen, ihr Land kennenzulernen, und wer der Regierung nahesteht, kann die neuen Reiseziele, sprich Goldgruben, eins nach dem andern aufkaufen. Die Friseure, die früher mitten in der Sonne standen und ihrem Gewerbe nachgingen, und die Imbiss-Stände, die den Zauber dieses historischen Ortes ausmachten, wurden weggejagt. Der Altstadtkern wurde umgebaut, jetzt stehen hier nüchterne Reihen geschmackloser Gebäude chinesischen Stils mit verschwommener muslimischer Inspiration. Der Hauptplatz, für Zugtiere und Motorräder verboten, wird von der Polizei überwacht. Ein gigantischer Bildschirm ist jetzt Hauptattraktion. Der Platz, wo einer der größten und buntesten Sonntagsmärkte der Gegend stattfindet, wurde betoniert, der Tiermarkt abgeschafft.

Im 19. Jahrhundert stritten sich das russische Reich und die Engländer um große Teile Zentralasiens, wobei es den Russen in erster Linie darum ging, Zugang zu warmen Meeren zu bekommen. Die beiden Konsulate in Kashgar, heute Hotels, waren Zeugen dieser Epoche. Gewisse Historiker sind der Auffassung, der Aufstieg des russischen Bären und des chinesischen Drachen gehe letztlich auf die Mongoleninvasion und -Herrschaft im 13. Jahrhundert zurück, von der sich weder Chinesen noch Russen erholten. Wahrscheinlich sei es diese tiefe Wunde, die die beiden Länder sehr viel später anstachelte, alles zu tun, um groß und stark zu werden. Wie das Sprichwort sagt, «kratze einen Russen und ein Mongole kommt zum Vorschein.»

Die Entwicklung der Städte in den Randgebieten Chinas deutet eindeutig auf eine regionale geopolitische Neuordnung hin. Innerhalb von zehn Jahren ist eine Veränderung eingetreten: Die beiden Hauptakteure sind nicht mehr die gleichen: Während die Amerikaner ihr Netz von Militärbasen in Zentralasien ausweiten, setzt China weitsichtigt auf den Außenhandel, der schon immer die beste Methode der Kolonisierung war. Dank seines starken Wirtschaftswachstums ist es in der Lage, in russisches Erdöl zu investieren. Vor kurzem hat China den Hafen von Karachi fertiggestellt und in Pakistan eine Freizone geschaffen für den Verkauf von Produkten *made in China*. Demnächst wird es einen Teil der Karakorum Highway verbreitern. Überall in Zentralasien baut China Straßen, um seine billigen Produkte vertreiben zu können; außerdem bemüht es sich darum, die Seidenstraße neu zu beleben. Aus dieser Perspektive sähe China gerne die Einführung eines gemeinsamen Visums für ganz Zentralasien.

Nach drei Wochen Pause in Kashgar starten wir wieder, auf der einzigen Straße, die (seit 2002) für Ausländer in Richtung Südostkirgistan offen ist. Vor dem Zoll kommt ein riesiger Lkw-Parkplatz. Die Uhr am Grenzposten steht auf Pekingzeit, obwohl Peking ganze 5.000 km weiter östlich liegt … Auf die Minute genau gehen die Zollbeamten, dicht nebeneinander, weiß behandschuht, in Militäruniform in ihre Büros. Heute passiert nur eine Person die Grenze: Ein Russe, der eine Expresstour in China hinter sich hat – 17.000 Kilometer in einem Monat! – Die Ordnung, die in diesem Land herrscht, sagt er, gefalle ihm.

Hier sind wir also dabei, uns auf den Wodkaplaneten zu begeben, in eine andere Kultur einzutauchen, eine andere Epoche, in die Ex-UdSSR. Nach sieben Kilometern Niemandsland kommen die gewaltigen Pamirgipfel, deren höchster die 7.000 Meter übersteigt. Die Tadschiken nennen dieses Hochland Bam-i-Dunya, Dach der Welt. Es ist nach dem Himalaja das zweithöchste Bergmassiv. Der kirgisische Zoll ist ein wahrer Autofriedhof: Verrostete Container, Lkws der russischen Armee, radlose Wagen dienen als Unterkünfte. Die staubigen Läden haben nicht mehr anzubieten als 1994. Seit 1989 ist das Benzin, das auf tausend Schleichwegen aus Russland hergeschafft wird, teuer und oft gepantscht. Tankwagen, Ölkanister, abgeschnittene Plastikflaschenhälse als Trichter ersetzen die Tankstellen. Beim geringsten Gefälle stellen die Fahrer den Motor ab. Vor uns auf der Straße zieht ein Pferd einen orangefarbenen *Moskovich*, um ihn zum Start zu bewegen... Der Kontrast zwischen den Nachbarländern ist schockierend: Auf chinesischer Seite nagelneue Containerlaster, auf kirgisischer Seite vorsintflutliche Fahrzeuge aus russischen Beständen. In den Ländern der ehemaligen UdSSR, herrscht seit ihrer Unabhängigkeit in den neunziger Jahren entsetzlicher wirtschaftlicher Stillstand.

Nach den Ländern des Yak und des Kamels sind wir nun im Land der Pferde. Die Straße wird abgelöst von einer steinigen Piste, wo die jungen Reiter als würdige Nachkommen Dschingis Chans ihr Pferd mit der Peitsche ungestüm antreiben. Diese Menschen fühlen sich frei, das sieht man ihnen an! Im Gegensatz zu den Chinesen sind die Kirgisen extravertiert. Hoch zu Ross sprengen sie auf ihren herrlichen Hengsten heran, um unsere Fahrräder in Augenschein zu nehmen und kurz darauf im Galopp zu verschwinden. In einem Tal rauchen drei Jurten und lassen ein wilderes, halb-nomadenhaftes Dasein vermuten. Maryan Khan, eine Kirgisin in den Fünfzigern, bietet uns Tee an, wie in Tibet mit gesalzener Butter, dazu gibt es *smetana* aufs Brot, saure Sahne, die sie mit einem Handrührgerät zubereitet. Sie macht auch *kumiss*, fermentierte Stutenmilch, die den Durst löscht und die Eingeweide leerfegt! Der Ofen wird mit Ziegendung beheizt. Unsere gebräunten Gesichter glühen vor Hitze. Die Hunde sind ebenso gut genährt wie ihre Besitzer und genauso freundlich. Überall auf dem Planeten stellt man fest, dass Hunde ausführlich Auskunft geben über Sitten und Gebräuche ihrer Herrschaft. Wie man mit Tieren umgeht, geht man auch mit Menschen um.

Hie und da entdecken wir Mini-Bunker, stillgelegte Polizeikontrollposten *post-gai*, und alte Kolchosen, Symbole aus der Zeit der Sowjets.

Die Pamirkette liegt verschneit in voller Herrlichkeit vor uns; sie scheint unheimlich nahe, als bräuchte man nur die Hand auszustrecken, um sie zu berühren. Eine weite Kurve führt nach Sary -Tash, ein Dorf, dessen Häuser mit ihren spitzen Dächern sich bereits auf die Härt des nächsten Winters vorbereiten. Kaum sind wir angekommen, da läuft uns schon ein Mädchen mit kurzen Haaren entgegen, ganz in rot gekleidet, fröhlich wie ein Sonnenstrahl und ruft einladend: «*Sleep! Sleep!*» Am Haus angekommen, ziehen wir die Schuhe aus. Drinnen setzen wir uns auf den Boden, der mit der mit wunderschönen *shyrdaks,* Decken aus Filz, mit traditionellen Mustern bestickt, ausgelegt ist. Nach dem Essen spielen wir mit den jüngeren Brüdern unserer kleinen Freundin. Der Abend verläuft in heiterer Atmosphäre. Als wir aber am nächsten Morgen aus dem Haus wollen, sind Nathalies Schuhe weg. Ungern, aber was bleibt mir anderes übrig, mache ich Druck, schwöre, dass ich Sary-Tash nicht verlasse, bevor ich die Schuhe meiner Frau wieder habe! Ich weiß aus Erfahrung, dass man um jeden Preis fest bleiben muss und marschiere sofort zum *milicia,* allerdings ohne große Überzeugung. Dreimal klopfe ich an die Türe, und der Sheriff, rund und dick wie ein Pulverfass, wälzt sich aus dem Bett, wo er gerade den Rausch vom Vortag ausschläft. Mit meinem russischen Notvokabular erzähle ich kurz, worum es geht, er hört mir zu, ergreift einen Schöpflöffel und bietet mir einen Becher *kumiss* an «*Kirghizki Whisky!*» Mit pedantischer Genauigkeit säubert er seine weißen Turnschuhe, bevor er mich mit einem «*Pachli*» (gehen wir) schwankend durchs Dorf führt. Sheriff Tokie wird für Ordnung sorgen. Er ballt die Hand zur Faust. Der Dieb hat nichts zu lachen. Die Ehre seines Landes ist ihm hoch und heilig… doch die vielen Worte sind keine Kopeke wert.

Im Lauf des Tages finden wir ihn wieder, zusammen mit einem seiner Kumpane. In einem schwarzen Lada mit getönten Scheiben strecken sie laut schnarchend alle Viere von sich und erholen sich vom letzten Saufgelage. Als der Sheriff uns erblickt springt er aus dem Wagen, knallt den Schlag hinter sich zu und schwört: «Heute Abend entgeht er mir nicht. Der Kerl ist oben auf dem Berg beim Heumachen, da kommt man nur zu Pferd hin. Kauf doch so lange ein paar neue Schuhe im *magazin*». Mit diesen Worten lässt er mich stehen.

Als guter Verkehrspolizist hat er den sowjetischen Zauberstab mitbekommen, um sein Gehalt aufzubessern. Wenn er seinen Stock schwenkt, zittert die Erde. Die Fahrer stehen auf der Stelle still. Verkrampftes Lächeln, heuchlerisches Händeschütteln, man klopft sich auf den Rücken, und ein Schein gleitet von einer Hand in die andere. Lässig wirft Tokie seine magere Beute auf den Rücksitz seines Dienstwagens.

Die Leute im Dorf grinsen, wenn wir vorbeigehen und deuten mit dem Zeigefinger auf die Plastikgaloschen, die Nathalie, obwohl viel zu groß, von unseren Gastgebern geliehen hat. Ganz Sary-Tash weiß Bescheid.

Jetzt schlage ich einen schärferen Ton an. Von den Nachbarn weiß ich nämlich, dass die Familie schon Routine hat. Ich drohe der Mutter, ihr den Hals umzudrehen, und wir durchsuchen das ganze Haus, mit dem lästigen Gefühl, die Privatsphäre der Familie zu verletzen, aber nur, um sie in die Enge zu treiben. Der Betrunkene, der im Haus herumschwankt, anscheinend der Vater, spricht kein Wort. Die Mutter regt sich auf und befiehlt ihm, etwas zu tun. Ein zweites Haus wird durchsucht, ergebnislos. Einige Stunden später sind Nathalies Schuhe wie durch ein Wunder wieder da, die ganze Familie ist in der Küche versammelt ... und verlangt von uns Geld für die Übernachtung!

Am Morgen strahlt die Sonne über dem weißbereiften Gras. Wir können die Umrisse des Pik Lenin – 7.134 Meter hoch – erkennen, auf den der Pole Tomasz Sovinarshi kürzlich sein Fahrrad hinaufbeförderte, nur um im *Guiness Book* zu erscheinen!

Der Pamir Highway – Pamirski Trakt –, 1933 von den Sowjets gebaut, führt schnurgerade in Richtung des gewaltigen Massivs. Das altpersische *pamir* bedeutet «grasbewachsenes Hochland» und Paw-i-Mur «die Beine der Sonne». Die Chinesen haben die Bezeichnung Congling Shan, «Zwiebelberge».

Wir fahren zur einzigen tadschikischen Grenze, die für Ausländer aus Kirgistan geöffnet ist. Unser tadschikisches Visum läuft in einer Woche aus. Um die Gegend von Gorno-Badakhshan – den Ostteil von Tadschikistan – zu besuchen, ist eine besondere Genehmigung erforderlich, die wir aber nicht haben. Wir hoffen, dass wir sie dort bekommen können, und beschließen, es zu riskieren. Doch «darf niemand in Unkenntnis des Gesetzes sein» wie wir auf unsere Kosten noch erfahren.

Im letzten März in Indien fing es an, in der tadschikischen Botschaft von Neu Delhi, als wir unser Visum abholten. Der Konsul hatte nicht den nötigen Stempel für Gorno-Badakshan, aber er beruhigte uns: «An Ort und Stelle können Sie das leicht regeln.» Unsere ersten Tage scheinen das zu bestätigen. Jenseits des Kizyl-Art Passes (4.280 Meter) kommen wir an einen Grenzposten: Zwei zu Unterkünften umgebaute Tankwagen, ein verrostetes Portal und ein *roadblock*. Der Zöllner, dessen Lächeln seine vielen Goldkronen blitzen lässt, holt den Stempel aus dem Safe und bestätigt damit unsere Einreise, ohne überhaupt nachzuprüfen, ob wir den berühmten Schein haben. Beim zweiten Pass, dem Uy Bulak (4.232 Meter) sind die drei Polizisten ganz bescheiden in einem Container mit Etagenbetten untergebracht, der auch als Büro dient. In dieser verlassenen Gegend (auf 45 % des nationalen Territoriums wohnen nur 3 % der Bevölkerung), ist unser unerwartetes Erscheinen eine wunderbare Gelegenheit, sich ein paar Scherze zu erlauben. Der Eifrigste trägt uns sorgfältig in ein Schulheft ein, ... ohne zu merken, dass wir gar keinen Schein haben. Der Jüngere kommt mit zwei prächtigen Hörnern des hier heimischen vom Aussterben bedrohten *Marco Polo sheep*, auf das Polizisten und Grenzposten anscheinend besonders scharf sind. (Im Ausland sind die Hörner sehr begehrt, im Basar ist das Fleisch des Tieres billiger als Hammel.) Sie bewaffnen sich alle mit ihrer Kalaschnikow, steigen auf unsere Räder und lassen sich vor dem Portal des *checkpoint* unter allgemeinem Gelächter ablichten. Wir können problemlos weiterfahren.

Einige Tage später erreichen wir das Städtchen Murghab, wo wir sofort zur Polizei gehen, um uns registrieren zu lassen. Die Angestellte öffnet unsere Pässe und zu ihrem Entsetzen stellt sie fest, dass wir die Genehmigung nicht haben. «Das habe ich noch nie gesehen», ruft sie aus. Fälschlicherweise führe ich ihre Reaktion auf die Verlegenheit des Bürokraten in unvorhergesehenen Situationen zurück. Sie kritzelt etwas auf ein Stück Papier und gibt es uns mit der Bemerkung, es würde uns im *Ovir* von Khorog alle Türen öffnen. Khorog ist die nächste Stadt, etwa 300 km entfernt. «Fahren Sie sofort los» fügt sie mit Nachdruck hinzu. Unsere Zeit ist knapp bemessen, also müssen wir ein Transportmittel auftreiben. Die sind allerdings selten, sehr selten! Es gibt es nur ein paar alte vergammelte Jeeps und Minibusse, die die russische Armee zurückgelassen hat. Doch das Glück scheint uns hold. Noch am gleichen Abend schlägt uns Isatcho, der Lehrer war und aus Notwendigkeit zum Businessman avancierte, vor, uns in seinem Minibus hinzubringen. Die tadschikische Gastfreundschaft verpflichtet, unsere Fahrt beginnt mit einem Essen im Familienkreis, erst dann steigen wir ein. An der ersten Kurve hält unser Chauffeur vor einem Privathaus um aufzutanken. Fünfzig Meter weiter setzt der Motor aus. Gepantschtes Benzin! Mit Wasser oder Diesel verdünnt. Wir helfen das Vehikel zu Isatcho nach Hause zu schieben, wo er uns für die Nacht beherbergt. Heute keine Abreise!

Am nächsten Morgen fährt glücklicherweise ein anderer Minibus, diesmal ein vorsintflutliches Gefährt, nach Khorog. Da die Karre nicht startet, hantiert der Hilfs-Chauffeur mit einer langen Kurbel, während der Chauffeur mit einem Küchenmesser den Zündschlüssel ersetzt. Teile alter Sicherheitsgurte halten die wackligen Türen und Fenster. Die Kupplung schleift, das Getriebe knirscht, als könne es jeden Moment auseinanderbrechen. Der Kassettenspieler kreischt, die Karre stottert, und wir fahren endlich im strahlenden Sonnenschein Richtung Khorog! Volle Kraft voraus!

Zwei kirgisische Schreiner mit runden Kugelaugen reißen Witze, während Pookeza, von Beruf Englischlehrer, uns mit trauriger Miene berichtet: «Der Bürgerkrieg (1992 bis 1997) und die Korruption haben unser Land fertiggemacht. Ohne den Aga Khan hätten wir das gar nicht überlebt. Hier gibt es keine Arbeit. Unsere Kinder haben zwar Diplome, gehen aber fast alle nach Russland. Von ihrem mageren Lohn schicken sie uns noch Geld, um uns zu helfen. Die, die hier bleiben und nichts zu tun haben, trinken oder nehmen Drogen.»

Trotz der Vermittlung einer lokalen Reiseagentur fühlen wir im *Ovir* von Khorog sofort, dass die Sache brenzlig wird. Es fragt sich nur, was sie mit uns vorhaben. Die Bürochefin, eine Walküre mit fahlem Teint und Raubtierlächeln kommt ohne Umschweife zur Sache. Sie stelzt auf hohen Absätzen umher, als sei sie direkt aus einem Roman Kunderas entsprungen. «*Straff!*»(Strafe), stößt sie hervor, ein Wort, das im letzten Weltkrieg aus der deutschen Sprache übernommen wurde. «290 Dollar» ruft sie triumphierend. «Ich tue Ihnen einen Gefallen, Sie zahlen nur eine Straff für zwei.» An ihrer Logik lässt sich nicht rütteln. Ohne Strafe keine Genehmigung, ohne Genehmigung kein Visum. Wir brauchen nur den Stempel, und der Stempel ist in ihrer Hand! Diese Beamtin, ein unverfälschtes Produkt *made in UdSSR*, ist leider keine Ausnahme in diesem Land, wo in verstaubten Amtsstuben noch immer der Geist der sowjetischen Ära weiterlebt.

Wir sind empört gegen diese Bürokratie, die Touristen so schlecht behandelt. Wir empfinden das umso bitterer, als die Bevölkerung, die der Bürgerkrieg total ruiniert hat, uns während des kurzen Aufenthalts so viel Herzlichkeit und Wärme entgegenbringt. Etwas verstimmt lassen wir die atemberaubende Schönheit der Pamirkette hinter uns und fahren mit dem Jeep nach Duschanbe, um unser Visum so schnell wie möglich zu verlängern.

Das Abenteuer mit den tadschikischen Bürokraten ist damit leider nicht beendet. Bis wir die zwei Wochen Verlängerung bekommen, ist schon eine um! Unsere überstürzte Reise in die Hauptstadt verstärkt unser Gefühl der Bitterkeit, besonders weil Nathalies Rückflug in die Schweiz bevorsteht. Nun habe ich ein kirgisisches Visum für zwei Einreisen und muss zu meinem Bedauern nach Bishkek das Flugzeug nehmen, da die zweite Landgrenze zwischen den beiden Ländern gesperrt ist.

Unsere gemeinsame Reise hat zwei Jahre gedauert und soll jetzt plötzlich sang- und klanglos zu Ende sein? Es fehlt der schöne Abschluss, für den die hohen Gipfel des Pamir eine prächtige Kulisse gewesen wären.

Missglückte Abreise

> ***Wenn du an der Weggabelung stehst, und ein Weg führt hinauf und der andere hinunter, geh hinauf. Hinunter geht es zwar leichter, aber am Schluss endet man in einem Loch.***
>
> *Tiziano Terzani*

«Grün oder schwarz?» Mit dieser Frage beginnt der neue Tag in Zentralasien. Ich sitze auf einer Holzestrade, die mit Teppichen belegt ist; den Rücken bequem aufs Kissen zurückgelehnt, genieße ich die ersten Sonnenstrahlen in einer *tchaikhana*, wo sich schon der erste Duft knusprigen frischen Fladenbrote verbreitet. Für 10 Schweizer Rappen leiste ich mir eine Kanne Tee, grün oder schwarz. Aber heute reicht das nicht, um mich zu trösten. Wie Samowardunst hat ein innerer Nebel von mir Besitz ergriffen. Ich werde melancholisch, verliere jeden Zeitbegriff, fühle mich von meinen Wurzeln losgelöst, spüre weder meine Flügel noch Anhaltspunkte, bin außerhalb der Welt ausgesetzt. Ich sage mir, dass ich reise, um zu fühlen, neue Eindrücke zu spüren … nicht unbedingt schöne, aber stets lehrreiche … doch es nützt nichts, eine traurige Einsamkeit überfällt mich und nimmt mir jeden Schwung. Ich denke an Nathalie. In einer Nacht ist sie von einem Kontinent auf einen andern geflogen, hat in wenigen Stunden zwei Jahre Straße hinter sich zurückgelassen und ist wieder zu ihrer Familie zurückgekehrt. Ich fühle mich seltsam, unvollständig, als ob die Reise ohne sie nicht mehr viel Sinn hätte. Ihre Gegenwart war so selbstverständlich und natürlich für mich geworden. Ich frage mich, ob es eine Fortsetzung geben wird. Im Gegensatz zu ihrer Abreise aus Ägypten, wo ich eindeutig dieses Gefühl hatte, sehe ich ihre Rückreise jetzt als etwas Endgültiges. Wiederholen wird Nathalie diesen Marathon nicht, aber stolz kann sie sein, dass sie das schöne, entsetzlich harte Abenteuer durchgestanden hat. Obwohl wir weiterhin ständig in Kontakt bleiben, trennen uns Tausende von Kilometern, es besteht die Gefahr, dass wir uns entfremden. Ich bezweifle, dass sie zurückkommt, um noch ein Stück gemeinsam zu fahren. Trotzdem habe ich nicht die geringste Lust nach Hause zurückzukehren und beschließe einfach weiterzuradeln. Dass es auf meinem Weg viele Hindernisse geben wird, weiß ich noch nicht. Hätte ich sie als Zeichen interpretieren sollen, dass ich Schluss machen muss mit der Fahrerei, eine neue Richtung einschlagen, auf andere Weise leben? Ich kann es nicht. Ich fühle, dass es kein Zurück gibt. Ein kirgisisches Sprichwort, typisch für das Nomadendasein, kommt mir in den Sinn: «Wenn dir noch ein Tag Leben bleibt, verbringe die Hälfte davon im Sattel.» … aber heute habe ich wirklich keine Lust, im Sattel zu sitzen. Erst muss ich meine Ruhe finden.

An den Nachbartischen lassen sich betagte Männer nieder – nach ihren weißen Bärten *aksakal* genannt – und ziehen die hohen schwarzen Lederstiefel aus. Sie tragen einen *caftan* aus Filz, der in der Taille durch einen Stoffgürtel zusammengehalten wird. Ich schaue sie an und frage mich, ob die Kirgisen wirklich recht haben mit ihrer Redensart, dass nicht der weise wird, der lange lebt, sondern der, der am meisten gereist ist. Es riecht nach Fleisch, der Koch steht vor dem Kessel, um das für Zentralasien typische Mahl vorzubereiten, den *plov.* Dieses traditionelle Gericht mit seinen mindestens 45 Varianten schreibt vor: Das Fleisch darf weder zu alt noch zu frisch sein, die jungen Möhren müssen jauchzen vor Freude, die Zwiebel muss scharf sein wie ein Säbel. «Die Reichen essen plov, die Armen essen nichts anderes als plov,» *Plov* ist absolut demokratisch, eine seltene Eigenschaft. Eine alte Legende erzählt, Tamerlans Heere hätten dank der Bärenkräfte die sie dem plov zu verdanken hatten, Alexander den Großen besiegt, was ihn so beeindruckte, dass er sich prompt nach dem Rezept erkundigte.

Anfang Oktober 2007 verlasse ich Bishkek mit betrübter Seele, den Körper in mehreren Schichten fest eingepackt. Der Winter ist schon da, viel zu früh, nicht nur in meinem Innern, auch draußen in der Natur. Ich habe verlernt, alleine zu zelten. Das geringste Geräusch stört meinen Schlaf und hält mich wach. Ich denke zurück an den bitterkalten Winter 1994/95. Die kirgisischen Straßen waren drei Monate vereist. Zum Glück luden mich die gastlichen Kirgisen ständig in ihre Wohnwägen ein, damit ich mich aufwärmen konnte. Inzwischen ist die Wirtschaft total zusammengebrochen, aber die Gastfreundschaft blieb unverändert.

«Sibirien! dreh um, es schneit oben. Kannst mitfahren nach Bishkek!» rufen mir die entgegenkommenden Lkw-Fahrer in der Steigung zum ersten hohen Pass vom Kabinenfenster aus zu. Aber ich will um jeden Preis weiter und weiß, dass ich mich oben in ein Haus flüchten kann. Es wird steil und steiler, der Wind heult in den Ohren. Ich steige ab, kann mich kaum aufrecht halten, die Sohlen rutschen auf dem Schnee, der in dichten Flocken fällt.

Endlich sehe ich die Lichter des Polizeiposten, dann die Fenster, die halb mit Eisblumen zugefroren sind. Die Pass-Tunnelstation von Tuus Asau, in

3.200 Meter Höhe zeigt die Windstärke von 50,4 km pro Stunde und eine Temperatur von minus 15 Grad. Der junge Bedienstete, der mich im Schneesturm kommen sieht, macht sofort die Türen einen Spalt auf, um mich hineinzulassen. Er ist stark wie ein Stier, im Ringkampf geübt wie alle seine Kollegen. Alle tragen russische Militäruniformen, haben eine dicke *chapka* und eine Kapuze auf dem Kopf und sehen aus wie pelzgeschmückte Sumoringer, deren Standfestigkeit absolut nichts, nicht einmal ein Erdbeben erschüttern könnte. Aikbel ist Techniker: Er arbeitet am Bildschirm und überwacht die Fahrzeuge, die den Tunnel passieren. Er ist schlau und vermietet mir sein Bett für die Nacht. Für die 100 Soms, die er dafür verlangt, kann er sich allerhand Wodka hinter die Binde gießen. Pro Monat verdient er nur 4.000 (weniger als 100 Euro). Ich sage gerne ja, zum Verhandeln bin ich viel zu erschöpft. Die Nacht bricht herein, wir gehen alle in den Speisesaal, setzen uns nebeneinander auf die Bänke und essen Kartoffelsuppe. Timur, fest und stämmig, grinst und nennt mich einen Spion. Vor knapp zwanzig Jahren wurden in der UdSSR alle Ausländer als potentielle Spione angesehen und keiner durfte mit ihnen sprechen.

Die Gesichter färben sich rötlich-blau, ohne dass ich weiß, ob es die Wirkung des Alkohols ist oder der Kälte. Ein Kirgise namens Eldar offeriert mir nochmals ein randvolles Glas des Universalheilmittels wobei er sich mit dem Zeigefinger gegen den Hals tippt und mit der Zunge schnalzt; in seinem Suff gelingt es ihm herrlich, das Gluckern des Wodka im Flaschenhals nachzuahmen. Mein neuer Freund Aikbel steckt sich für die lange Nacht ein Brot und ein Stück Butter in die Tasche.

Die Piste schlängelt sich in ein enges Tal, in dem ein reißender Bach rauscht. Das gelbe Laub der wenigen Bäume bildet einen leuchtenden Kontrast zu den weißen Bergen. Ich fahre an Friedhöfen vorbei: Jurtenförmige Mausoleen aus sandfarbenem Backstein, von verrosteten Eisenstrukturen gehalten, die dem Wind preisgegeben sind. Die Wiesen, auf denen sonst große Herden von Karakulschafen weiden, sind schon verschneit. In der Ferne zeichnet sich eine Reitergruppe mit dunklen Umhängen vor dem Hintergrund der kahlen Landschaft ab, die nur noch zwei Farben kennt: weiß und schwarz. Als sie auf meiner Höhe ankommen, nähert sich einer von ihnen – ich sehe sein kantiges Gesicht und die blauen Augen – und wirft mir ein Seil zu – um mich ins Schlepptau zu nehmen!

Von hier bis zur chinesischen Grenze werde ich am laufenden Band eingeladen. «Komm rein zum Tee» ruft mich der Bauer, als ich an seinem Hof vorbeifahre. Er stellt mich gleich seiner Familie vor, die zu Ehren eines verstorbenen

Sohnes heute ein Lamm geopfert hat. «Lass es dir schmecken, das ist was Feines», ruft er und macht sich mit einem spitzen Messer am Kopf des Tieres zu schaffen. Als Gast habe ich Recht auf den Schwanz, nicht unbedingt das schmackhafteste Teil, aber hier ist am meisten Fett, ein Symbol für Wohlstand und Reichtum. Die Mutter reicht einen Teller Hirn mit Gemüse und gebratenen Zwiebeln herum. Einer der Söhne gibt mir ein Stück Ohr und ein blaues Schafsauge – und blinzelt mir zu. «Mäh» sage ich und alle brechen in Gelächter aus. Was wäre Kirgistan ohne seine Schafe!

Wie überall in der Ex-UdSSR haben auch hier viele Familien alte Wohnwagen umgebaut und gleichzeitig Schlafzimmer, Laden, Küche und Restaurant aus ihnen gemacht. «Schlaf nicht im Zelt, sonst fressen dich die Wölfe! Komm rein!» Auf diese Einladung folgt sofort die nächste. «Grün oder Schwarz?» und wir sitzen um die heiße Kanne.

Ich bin erstaunt, in dieser einfachen Umgebung so viele neue Mercedes zu sehen. Ein Taxichauffeur klärt mich auf: «Nix Maffia! Unser Kapital sind die Tiere. Tausende von Schafen und Ziegen, dazu Hunderte von Pferden. Für ein ordentliches Schaf bekommst du 100 Dollar, und in einem Jahr verdoppelt sich die Herde! Ein neuer Mercedes kostet 25.000 Dollar, ein gebrauchter 5.000. Die Rechnung ist schnell gemacht!»

Als ich am künstlichen See von Toktogul ankomme, kocht mir der Chef einer *tchaikhana* ein Fischgericht. «Es gibt mehr illegale Fischer als Fische im See», ist sein Kommentar. Aibek ist 54 und erzählt stolz, dass er zwei Jahre in Ungarn stationiert war und 1981 zwei Wochen in Finnland verbrachte. «Echten Sozialismus» gebe es nur in Norwegen, sagt er. Er beugt sich über meine Zentralasienkarte. «Dieses Tal in Tien Shan hat unser Ex-Präsident Akaev im Jahr 2000 den Chinesen für 3 Milliarden Dollar persönlich verkauft. 1991 hätte es wegen diesem Stück Land beinahe zwischen Russland und China Krieg gegeben.»

Die künstliche Aufteilung Zentralasiens, die vergisst, dass sich die Völker im Laufe vieler Jahrhunderte vermischt haben, war Werk sowjetischer Theoretiker. Bereits 1924 fürchtete man die Einheit der muslimischen Gemeinschaft. Täglich kann ich feststellen: Was für mich meist nur einen Umweg bedeutet, wurde mit der Unabhängigkeit der neuen Republiken ein wahrer Alptraum für ihre Einwohner. Aus der Vogelperspektive sieht es aus, als hätte ein Betrunkener Grenzlinien gezogen und Enklaven geschaffen, die ebenso wenig Sinn haben wie Wodkatropfen, die aus Versehen auf der Tischdecke landen. Als ich 1995 hier reiste, kam keiner auf die Idee, meinen Pass zu kontrollieren. An jeder Grenze waren die Zöllner hauptsächlich darum besorgt, dass ich weder mit leerem Magen noch mit leeren Händen weiterfuhr! Ich genoss grenzenlose Freiheit und wurde allerorts mit offenen Armen aufgenommen. Man konnte spontan reisen. Mit der touristischen Entwicklung ist das Visum oft weniger eine Sache der Verwaltung als ein lukratives Geschäft.

«Für die Alten war die Sowjetunion besser», sagt eine kirgisische Lehrerin, «sie hatten eine sichere Stelle, keine Inflation und konnten sich frei im ganzen *Sovietsky Soyuz* bewegen. Heute können die Jungen ins Ausland, können dazulernen, das teure Visum müssen sie natürlich bezahlen. Aber ihre Welt ist größer geworden. Dummerweise verlangt man jetzt auch ein Visum für die Nachbarländer, wirklich die Höhe! Das ist der neue Nationalismus. Da wird die Welt wieder kleiner. Zum Glück gibt Putin uns allen die Möglichkeit, in Russland zu arbeiten».

Die Piste liegt schnurgerade vor mir. Mit Mühe und Not schaffe ich sieben Kilometer pro Stunde. In der milchigen Atmosphäre kann ich die Pamirkette erraten. Zahllose unverwüstliche Lkws der Marke *kamazs* und *zils*, auf denen Berge chinesischer Fernsehapparate festgeschnallt sind, die unbekümmert über die Seiten hinausstehen, keuchen die steinige Piste hinauf. In Nura, einem kleinen Dörfchen, erklärt mir Almaz, der beim kirgisischen Zoll arbeitet, dass die Chinesen die Straße vielleicht nächstes Jahr – *Inch Allah* – asphaltieren. «In der sowjetischen Zeit musste auf diesen verdammten Baggern wie ein Irrer ziehen, um die Gänge reinzukriegen, die Chinesen machen das mit Eleganz: Weiße Handschuhe und auf den Knopf gedrückt, alles elektronisch!» Zwei Männer, die schon etliche Glas Wodka in sich haben, kommen herein und lehnen ihre alten geflickten Gewehre gegen die Wand. Sie setzen sich im Schneidersitz nieder und erzählen. «Wir jagen Wölfe. Hier bekommen wir für ein Fell 4.000 soms (ca.90 Euro). Die Chinesen zahlen für das ganze Tier 20.000!» Sie halten die Chinesen für verrückt, denn die essen alles, Esel, Hunde, Wölfe. Aber es ist ein gutes Geschäft!

Jangilai, die schöne junge Frau von Almaz, breitet eine Wachstuchdecke auf dem Boden aus, bricht das Brot und reicht jedem ein Stück. Almaz, der als einziger ein paar Worte Englisch kann, klärt mich über die lokalen Bräuche auf: «Weißt du, dass ich meine Frau aus ihrer Familie entführt habe? Das ist bei uns Sitte. Sie hatte mich zwar noch nie gesehen, aber ihr Vater war einverstanden. Eines Abends fuhr ich mit ein paar Freunden im Auto hin und brachte sie hierher …»

Endlich bin ich an der chinesischen Grenze, die ich vor etwa einem Monat in umgekehrter Richtung passierte. Der schneidenden Kälte trotzend, steht ein Posten auf einer Plattform und schwenkt automatisch wie eine Marionette ein rotes und ein grünes Fähnchen. Im Wagen, in dem der *checkpoint* untergebracht ist, sitzt eine Gruppe junger Soldaten vor dem Kohleofen und reibt sich die Hände. Ein breiter Ledergürtel hält die Uniformen, die für ihre kaum der Pubertät entwachsenen mageren Gestalten viel zu weit sind. Linkisch und neugierig durchsuchen zwei von ihnen auf Anordnung ihres Vorgesetzten meine Taschen, während er sich einen Spaß daraus macht, sie dabei zu filmen.

In Kirgistan hängt in vielen Lokalen – kyrillisch geschrieben – eine Weltkarte an der Wand. Nach der Grenze existiert allein die Chinakarte, der Planet wird auf das Land der Mitte reduziert!

Ein willkommener Geruch von Ingwer und Pfefferschoten strömt aus den Imbissbuden, die eine nach der andern in einer Reihe stehen und ihre Köstlichkeiten anbieten. Nicht umsonst sind wir in einem Land, in dem man sich – Höflichkeit verpflichtet – mit der Frage begrüßt: «Hast du heute gegessen?» Ich lasse es mir schmecken, während im chinesischen Fernsehen ein Heer von Radfahrern pedantisch gehorsam eine Parade für die olympischen Spiele in Peking vorbereitet.

Da mir die chinesische Botschaft in Duschanbe nur ein Touristenvisum für einen Monat ausgestellt hat, schicke ich meinen Pass aus Kashgar per Express an eine Reiseagentur in Shanghai, in der Hoffnung, ein sechsmonatiges Visum als Businessman zu erhalten. Das ist der einzige, zwar teure, aber legale Weg, wenn man das riesige Land mit dem Fahrrad durchfahren will. Nach zwei Wochen kommt mein Pass zurück, mit dem bewussten Visum. Ich bin glücklich!

Eigentlich will ich in den Bus nach Ali steigen und meinen Freund Janne Corax treffen, um mit ihm, wie in Kashgar geplant, auf den einsamen Pisten nach Lhasa zu fahren. Dieser unermüdliche Erforscher der Dschang Thang Gebiete kennt die gottverlassenen menschenleeren Ebenen des Nordens wie seine Westentasche, er hat sie mehrmals durchstreift, oft mehr als vierzig Tage nonstop. Doch im letzten Moment sagt er ab.

Ich beschließe daraufhin, von Kashgar aus alleine weiterzustrampeln, um mich nach und nach an Höhe und Kälte zu gewöhnen und endlich einen Traum zu verwirklichen, der mir seit 1995 keine Ruhe lässt: Westtibet im Winter zu durchqueren. Um nicht die ganze Strecke zu wiederholen, die ich 1995 und vor einigen Monaten fuhr, entscheide ich mich für eine verbotene Piste im chinesischen Pamir. Was mir dabei fehlt, ist eine zuverlässige Karte, deshalb nehme ich Kontakt auf mit Stephen Mc Cutcheon, einem Engländer, der sich momentan in Ürümqi befindet und dabei ist, sie Strecke Neu-Delhi – Peking auf dem Kamel zurückzulegen. Im August war er erst dort, und versorgt mich mit wertvollen Informationen. Über die Gegend sind allerlei Gerüchte im Umlauf. Manche behaupten, Ben Laden habe sich dort versteckt gehalten, andere, seriösere Quellen sagen, chinesische Sondertruppen hätten Januar 2007 dort eine ansehnliche Karawane mit Drogen aus Afghanistan abgefangen. Das hermetische Schweigen der Chinesen in politischen Angelegenheiten verhindert, dass über diese Region – für Ausländer verboten – Informationen nach außen sickern.

Die Pappeln verlieren ihre letzten Blätter und werfen einen kalten Schatten auf dem Asphalt. Über den Kanälen in den Feldern liegt Dunst. Sobald ich Kashgar in Richtung Pakistan auf meinem schwer mit Proviant beladenen Yak hinter mir gelassen habe, bricht die Einsamkeit der Strasse über mich herein. Hohe Berge auf einem festen Sockel goldener Erde kommen in Sicht: Kongur, Kongur Tobe und Muztagh-Ata (Vater der gefrorenen Berge), drei Gipfel von über 7.500 Metern unter dem strahlenden Himmel des Pamir! Am Ufer des Karakul, des «schwarzen Sees», stehen falsche Jurten aus Zement, die im Winter zu Kühlhäusern werden, auf den rissigen Wänden chinesische Schriftzeichen mit politischen Parolen. Sie nehmen sich seltsam aus in dieser Landschaft, die kein Maß kennt. Wie die Tibeter werden alle Minoritäten gezwungen, ihre Häuser dem Fünfjahresplan entsprechend, im Namen des Fortschritts im «gewünschten» Stil neu zu bauen …

Ich passiere einen Pass von über 4.000 Metern, bevor ich die Stadt Taschkurgan erreiche, die erste Etappe meiner Akklimatisierung. Am nächsten Morgen begebe ich mich auf die verbotene Piste, die zwischen hohen Felswänden durchführt. Die Flüsse sind erstarrt unter dem Eis, der Wind pfeift. Nur die baktrischen Kamele und die Yaks sind ungerührt, majestätisch wie immer. Ich verbringe die Nacht in einer verlassenen Schäferei. Aber nach 74 mageren Kilometern erwischt mich die Polizei auf der Straße, für meinen Geschmack etwas zu leicht. «Tashkurgan, police station, passport» sagt der Hüter des Gesetzes.

Er führt mich zum Posten eines kleinen Dorfes, kontrolliert meine Dokumente und schreibt etwas auf ein Blatt Papier, das er mir in die Hand gibt. Dann steigt er in seinen Jeep … mit meinem Pass in der Tasche! Mein Protest hilft nichts, er saust davon. Verdutzt stehe ich auf den Stufen zur Wache, mit einer Quittung, die ich nicht lesen kann.

Im Lauf der Jahre habe ich mit der chinesischen Polizei allerhand erlebt, aber jetzt bin ich baff. Diese Dreistigkeit! Trotzdem habe ich volles Vertrauen, meinen Pass zurückzubekommen, wahrscheinlich in Tashkurgan. Die Leute aus dem Dorf, meist Uiguren Kirgisen und Tadschiken, haben alles mit angesehen und stehen ohne ein Wort resigniert herum. Wissen sie, dass auch für Ausländer strenge Regeln gelten? Der Hunger treibt mich in die einzige *tchaikhana*, wo ich das plötzliche Gefühl der Leere in mir behebe. Die Photokopien meiner Landkarten – für die neurotische Polizei immer verdächtig – landen sofort im Ofen und gewisse Digitalphotos werden gelöscht. Schließlich fahre ich im Minibus nach Tashkurgan zurück, zusammen mit vier Burschen, die wie Fabrikschlöte rauchen und eifrig Sonnenblumenkerne essen und die Schalen gekonnt auf den Boden spucken. Das Tal ist eine riesige Baustelle. Es sollen Staudämme errichtet werden und überall stehen grässliche Behausungen, in denen die Taglöhner untergebracht werden.

Endlich erreichen wir Tashkurgan, die steinerne Stadt, nur 120 Kilometer von der pakistanischen Grenze entfernt. Trotz unseres Schneckentempos komme ich vor meinem Pass an der Polizeistation an. Die Ausstattung ist vorsintflutlich: Zwei Eisenbetten, Tisch, Thermosflasche, Telefon, und dazu der plärrende Fernseher, der die olympischen Spiele in Peking als Ereignis nationalen Fortschritts preist. Der Polizeikommandant, ein weichlicher Typ von der sympathischen Sorte, spricht Russisch mit mir, unsere einzige gemeinsame Sprache. Er stellt fest, dass mich kein Hotel aufnehmen wird, da ich keinen Ausweis habe. Zehn Minuten später erscheint der «Dieb» (Synonym für Polizisten in vielen Ländern), meinen roten Pass in der Hand.

Am nächsten Morgen werde ich im Kellergeschoss des neuen Polizeigebäudes verhört. Drei Mann sind erforderlich, um mir den Garaus zu machen! Der Chef fragt: «Was ist der Zweck ihres Besuches in China?» Sein Adjutant schreibt mit der Hand die Stationen meiner Fahrt auf, wie sie aus meinen Visen ersichtlich ist. «Sind Sie informiert über die Ereignisse in Pakistan?» (Die rote Moschee in Islamabad wurde jüngst von der pakistanischen Armee gestürmt.) Ich errate, worauf er hinaus will und sage «Musharaf!» Darauf er: «GPS» – «Nein!» Ich denke an die sechs muslimischen Extremisten, die von der chinesischen Armee in dieser Gegend vor wenigen Tagen erschossen wurden. Auf seinen Befehl lasse ich vor den Augen seines Untergebenen die Bilder meiner Digitalkamera vorbeilaufen, die am Vortag konfisziert worden war. Der grinst seinen Chef an, als er sieht, dass ein gutes Dutzend Bilder nur zeigt, wie die Leute in den Dörfern ihre Nudeln machen. Von Spionage keine Spur! Ungerührt sieht er die vielen Aufnahmen der Maostatue in Kashgar. Sein starres Lächeln lässt keine Schlüsse zu über seine Gedanken. Die Übersetzerin, eine junge tadschikische Reiseführerin, die fließend Englisch spricht und Sympathie für mich hat, beruhigt mich. Wenn ich den Bericht unterschreibe, bekomme ich keine Strafe, sagt sie. Also setze ich feierlich meine Unterschrift und meinen Fingerabdruck unter den langen Bericht, der wie so viele irgendwo vermodern wird. Eine Stunde später bin ich wieder auf freiem Fuß, in den Straßen von Tashkurgan, noch ganz verwirrt ob dieser glücklichen Wendung.

Auf dem Rückweg nach Kashgar ist der Muztagh-Ata von Wolken verhängt. Den Wind im Rücken, sause ich schließlich 2.000 Meter hinunter nach Kashgar … zum dritten Mal in diesem Jahr! Trotz des bitteren Nachgeschmacks einer missglückten Abreise hat mich der kleine Umweg durch den chinesischen Pamir bestens an Höhe und Kälte akklimatisiert. Jetzt kann ich es mit dem Winter in Tibet aufnehmen.

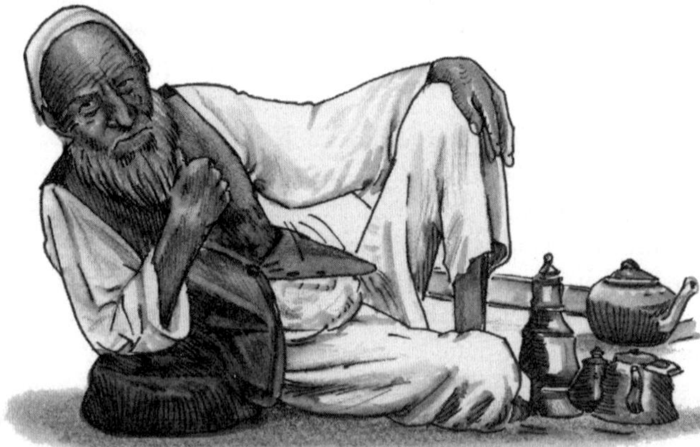

Winter in Tibet

Wenn ich nicht zurückkomme
Wisst, dass ich nie fortging
Ich reiste nur, um hier zu bleiben
Hier, wo ich nie gewesen bin

Giorgio Caproni

Man sieht den Winter mit bloßem Auge kommen. Am Vorabend meiner Fahrt durch eine der kältesten Regionen des Kontinents packt mich die Vorfreude, aber auch die Unruhe, vorallem weil ich die einzige nach Lhasa führende Piste schon kenne. Ich fahre Richtung Osten, auf der gleichen Strecke – heute asphaltiert – wie Ella Maillard und Peter Flemming im Jahr 1935. Dieser Südweg der Seidenstraße führt über Hotan, die Jadestadt. Obwohl mein Stahlross mit etwa 20 Kilogramm Proviant beladen ist, bin ich schneller als manche Uigurenfamilien, die, in Pelze eingehüllt, auf ihren Eselswagen sitzen, und an denen der stetig wachsende Strom der Jeeps, deren Fahrer «weder Augen noch Herz» haben, rücksichtslos vorbeidonnert. Der Wind zerstreut die Baumwollbälle, die von den Lkws herunterwehen. Mit einem Sack auf der Schulter laufen die Bauern die Straße ab, um das weiße Gold einzusammeln. Der Horizont verschwimmt in der fahlen Wintersonne. Irgendwo gibt es Fleisch am Spieß. Der Geruch steigt mir in die Nase. Ein Esslokal, das kommt mir gerade recht. Ich wasche mir am Eingang die Hände, schüttle sie aber nach Landessitte nicht ab, denn für die Uiguren ist Wasser ein Glücksbringer, den man möglichst lange bei sich behält. Innen sitzen die Pappelpflanzer an breiten Tischen. Ein kurzer Bart umrahmt ihr Gesicht mit der feinen Nase und den dunklen Augen. Ihre x-mal zusammengeflickten sandigen Schaffellumhänge, haben die Farbe der Wüste angenommen. Obwohl ich mich unbemerkt einschleichen wollte, drehen sich alle Köpfe und starren mich mit tausend Augen wortlos an …

Auf die zentralasiatischen Gebirge folgt nach und nach das riesige Tarimbecken im Nordwesten Chinas. Hier begegnen sich die Zivilisationen von Weizen – aus Mesopotamien – und Reis – seit fünftausend Jahren in China heimisch. Ich wende der Wüste radikal den Rücken zu, fahre den Höhen des Himalaja entgegen. Wieder habe ich das lebhafte Gefühl, abzuheben, den festen Boden der Realität zu verlassen. Vier Monate vorher sausten Nathalie und ich die gleichen Abhänge hinunter, von Wärme und Fülle der Ebene angezogen. Damals war Melonenzeit. Heute ist Pusa ein einziger verschlafener weltabgekehrter Basar, der sich mit der Kälte des Winters auf den Umkreis einiger Kohleöfen reduziert; das Geräusch der Mobiltelefone und die indischen Serien, die dank DVD ewig laufen, stören den Winterschlaf kaum.

Ab jetzt ist mein tägliches Brot die Einsamkeit in der Kälte und Stille der N219. Die Welt des Asphalts habe ich verlassen, meine einzige Gesellschaft sind die Telegraphenstangen, die mit unerträglicher Regelmäßigkeit am Weg stehen.

... Im ersten verlassenen *doban* hält eine Karawane mit zwanzig Kamelen. Drei Kirgisen sind dabei, in Kübeln große Klöße aus Maismehl zu formen, um die herrlichen Tiere zu füttern. «Jedes Kamel trägt 150 Kilogramm Jade. Ein Kilo wird in Shanghai auf dem Markt für 300 Yuan gehandelt, aber ich bekomme nur fünf!» erklärt mir der älteste von ihnen. Jade, deren Farbe von tiefgrün bis weiß variieren kann, wurde zunächst wegen ihrer Härte zu Geräten oder Werkzeugen verarbeitet, später zu Schmuck. Die Chinesen schrieben dem Stein lange Zeit magische Kräfte zu, weshalb die taoistischen Alchimisten auf ihrer Suche nach Unsterblichkeit auch immer winzige Stückchen Jade zu sich nahmen ...

Feinziselierte Faltengebirge, brüchig wie Sandburgen schließen mich ein in bedrückende Stille. Nur wenn die Sonne im Zenith steht, regen sich die im Eis erstarrten Flüsse. Dünne Rinnsale fangen an zu gluckern wie eine Badewanne, die sich leert, und das Geräusch jagt mir einen freudigen Schauer durch den angespannten Körper; mein Geist taucht auf aus seiner seltsamen Benommenheit. Vorne ist für meinen Oberkörper Sommer, während der Rücken dem Winter preisgegeben ist. Wenn nur eine Wolke die Sonne verhüllt, fällt die Temperatur erbarmungslos. Die Kälte ist hinter mir her, verfolgt mich und reißt mich ständig aus dem Schlaf.

Die Sonne erreicht nur den oberen Teil der Felswände. Temperatur: Minus 13 Grad. Verbissen gehe ich zu Fuß, um die schmerzenden Zehen warmzukriegen, die mir sonst erfrieren. Auf dem Rad kann ich mit den großen Bergschuhen die Füße unmöglich warmhalten, die Sohlen sind zu starr. Der Wind heult. Eine *chapka* der chinesischen Armee bedeckt mir die gefühllosen Ohren.

Türkisgrün, voller Eisblöcke, liegt der Yarkand zwischen den kalten Ufern. Die herbe Landschaft ist zerfurcht von seinen Zuflüssen, die zur Reglosigkeit erstarrt sind. Ich muss mich bewegen, um nicht dem gleichen Schicksal zu erliegen. Also wieder in den Sattel. Die Wellblechpiste zwingt mich zum Schneckentempo von knapp fünf bis sieben Kilometern pro Stunde. Auf halbem Weg zum Xaidullapass (4.955 Meter) laden mich uigurische Arbeiter zu einer Schüssel Reis mit Gemüse in ihr Zelt ein, aber danach stürze ich mich schnell wieder hinaus in die Kälte – ich will weiter, bevor es Nacht wird.

Die Höhe nimmt mir den Atem, und die schwache Steigung erschöpft schon meine Kräfte. Es schneit kleine Flocken. Seit dem Erwachen habe ich heute keinen Strahl Sonne gesehen.

Die Talfahrt rüttelt mich gehörig durch, die innere Wärme, unter so großen Anstrengungen während der Auffahrt gespeichert, ist sofort weg. Ich flüchte mich in den ersten *doban*, habe wie ein Tier die archaische Reaktion, Schutz vor der Gefahr zu suchen. Nur weg aus dem Wind! Der Ort ist ein Geschenk des Himmels! Mit mechanischen Bewegungen zünde ich den Kocher an, lege die zwei Matratzen hin und packe das Essen aus…

Um Energie zu sparen, wird nicht mehr gedacht, sondern gehandelt, die Gesten werden präzise und sparsam; hier geschützt zu sein, welche Erleichterung! Ich kauere mich zusammen. Der Ort erscheint mir ein Paradies auf Erden – nicht ganz falsch, denn das altpersische «Paradies» bedeutet «mauerumschlossener Garten».

Am nächsten Morgen prasselt draußen noch in der Dämmerung ein Feuer, das mich magnetisch anzieht. Die Flammen schießen in die Höhe, der junge Hilfs-Chauffeur hat offensichtlich nicht viel Ahnung, unbekümmert vergeudet er den großen Stoß Holz vor dem *doban*. Dem Lkw-Fahrer ist die Schmiere für die Bremsen ausgegangen, weil er die Tücken der Straße kennt, will er die Ankunft eines anderen Fahrzeugs abwarten. Er lädt mich zum Mitfahren ein. Aber ich will noch an meinen Weg glauben, trotz der Temperatur, die gewaltig sinkt.

Wie die Wintertage werden auch meine Etappen kürzer. Ehrlich gesagt, reizt mich die Perspektive nicht allzusehr, ein drittes Mal die gleiche Fahrt zu machen, die ich schon auswendig kenne. Nach 14 Tagen und 800 Kilometern ohne Halt liegen die entsetzlichen Hochebenen von Aksa Chin vor mir (225 Kilometer auf mehr als 5.000 Meter Höhe). Ich zögere. Ich bekomme Zweifel. In Dahongluitan schlagen meine großen Zehen Alarm: Sie sind vor Kälte aufgedunsen. Es gelingt mir, sie nach und nach am Feuer aufzuwärmen, was verdammt wehtut. Ich weiß, wenn es drauf ankommt, siegt nicht der Kopf, sondern der Körper: Um jeden Preis weiterzufahren bringt ganz sicher die Gefahr mit sich, dass ich mir Erfrierungen zuziehe.

Nach einer Nacht in diesem Geisterort, der nur aus zwei Reihen armseliger Hütten besteht, wo ich aber einmal im Warmen schlafen kann, weiß ich, was zu tun ist. Ich träume von einer seltsamen Welt, die geformt ist wie ein menschlicher Körper. Der Westen ist der Kopf (Wissenschaften und Entdeckergeist), Indien der Nabel (metaphysische Suche), Südamerika das Herz (das leidenschaftliche Temperament), Afrika der Mund (Ausdruckskraft und Musik), und Australien die Füße (die Eingeborenen sind seit vielen tausend Jahren Nomaden). Ich bin wieder zu Verstand gekommen. Beim Aufstehen bin ich wie verwandelt, meine innere Ruhe ist wieder hergestellt, mein Entschluss gefasst. Zwei wortkarge geschäftstüchtige Chinesen nehmen mich samt Fahrrad auf ihrem Lkw in Richtung Ali mit. Der Schnee hat die windgepeitschten Hochebenen von Aksa Chin mit einem weißen Leichentuch bedeckt. Schon bald bricht die Nacht herein. Das Geräusch des Motors, das immerwährende Vibrieren des Fahrzeugs auf der ausgewaschenen Piste und die Lichtkegel der Scheinwerfer geben mir den eigenartigen Eindruck, eine Mondlandschaft zu durchfahren mit dem sicheren Gefühl, wohlbehalten am Ziel anzukommen. Ein durch und durch erfreuliches Gefühl.

Der Winter ist da und wird noch lange dauern. Ich bleibe eine Woche in Ali. Jeden Tag wache ich auf mit der festen Absicht, es mit der unwirtlichen Jahreszeit aufzunehmen, die Kraftprobe zu wagen, aber am Abend sind alle meine guten Vorsätze buchstäblich vom Winde verweht. Die Zeit und andere Orte der Welt existieren für mich nicht mehr. Ich mobilisiere alle meine Kräfte, will mit aller Gewalt diesem unerbittlichen Winter trotzen, lebe nur im Jetzt. Bei den Telefongesprächen mit Nathalie wächst das gegenseitige Unverständnis. Kein Wunder, unser Alltag ist zu verschieden. Unser Kontakt leidet unter der Entfernung, unsere Worte scheinen nur noch an einem dünnen Faden zu hängen. Ich bräuchte in dieser bitteren Kälte jemanden, der mich unterstützt, Nathalie bräuchte das Gefühl, geliebt zu werden, die Zeit wird ihr lang. Jeder gleitet ab in seine Einsamkeiten, jeder auf seinem Weg, in ganz verschiedene Richtungen.

Zur Abwechslung habe ich vor, die Nordroute zu wählen, eine Piste von 1.000 Kilometern mit zwei sehr hohen Pässen. Ich kaufe Proviant, und vor allem einen chinesischen Militärschlafsack, die dritte Schicht, die für die nächtliche Kälte unentbehrlich wird. Nach kaum 20 Kilometern blockiert sich mein Rad. Ich bremse automatisch, aber es ist zu spät. Ein schlecht befestigtes Tuch unter meinem Sattel ist auf die Kette gefallen, und hat den Kettenumwerfer herausgerissen, der wie Glas zerspringt. Ein wesentliches Teil, das nicht geflickt werden kann! Traurig sehe ich meinen Yak auf der Seite liegen. Ich begreife, dass er diesmal für mich entschieden hat. Die winterliche Durchquerung hat er mir unmöglich gemacht, und bestimmt auch Erfrierungen erspart. Meine Reaktion ist widersprüchlich: Revolte und Erleichterung. Ich bin zwischen Kopf und Herz gespalten. Im Land des Karma erscheint der Zwischenfall als eine Art Fehlleistung, die Unbewusstes an die Oberfläche bringt. Es bleibt mir nur eines übrig, alles zu akzeptieren und von der guten Seite zu nehmen.

Da ich ständig gegen die Kälte ankämpfe, fühle ich mich immerzu in der Defensive. Zahllose Fragen wirbeln mir durch den Kopf. Lohnt es sich, so zu leiden? Hat uns die jüdisch-christliche Kultur beigebracht, uns so viel aufzuerlegen für so wenig Glück? Wenn der Sommer zu Ende geht, steigen die Nomaden in die Täler hinunter. Und ich, was habe ich denn hier oben zu suchen? Ist es die Höhe, ihre Schönheit? Jage ich einem Paradies nach, der inneren Ruhe, einem Traum? Einem Glücksgefühl? Oder ist es nur Leistung, Kraftakt, und nichts weiter als Ausdruck einer bornierten Lebenseinstellung? Was werde ich finden, außer mich selbst, ohne Notwendigkeit gepeinigt durch die Folgen meines eigenen Wahnsinns? Wünsche ich mir nicht auch ein Minimum an Freude und Vergnügen? Muss das Spiel nicht aufhören, sobald die physische Integrität bedroht ist? Wenn die Gefahr des extremen Abenteuers Körper und Leben mehr zerstört als es uns in die Höhe trägt, lohnt es sich dann überhaupt noch? Das Unbekannte erforschen, ja, aber nicht um jeden Preis.

Heute Morgen steige ich mit dem Gefühl der Enttäuschung in einen Bus mit Liegesitzen, und vergrabe mich in Decken, die offensichtlich noch nie eine Wäsche gesehen haben. Eingeengt in meinem Sitz chinesischer Dimensionen – viel zu klein für meine Länge – entdecke ich den hohen tibetanischen Himmel aus der Horizontalen.

Mitten in der Nacht, nach 59 Stunden holpriger Piste, erreiche ich endlich Lhasa, ausgelaugt, aber erleichtert. Zum fünften Mal bin ich in dieser Stadt. Und wie froh, hier zu sein! Ich bin entschlossen, diesmal mein Winterlager in Lhasa aufzuschlagen. Es ginge auch gar nicht anders. Ab dem nächsten Tag leide ich unter einem entsetzlichen Husten, der auch nachts nicht nachlässt. Mein Körper, der während der Anstrengung immer durchgehalten hat, droht in der Entspannung zusammenzubrechen. Ich gehe in ein Krankenhaus für traditionelle tibetanische Medizin, aber die Kügelchen, die man mir dort zu schlucken gibt, haben nicht die erhoffte Wirkung, mein Husten wird schlimmer. Ein deutscher Arzt verschreibt mir Antibiotika, doch auch die nützen nichts. Als nächstes horcht mich eine spanische Ärztin ab, entdeckt nichts entsetzlich Schwerwiegendes und gibt mir ihrerseits noch mehr Pillen. Aber alle Mittel, die ich einen Monat lang schlucke, bringen im extremen trockenen Höhenklima von Lhasa meine Lungeninfektion nicht zum Verschwinden.

Die knapp zehn Radler in der Stadt logieren alle im gleichen billigen Hotel, das seine Zimmer, wie hier üblich, ohne Heizung monatsweise vermietet. Alle haben eine Weltumradelung vor, bis auf Janne, den ich hier wieder treffe. Thorsten aus Deutschland ist auch nicht gut in Form. Zusammen begeben wir uns ins Militärkrankenhaus, um noch eine Diagnose stellen zu lassen. Heizung gibt es in dieser Institution keine, der Wind fegt durchs ganze Haus, wo Ärzte wie Patienten vom gleichen Husten geschüttelt werden. Die Röntgenaufnahme unserer Lungen lässt keinen Zweifel: Lungenentzündung. Eine knappe Woche lang lassen wir uns allmorgendlich im Taxi dorthin bringen, werden eine Zeitlang an den Tropf gehängt und später wieder geröntgt. In der Untätigkeit verändert sich unser Zeitgefühl. Der neue Rhythmus, vor allem der des extremen tibetanischen Winters, lehrt uns Geduld. Er bringt uns bei, auf ein langsames sesshaftes Leben umzuschalten. Was sollen wir machen? Unsere Gesundheit ist geschwächt, jeden Tag schmieden wir neue Pläne. Die Lungenentzündung nagelt uns zwei Monate in Lhasa fest und zehrt mehr als einmal an unserer Moral.

Wir teilen das gleiche Zimmer und werden gute Freunde. Nachts husten wir mehr als zehn Stunden um die Wette, am Morgen nehmen wir auf dem Dach des Hotels in dicke Steppjacken gehüllt, ein endloses Frühstück ein und verbessern die Welt. Zusammen mit den anderen klappern wir nach und nach alle Restaurants in Lhasa ab: Ob tibetisch, chinesisch, hui, koreanisch, alle kommen an die Reihe. Manchmal kaufen wir auf dem Markt ein und kochen im Zimmer. Komfort gibt es keinen, außer der warmen Dusche, die dank der Sonnenpanelen gelegentlich funktioniert, und der elektrischen Decke, die ich mir gekauft habe. Internet und Skype geben uns das seltsame Gefühl, nicht nur hier zu sein, sondern gleichzeitig auch am anderen Ende der Welt.

Ich spüre, dass der Winterschlaf in Lhasa eine radikale Wendung auf meiner Reise mit sich bringt. Wie soll ich diesen erzwungenen Stillstand verstehen, wie darauf reagieren? Soll ich in die Schweiz zurück? Es ist nicht der erste harte Schlag, den ich unterwegs erlebe. Ich weiß, dass die Temperaturen im Frühling milder werden und hätte Lust, noch sechs Monate in Tibet zu verbringen, bevor ich im Sommer nach Hause fahre. Um Nathalie wiederzusehen, und meine Eltern, die nicht mehr die Jüngsten sind, außerdem will ich Reklame machen für die italienische Übersetzung meines Buches «*Durchgedreht*», die im September herauskommt. («*Durchgedreht*» schildert sieben Jahre Weltumradelung des Autors. 3. Auflage 2004, Reise Know-How Verlag, Bielefeld)

Das Zeitverständnis auf Reisen und im sesshaften Leben unterscheiden sich wie Tag und Nacht! Unterwegs fällt der regelmäßige Arbeitsrhythmus und jede Form der Verantwortung für die andern weg. Ein gewisser Sinn für die Realität gerät mir dadurch abhanden. Das Alleinsein gibt mir Raum für meine Empfindungen. Reisen bedeutet nicht nur Zeitverschiebung, sondern Verschiebung schlechthin, bedeutet mit offenen Augen träumen, und das möchte ich noch zwei Jahreszeiten lieber tun als alles andere!

Im Winter findet Lhasa ein wenig zu sich selbst zurück. Losar, das tibetische Neujahrsfest, rückt näher. Die Nomaden, dicke Ziegenfelle umgehängt, strömen in die «Stadt der Götter». Pilger, Vagabunden, echte und falsche Bettler umlaufen um den Jokhang – den heiligsten aller heiligen Tempel Tibets – der schon seit dem 7. Jahrhundert ein wichtiges religiöses Zentrum ist.

Die Einwohner eines ganzen Dorfes kommen hier an. Sie waren auf dem Mount Kailash und haben ein Jahr gebraucht, um die Strecke ab Amdo in tausend und abertausend rituellen Niederwerfungen zurückzulegen Jeder von ihnen verneigt sich, um die *katha*, das heilige Tuch entgegenzunehmen, das er zur Begrüßung erhält. Solche Wallfahrten scheinen unveränderlich, aber im heutigen Lhasa, einer sinisierten Stadt von 300.000 Einwohnern, wirken sie wie ein Anachronismus. Ein businessman aus Shanghai, der hierher gekommen ist, um sich einige Tage zu erholen, hat recht. «Ich fahre nach Lhasa», sagt er, «weil sich seine Atmosphäre noch von der anderer chinesischer Städte unterscheidet. Aber in fünf Jahren ist das vorbei, dann komme ich nicht mehr.» Der chinesische Wirtschaftsboom erreicht das Hochplateau mit voller Wucht, viele bleiben auf der Strecke und betteln auf der Straße. Immer mehr Tibeter, auch Geschäftsleute, Pilger und Mönche stehen, aus Not oder Opportunismus, vor riesigen grellen Supermärkten oder schicken Boutiquen, die bei jungen Chinesinnen in sind, und halten die Hand auf.

Seit Januar hat die Polizei in der Hauptstadt eine Aktion gestartet, «zum Ausmerzen der illegalen Aktivitäten, die das Bild der Stadt trüben und die soziale Ordnung stören». Dieses Programm soll, «ein harmonisches und zivilisiertes Umfeld für die olympischen Spiele ermöglichen», erklärte der hochrangige Polizeifunktionär Yu Hongyuan, wie die Nachrichtenagentur *Chine Nouvelle* zitiert… Wie schon vor Urzeiten pflegt der Chinese auch heute sein Image, alles andere scheint nicht so wichtig.

Ich spucke noch immer, was das Zeug hergibt, genau wie die Chinesen, die die Kunst des Spuckens schon seit langem zum Nationalsport erhoben haben, außer während der olympischen Spiele. Da wird es nämlich bestraft.

Durch die Krankheit hat sich mein ganzer Körper verkrampft, und meine Reisepläne scheinen ins Wasser zu fallen. Ich werde daran erinnert, dass eine Reise nicht an ihrer Länge zu messen ist, ebensowenig wie eine Gipfelbesteigung an der Höhe des Berges. Ich bin am andern Ende der Welt gestrandet und fühle mich plötzlich alt. Aber ich weiß: Wie ein Schiff nicht für den geschützten Hafen, sondern für das hohe Meer bestimmt ist, muss auch ich wieder hinaus, um in meinem Element zu sein…

Die ersten Tage im Februar sprüht der Himmel in Lhasa wie ein einziges Feuerwerk. Auf den Gipfeln ringsum brennen Feuer aus Wacholderzweigen. Ständig legen Neuankömmlinge Äste dazu, geben etwas *tchang*, ein paar Hände voll *tsampa* und mit mythischen «Windpferden» bedruckte Papiere dazu. Heute ist Losar. In diesem Jahr fällt dieses Fest genau auf den Tag des chinesischen Neujahrsfest! *Tchang* fließt in Strömen, zwei Wochen lang geht alles drunter und drüber, und gleichzeitig betet man um den Schutz der Götter. Auf jedem Haus, auf jedem Berg, jedem Felsvorsprung flattern Schnüre, manchmal 100 Meter lang, mit nagelneuen Gebetsfahnen, die die Tibeter aufziehen wie die Matrosen ihre Segel. Rikschas fahren durch die Straßen, berstend voll mit Waren, oder neigen sich unter der Last ganzer Familien, die sich in ihrem besten Feiertagsstaat herumfahren lassen. Die Frauen haben große Perlen aus Bernstein, Türkis oder Koralle in ihre langen Zöpfe eingeflochten. Auf den Gehsteigen drängen sich die Menschen. Die Erwachsenen werfen Fahrradreifen auf ein Glas und schießen auf Luftballons. An einer Kreuzung machen sie Halt und essen in Bambusschälchen einen Joghurt aus *dri*-Milch. Eine Ecke weiter stehen Metzger vor dem Hackstock und zerteilen mit dem Beil die Leiber der geschlachteten Yaks. Die Fußgänger müssen den langen Ketten von Knallfröschen ausweichen, mit denen sich die Kinder amüsieren.

Vor dem Jokhang herrscht mehr Ruhe und Sammlung. Ein eigenartiges Geräusch ist auf dem von Millionen frommer Niederwerfungen glattgeschliffenen Vorplatz zu hören. Die Wallfahrer, Hände und Füße mit Kartonstücken oder alten Benzinkanistern geschützt, werfen sich der Länge nach auf den kalten Stein vor dem Tempel. Durch die Wiederholung dieser Bußübung erwerben sie Verdienste für ihr nächstes Leben. Ab und zu gönnen sie sich eine Pause und wärmen sich mit einem Becher Tee. Auf rührende Weise imitieren die Kinder das Ritual der Erwachsenen. Die Wallfahrer stehen Schlange, manchmal viele Stunden, um ins Allerheiligste einzutreten und die Statue von Jowo zu berühren. Unaufhörlich, mit Ruhe und Entschlossenheit, umkreist eine dichtgedrängte Menschenmenge den Tempel.

Hinter der Feststimmung entdecke ich ein Gefühl erstickter Revolte. Vereinzelt hört man spontane Proteste. «Am 17. Oktober, als der Dalai Lama die Goldmedaille vom amerikanischen Kongress erhielt, wurde unser Kloster von der Armee umstellt. Der Truppenkommandant schlug unseren Rimpoche. Als Zeichen des gewaltlosen Widerstands begannen die Mönche, die Mauern zu weißen. Wir machen das nur bei außergewöhnlichen Ereignissen. Mehrere von uns wurden festgenommen und eingesperrt», sagt ein junger Mönch und seufzt. Mit einer raschen Handbewegung zieht er einen USB-Stick aus den Falten seines Gewands und zeigt mir auf dem Bildschirm eine Aufnahme: Acht Lkws stehen vor seinem Kloster. Danach folgen Schwarzweissaufnahmen aus der Zeit der chinesischen Invasion. Auf einem sieht man oben auf dem Jokhang ein Portrait Maos anstelle des *Dharmachakra* – des Rades, das die gesamte Lehre Buddhas symbolisiert. Hinzufügen muss man, dass der Ort während der Kulturrevolution Schweinestall und Schlachthof geworden war ... Auf anderen Bildern sieht man Tibeter, die gezwungen werden, durch die ganze Stadt zu laufen, mit einem Schild um den Hals, auf dem ihre Selbstkritik zu lesen ist. «Ich weiß, dass unsere Sprache verschwinden wird, auch unsere Klöster, aber ich wehre mich bis zum Ende», sagt mein Gesprächspartner ernst. «In der gleichen Woche», flüstert er, «kamen Spione in die *tea houses*. Die Tibeter lieben ihre *tea houses,* trinken endlos Tee oder *chang* und diskutieren, wie man die Welt verbessern könne. Manche haben anscheinend zu viel gesagt. Sie wurden nach Hause verfolgt und sind verschwunden ...» Hat man sie in ein *laojiao* gebracht, eines der brutalen Lager, wo sie durch Arbeit umerzogen werden sollen?

Aber nichts deutet darauf hin, dass es am Freitag, den 14. März, zu Unruhen kommt, und schon gar nicht in solchem Ausmaß. Konfrontiert mit der tragischen Geschichte der Gegenwart und der unerbittlichen Brutalität der chinesischen Repression, suchen die Tibeter, wie die Opfer aller Diktaturen, Zuflucht im sarkastischen Humor: «Ein Japaner, ein Tibeter und ein Chinese sitzen im gleichen Abteil des höchsten Zuges der Welt. Sie fahren Richtung Lhasa. Nach einigen Kilometern öffnet der Japaner das Fenster und schleudert seine nagelneue Kamera hinaus. Seine Reisegefährten sind entrüstet. ‹Ach, mein Land produziert mehr davon als wir brauchen› erklärt er. Es dauert nicht lange und der Amerikaner schickt seinen tragbaren Computer hinterher ... ‹Wir haben das gleiche Problem, wir wissen nicht mehr, wohin damit!› sagt er in aller Ruhe. Eine Stunde später packt der Tibeter seinen chinesischen Mitreisenden und wirft ihn aus dem Zug. ‹Uns geht es genau so. Zuviel ist zuviel.›»

Wenige Städte haben so viel Atmosphäre wie Lhasa. 1642 war es noch ein kleiner Ort, bekannt durch ein einziges Heiligtum, den Jokhang. Mit dem Bau des Potala in der zweiten Hälfte des 17. Jahrhunderts wurde es Sitz der tibetanischen Regierung, und der Palast wurde Residenz des Dalai-Lama. Gegen 1818 schloss die Regierung das Land für Ausländer, wobei sie die Chinesen unterstützten, welche hofften, «ihr» Tibet auf diese Weise vor ausländischen Einfluss zu bewahren. Lhasa wurde für den Westen eine mythische Stadt. Im 19. Jahrhundert kamen drei Personen aus dem Westen nach Lhasa: Der

Engländer Thomas Manningen im Jahr 1811, und die Vinzentinerpriester Gabet und Huc im Jahr 1846. Am 2. August 1904 drang die britische Armee mit Gewalt in die Stadt ein, um die Tibeter zu einem Handelsabkommen mit Großbritannien zu zwingen. Zwanzig Jahre später schaffte Alexandra David-Neel, in Bettlerverkleidung als erste Frau, in die Stadt zu gelangen. Während des zweiten Weltkriegs kamen Peter Aufschneiter und Heinrich Harrer nach ihrer Flucht aus einem englischen Lager in Indien zu Fuß nach Lhasa, wo sie sieben Jahre blieben.

2008 ist die ehemals verbotene Stadt zugänglich geworden wie nie zuvor. Ein immer dichteres Netz asphaltierter Straßen sorgt für die Anbindung Tibets an China. Der höchste Zug der Welt verbindet Peking und Lhasa in etwa 60 Stunden. Auf dem Flugplatz herrscht reger Betrieb, eines Tages werden vielleicht Langstreckenflüge aus der ganzen Welt hier landen! Beunruhigende Gerüchte sind im Umlauf, dass aus Lhasa eine drei-Millionen-Stadt werden soll. Lhasa explodiert. Es steht am Scheideweg zwischen pragmatischer Anpassung oder städtebaulichem Größenwahn. «Aber paradoxerweise bleibt Lhasa nach wie vor verschlossener denn je. Westliche Besucher können viele Tage hier sein, ohne die permanenten Spannungen zwischen Chinesen und Tibetern und die harte Realität der kolonialistischen Politik wahrzunehmen. Der Potala wurde nicht angetastet, aber die alten Viertel werden im Namen von Sanierung, Hygiene, Komfort zerstört. Schöne Worte, die weit pragmatischere Ziele verstecken: Die traditionelle städtische Gesellschaftsstruktur der Tibeter soll zerstört, Unruhen sollen unmöglich gemacht und die Überwachung der Bevölkerung erleichtert werden.» (Auszug aus *Lhasa, lieu du.divin, la capitale des Dalai-Lama*, F. Pommaret, Editions Olizane, 1997.)

Nach fast zwei Monaten Genesungspause muss ich um jeden Preis wieder zu Kräften kommen. In dieser Höhe bedeutet das eine Kraftprobe mit meinem eigenen Körper. Ich keuche wie ein Yak und es fällt mir schon schwer, bei meinen ersten täglichen Ausflügen zunächst die Schwelle von 4.000 und dann von 5.000 Metern zu überwinden. Jedes Mal komme ich müde und erschöpft zurück. Ich zwinge mich zur Anstrengung und befürchte gleichzeitig einen Rückfall. Der Zufall will es, dass zwei andere Globetrotter, Eran aus Israel – ein echter Bergnarr – und Martin aus der Schweiz mit mir zusammen Pläne schmieden. Wir beschließen, uns an die 6.000 Meter heranzuwagen. Ich fahre mit dem Bus nach Shigatse, nehme aber mein Rad mit, damit ich nach unserem Trek im Sattel nach Lhasa zurückkehren kann, um meine Kondition zu verbessern.

Das Gewicht unserer Rucksäcke bringt uns recht schnell zum Schweigen. Der Horizont verschwimmt, die beißende Kälte (heute Morgen minus

22 Grad) geht uns durch und durch. Der Schnee, der dieses Meer an namenlosen Berge bedeckt, von denen die meisten noch nie bestiegen wurden, versetzt uns in eine Welt der Phantasie. Das Geräusch von Steigeisen und Skistöcken findet kein Echo in dieser Landschaft, in der der Nebel alles schluckt. Eran hat Diabetes und muss regelmäßig seinen Zucker kontrollieren. Martin, der schon mehr Erfahrung hat, geht voraus. Wir steigen so völlig illegal auf zwei Berge von mehr als 6.000 Meter Höhe. In China ist nämlich alles, was nicht ausdrücklich erlaubt ist, schlichtweg verboten … Von Zeit zu Zeit verziehen sich die Wolken und geben einen freien Blick auf einen endlosen Ozean von Bergen.

Nach der Besteigung ruhe ich mich in Shigatse ein paar Tage aus. Der Inhaber der Tankstelle, an der ich für meinen Kocher Benzin auftanke, verkaufte bisher Benzin mit Wasser verdünnt (in der Ex-UdSSR häufig), aber der tibetanische Winter duldet das nicht. Die Benzintanks froren unweigerlich ein und die Fahrzeuge blieben gleich nach dem Start stehen. Heute, da ich nach Lhasa aufbreche, brauche ich einen anderen Treibstoff: Ein gutes Essen, Sonnenschein und gute Laune. Das Murmeln des Wassers mischt sich mit dem Vogelzwitschern in den kahlen Weiden. Es tut mir gut und erfüllt mich mit dem Gefühl der Hoffnung, welches gleich wieder von der unausbleiblichen dunklen Wolke vertrieben wird. Der Winter ist noch lange nicht vorbei.

Am Ende des Tages erreiche ich, durch die mühsame Treterei ausgelaugt, Gyantse. Hier geht die Straße vorbei, die von Lhasa kommend, über Sikkim auf dem direktesten Weg nach Indien führt. Die kleine Stadt war einmal Schauplatz bitterer Kämpfe. Zwischen 1800 und 1907 ging es bei der Auseinandersetzung zwischen dem russischen Reich und den Engländern vor allem um Zentralasien und Tibet. 1904 beauftragte der damalige Vizekönig Indiens, Lord Curzon, wegen der Gerüchte einer Allianz zwischen dem Zar und dem Dalai-Lama, Oberst Younghusband, ein Expeditionskorps nach Tibet zu organisieren, mit dem Ziel, Handelsabkommen abzuschließen und die ständige Präsenz eines britischen Gesandten in der tibetischen Hauptstadt sicherzustellen. Der Angriff von Fort Gyantse forderte viele Opfer. 500 tibetische Soldaten leisteten mehrere Wochen Widerstand, bis sie schließlich doch von der englischen Armee besiegt wurden. Die chinesischen Machthaber ließen die Ruinen bewusst als Zeichen des britischen Imperialismus stehen, natürlich auch als Erinnerung an den heroischen Widerstand der Tibeter bei der Verteidigung ihres «Mutterlands China»!

… Die Geschichte macht zuweilen Sprünge und hat manchmal den Schluckauf: 1959 flüchtete der Dalai-Lama über den Nathu-La, worauf der Pass geschlossen wurde. Seit 2006 entwickeln sich vorsichtig ein paar Geschäfte und man spricht bereits von der offiziellen Eröffnung der Passstraße für den Tourismus im Jahr 2011. Durch die für das Jahr 2010 geplante Verlängerung der Bahnlinie Peking-Lhasa bis Shigatse (254 Kilometer), wird Gyantse bestimmt seine strategische Bedeutung zurückgewinnen. Langfristig gesehen wäre der Bau einer weiteren Bahnlinie nach Sikkim oder Nepal für die chinesische Wirtschaft sicher vorteilhaft. So hätte China mit einem Schlag im *Great Game* doppelt gewonnen: Es gäbe eine für China günstige Handelsverbindung zwischen Tibet und dem indischen Subkontinent (alter englischer Traum) und es hätte einen zusätzlichen Zugang zum Meer (alter Wunsch Russlands).

Während der Nacht schüttelt mich wieder ein böser Hustenanfall. Ich befürchte einen Rückfall und begebe mich am nächsten Morgen ins örtliche Krankenhaus. Der Arzt stellt Bronchitis fest, verschreibt mir eine Behandlung und einige Tage Ruhe. Momentan in dieser kleinen Stadt festgenagelt, schlage ich mein Quartier in einem tibetanischen Cafe auf, wo ich die meiste Zeit mit Lesen verbringe oder mich mit dem Eigentümer unterhalte. Norbu erinnert sich: «Mit 17 floh ich, in einer Gruppe von 30 Leuten zu Fuß aus Tibet. Unserem Wegführer hatte ich 2.000 Yuan bezahlt. Wir marschierten die ganze Nacht, so schnell wir konnten und versteckten uns am Tag, um Kräfte zu schöpfen und uns aufzuwärmen. Auf dem Nangpa-La dem Grenzpass zwischen Nepal und Tibet, starben in 5.700 Meter Höhe neun von uns vor Kälte und Erschöpfung – alles Kinder.» Ich kann mir den Ort seiner Flucht gut vorstellen, da ich mich im Frühjahr 2005 als Teilnehmer einer Expedition auf den Cho-Oyu im Basislager aufhielt, von dem aus man einen guten Blick auf den Pass hat.

Norbu legt eine Stück Yakdung ins Feuer und spricht weiter: «In Nepal angekommen, bestachen wir die Polizei, die uns sogar den Bus nach Kathmandu zeigte. Ich blieb viele Jahre in Indien. Aber eines Tages habe ich entschieden, zurückzukehren, um meine Familie zu sehen. Die chinesischen Zöllner, die den Befehl haben, in der Nacht ohne Warnung sofort zu schießen, machten mir Angst. Ich präsentierte mich bei helllichtem Tag ohne Ausweis an der Grenze. Die Polizei nahm mich sofort fest und brachte mich in ein Gefangenenlager nach Shigatse. Erst drei Monate später gelang es meinem Vater und dem Dorfältesten, mich freizubekommen. Ich war überglücklich, habe aber nie erfahren, was meine Befreiung gekostet hat. Monate später wurde ich von der Polizei auf der Straße in Lhasa ohne ersichtlichen Grund auf die Wache beordert, wo ein strenges Verhör stattfand. Der Polizeichef zeigt mir Aufnahmen aus Indien, auf denen ich zu sehen war, an verschiedenen Orten und in verschiedenen Situationen. Wie zum Teufel konnten die Chinesen so in mein Leben im Exil eindringen? Sie versuchten aus mir Informationen über die andern herauszupressen. Habe ich ihnen aber nicht gegeben.»

Seit der chinesischen Invasion in Tibet flüchten noch immer zahllose Tibeter aus Verzweiflung aus ihrem Land und versuchen in die Nähe ihres geistigen Oberhaupts, des Dalai-Lama, zu gelangen. Eltern schicken regelmäßig ihre Kinder nach Dharamsala, damit sie ihre Kultur nicht vergessen.

Am 30. September 2006 wurde die Flucht einer Gruppe von Tibetern brutal verhindert und es kam zur Tragödie. Die chinesischen Machthaber leugneten zunächst und beriefen sich auf «Selbstverteidigung». Der Kameramann einer rumänischen Expedition auf den Cho-Oyu hat die Sache an die Weltöffentlichkeit gebracht. Seine Aufnahmen zeigen, wie eine Nonne von 25 Jahren durch einen Schuss in den Rücken getötet wurde. Von den 70 Flüchtlingen konnten 43 Nepal erreichen, die anderen, darunter Kinder, wurden festgenommen und gefoltert. Ihre Familien mussten riesige Summen an Geld beischaffen um sie auszulösen. Zum ersten Mal wurde ein tibetanischer Flüchtling vor so vielen internationalen Zeugen umgebracht. Mindestens 40 Bergsteiger (Sherpas und Träger nicht eingeschlossen) haben diesen Mord mit eigenen Augen gesehen.

Zurück in Lhasa, meinem «Heimathafen», habe ich meine normale Kondition und seelische Verfassung zurückgewonnen. Ich spüre es: Jetzt ist die Akklimatisierung optimal. Ich möchte der Tibetfahrt einen schönen, harmonischen Abschluss geben, einige dieser herrlichen Gipfel besteigen und auf anderen Pisten herumradeln, und so schicke ich meinen Pass wieder an die Agentur nach Shanghai, um noch ein Visum zu bekommen.

Ich treffe meinen Freund Thorsten wieder und lerne ein junges deutsches Pärchen mit Tandem kennen, Mandy und Benny. Wir planen einen gemeinsamen Trek und eine Besteigung im Gebiet des Karo-La in Zentraltibet. Dieses Massiv wird kaum bestiegen und verspricht aufregende Polartemperaturen!

Langsam gehen wir mit unseren 30-Kilogramm-Rucksäcken durch ein verschneites Tal, umgeben von Gipfeln über 6.000 Metern Höhe. Jeden Tag legen wir eine kleine Strecke zurück, und manchmal finden wir eine Einfriedung aus Steinen, wo wir unsere Zelte relativ windgeschützt aufschlagen können. Im Winter ist in Tibet die Landschaft so wild und kahl, dass wir immer wieder das absurde Armstrong-Syndrom erleben: Man glaubt, der erste Mensch zu sein, der diesen Boden betritt... Bald erscheint die herrliche Kette des Hochhimalaja, die die Grenze bildet zwischen Sikkim und Nepal. Der Blick ist grandios, ganz einfach grandios. Wir richten auf 5.400 Meter für drei Tage ein Basislager ein und unternehmen einige Fußmärsche mit der Idee, die Besteigung zweier wunderschöner Sechstausender zu wagen. Aber das schlechte Wetter und unser Mangel an Ausrüstung und Erfahrung halten uns zurück.

Zerschlagen, mit wettergebräunten Gesichtern, erreichen wir nach zehntägigem Marsch das erste Dorf, wo wir im einzigen Cafe die Rückkehr in die Zivilisation begehen. Die Chefin, eine schöne Tibeterin, serviert uns mit einem herzlichen Lächeln Tee mit Milch und Zucker, ein wunderbares Gebräu, welches uns wieder auf die Beine stellt. Welch Wohltat, in dieses freundliche Haus zu kommen! Das ganze Dorf, in das sich wohl selten jemand verirrt, interessiert sich für uns. Die Frauen laufen vorbei, eine nach der andern, die Kinder auf dem Rücken, und werfen freundlich und neugierig zugleich, einen Blick herein. Mandy, das einzige weibliche Wesen in unserem Gespann, wird sofort in ihren Kreis aufgenommen, und tauscht auch schon ihr Halstuch gegen das der Chefin. Es wird geredet und gelacht, und mit einem Mal ist es dunkel. Doch plötzlich erscheint ein Polizeitrupp und die brüderliche Atmosphäre ist zu Ende. Wir müssen mit den Polizisten nach Nangartse, in den nächsten größeren Ort. Nach kurzer Fahrt beleuchten die Scheinwerferkegel ein riesiges Portal. Ich stelle mich dumm und frage: «Unser Hotel?» Man führt uns eine Treppe hinauf in ein hell erleuchtetes Büro. Der große Chef entschuldigt sich, der Sprache Shakespeares nicht mächtig zu sein und verlangt unsere Papiere. Drei von uns besitzen nur eine Photokopie des Reisepasses (wegen der Visumverlängerung in Shanghai), aber eigenartigerweise scheint das niemanden zu stören. Thorsten hat überhaupt nichts bei sich und schüttelt eine aberwitzige Geschichte aus dem Ärmel, bei der die etwa zehn Polizisten im Raum, die weniger bedrohlich als neugierig wirken, in schallendes Gelächter ausbrechen… «Ich stieg aus dem Zelt, da kam eine Windböe, und hat mir die Photokopie aus der Hand gerissen!» Aus Gründen, die wir noch nicht kennen, haben es die Hüter der Ordnung eilig. Von Strafe lässt der Kommissar keine Silbe verlauten, Thorstens fehlenden Ausweis erwähnt er auch nicht. Er lässt uns ins Hotel begleiten. «Morgen um 10 Uhr», sagt er.

Am nächsten Morgen ist die Polizei ohne jede Erklärung nicht zur Stelle. Wir sind überrascht und verstehen die chinesische Polizei nicht mehr … jedoch für uns ist das eine glückliche Wendung! Wir versuchen, nach Lhasa Autostop zu machen, aber die Fahrzeuge sind dünn gesät. Nach einigen Stunden hält eines und nimmt Mandy und Benny mit. Um die Zeit totzuschlagen, fange ich mit Thorsten, einer Handvoll Kindern und zwei Verkehrspolizisten, die heute auf der Straße nichts zu tun haben, auf dem Asphalt ein Fußballspiel an. Als sich die Sonne verzieht, und die beißende Kälte unerträglich wird, flüchten wir uns in das kleine Cyber-Cafe an der Ecke.

Während für uns die zweite Nacht in Nangartse anbricht, sind wir Lichtjahre davon entfernt, uns vorstellen, was 160 Kilometer von hier geschieht… Sobald die Verbindung da ist, sehen wir, dass wir beide mit mails unserer Freunde geradezu bombardiert werden, weil sie nach dem «schwarzen Freitag» um unsere Sicherheit fürchten. Um mehr zu erfahren, schauen wir in die Web Sites französischer und deutscher Zeitungen. Hier sehen wir Photos von Unruhen in Lhasa. Die Tibeter – offensichtlich schon im Bild – drängen sich um die Computer. Zum Glück ist die Technologie der Zensur immer eine Nasenlänge voraus! Von den Nachrichten total schockiert, muss ich heulen, Tibet und die Tibetaner sind mir so ans Herz gewachsen! Bis spät in die Nacht hängen wir in einem Lebensmittelgeschäft hinter heruntergelassenen Rollläden am Telefon, um von Freunden, die in Lhasa geblieben sind zu erfahren, ob unsere Rückkehr trotz der zahlreichen *checkpoints* der chinesischen Armee möglich ist. Die Neugier lässt uns nicht los, unsere innere Stimme treibt uns, und wir beschließen, so schnell wie möglich zurückzufahren. Wir haben das Gefühl, diesmal ein Rendezvous mit der Geschichte verpasst zu haben.

Am Morgen des 16. März – ein Sonntag – funktionieren die öffentlichen Transportmittel in Tibet wieder normal. Wir nehmen also den Bus. 70 Kilometer vor Lhasa passieren wir den ersten *checkpoint* anstandslos, was manchen Tibetern nicht gelingt. In Chusul setzt uns ein zweiter Bus 25 Kilometer vor der Stadt ab, denn der Chauffeur befürchtet Polizeikontrollen. Er ist so ehrlich, uns einen Teil des Fahrgelds zurückzugeben. Schließlich lässt uns ein mutiger Taxichauffeur einsteigen. Er macht einen gewaltigen Umweg und überzeugt die Soldaten, dass wir unschuldige Touristen sind – obwohl wir keine Pässe haben – die nach Lhasa zurückfahren, weil dort ihre Frauen auf sie warten. Er macht seine Sache so geschickt, dass er uns direkt vor dem Hotel absetzen kann! Wir entdecken das traurige Gesicht von Lhasa, das wir uns nie vorgestellt hätten: Unzählige Kontrollstellen, Patrouillen, geplünderte Geschäfte, ausgebrannte Fassaden, Militärlastwagen und Panzer in den Straßen, ein Bild der Verwüstung, die Atmosphäre angespannt wie nach einem Krieg.

Alles begann an einem Tag mit großer Symbolkraft, dem 10. März, Jahrestag des Aufstands von Lhasa, der 1959 zur Flucht des Dalai-Lama nach Indien führte. An diesem Tag zogen Hunderte von Mönchen der Klöster von Sera und Drepung friedlich durch Lhasa, um für die Befreiung der Mönche zu demonstrieren, die im Oktober 2007 ins Gefängnis geworfen wurden, weil sie die Mauern des Klosters von Drepung frisch weißten, um die Verleihung der Goldmedaille des amerikanischen Kongresses durch Georges Bush an den Dalai-Lama feierlich zu begehen. Die Polizei reagierte, indem sie vor den Augen einer großen Volksmenge auf sie einschlug. Diese beiden Klöster und das von Ganden wurden von der chinesischen Armee umstellt. Das hat seinen Grund. Antichinesischen Manifestationen fangen fast immer mit gewaltlosen Protesten der Mönche an.

Trotz der scharfen Kontrollen während der nächsten Tage, flammten die Manifestationen wieder auf. Am Morgen des 14. März versuchten etwa hundert Mönche des Klosters von Ramoche ins Zentrum von Lhasa zu gelangen und es kam zu Zusammenstößen mit der Polizei. Hunderte von Tibetern schlossen sich der friedlichen Manifestation der Mönche an. Dann brachen Unruhen aus.

Am Nachmittag begannen 300 bis 400 Tibeter die chinesischen Geschäfte zu zerstören und anzubrennen. Einige Chinesen wurden fast totgeschlagen. Bald herrschte Verwirrung. War das eine politische Manifestation oder Vandalismus? Die meisten tibetanischen Läden, erkenntlich an der weißen *katha* auf der Türe, wurden verschont. Aus dem Mund eines Tibeters, der Augenzeuge war, höre ich: «Am 14. März, gegen 14:30 Uhr hielten drei Militärlastwagen vor dem Yokhang und stoppten den friedlichen Zug der Demonstranten, die gerade die dritte *kora* um den Tempel machten. Bewaffnete Soldaten stiegen aus und schossen auf die Menge. Bilanz: 15 Tote. In zwei der Lkws wurden Soldaten befördert, die mit Knüppeln bewaffnet waren».

In einem heroischen Akt rettete ein kanadischer Tourist einen Chinesen, der von einer Gruppe erregter Tibeter angegriffen wurde. Seiner Meinung nach kam die Verwüstung spontan zustande. Ein anderer sah Tibeter, die Benzinkanister aus ihren Rucksäcken herausholten ... Die Touristen, die nicht weiter konnten als auf das Dach ihres Hotels, haben brutale Szenen und viele Brände gefilmt. Als die Flammen ihr Hotel bedrohten, gerieten manche in Panik. Ladenbesitzer, die nicht heraus konnten, wurden lebend verbrannt. Eine große schwarze Wolke bedeckte die Altstadt. In dieser Atmosphäre extremer Spannung «fühle er sich wie zu Hause», sagt ein Israeli! Eine Reisende aus Rumänien muss beim Anblick solcher Brutalität an die russische Armee denken. Im Hotel wurden Wasser und Elektrizität abgestellt. Ein Tourist filmte, wie Tibeter und Chinesen solidarisch auf eine Mauer steigen, um dem Feuer zu entrinnen.

Die Polizeitruppen – die vor allem aus Tibetern bestanden – umzingelten die von den Tumulten erfasst Stadtviertel, intervenierten aber nicht. Von Angst ergriffen liefen Polizisten, nur mit Holzstöcken oder Gummiknüppeln bewaffnet, davon, ohne dass sie etwas gegen die wachsende Gewalttätigkeit, die rasend schnell zu einem Aufstand anschwoll, zu tun vermochten. Einige Stunden später kam die Armee (zu 99% Chinesen) mit Unmengen von Soldaten, Lkws, Panzern und Gewehren... und setzte den Ausschreitungen ein rasches Ende.

Das Ausmaß der Unruhen, der heftigsten seit 1989, war für alle eine Überraschung. Ich empfand sie als einen spontanen Akt von Unzufriedenheit und Verzweiflung. Wie ein Dampfkochtopf durch zu viel Druck explodiert, lässt sich das Ressentiment nach Jahren der Demütigung und Entmachtung plötzlich nicht mehr beherrschen; das Jahr der Olympiade ist ein günstiger Moment: Jetzt oder nie!

Doch mehrere Fragen zu den Ereignissen vom 14. März bleiben offen. Warum hat die Armee so spät eingegriffen, erst gegen 18 Uhr, wo doch der Vandalismus so zu einem Aufstand eskalieren konnte? In einem Krieg ohne Aufnahmen (oft wurden Speicherkarten und Photoapparate konfisziert) und praktisch ohne ausländische Zeugen ist man auf Vermutungen angewiesen. Sollte die Wiederherstellung der Ordnung legitimiert werden? Oder wollte man Bilder für die Propaganda produzieren?

Wie so viele andere ist Tsering, ein tibetanischer Freund, entrüstet, dass seine Regierung die Unruhen dem Dalai-Lama anlastet, der doch schon immer Gewaltlosigkeit gepredigt hat. Um kein verbotenes Wort auszusprechen, nennen ihn die Tibeter «Big-D». Der Boss der kommunistischen Partei der autonomen Region Tibet zögert nicht, ihm in seinen Anklagen Namen zu geben, die der Kulturrevolution würdig gewesen wären: «Ein Schakal im Mönchsgewand, ein Dämon mit menschlichen Zügen und blutrünstigem Herzen». Empört … zitiert Tsering die Worte des Dalai-Lama: «Selbst wenn wir den Krieg mit Waffengewalt gewonnen hätten, ich würde trotzdem immer in Angst leben. Nur der Dialog macht einen dauerhaften Frieden möglich». Tsering hat seinen Verdacht, warum die Armee am 14. Marz so spät intervenierte. Er meint, chinesische Geschäftsleute hätten Arbeitslose dafür bezahlt, die Läden der Konkurrenten anzuzünden. Viele hätten ihren Angestellten keinen Lohn gezahlt, worauf die natürlich sauer reagierten. Seiner Meinung nach haben sich Chinesen wie Tibeter am Vandalismus beteiligt – wenn auch das staatliche Fernsehen etwas anderes behauptet – und Armut und Neid auf die Konkurrenz trugen ihren Teil dazu bei.

Es ist kein Geheimnis mehr: Die ersten drei Opfer der Unruhen wurden regelrecht totgeschlagen. Das regionale tibetanische Fernsehen zeigte kürzlich Aufnahmen von Tibetern, die damals verhaftet wurden. Die Angeklagten wurden von einem Soldaten festgehalten … und unterzeichneten vor dem Richter ein Geständnis ihrer «offensichtlichen und bedauerlichen» Beteiligung an den Ereignissen. Das nationale Fernsehen, Inhaber des Fernsehmonopols, holte bis jetzt unveröffentlichte Dokumente aus den Archiven, die zeigen, wie der junge Dalai-Lama in Gegenwart von Mao Tse-tung einen politisch korrekten Kommentar abgibt. Außerdem wird behauptet, dass Tibet damals nur 1,14 Millionen Einwohner hatte, wodurch der Völkermord an 1,2 Millionen Tibetern einfach geleugnet wird.

Die Bilder von Mönchen, die Steine werfen, sind Anlass für andere nicht geklärte Fragen. Manche sind der Auffassung, chinesische Soldaten hätten sich verkleidet und unter die tibetanischen Manifestanten gemischt, um die Repression, die dann folgte, zu rechtfertigen. «Wir erleben eine große Tragik, eine riesige Ungerechtigkeit», sagt Tsering. «Die Verhaftungen sind sehr oft willkürlich. Im Stadtviertel Karma-Kunsang hat die Armee junge Leute einfach mitgenommen, weil sie lange Haare hatten».

In einer einzigen Nacht hat sich die «Stadt der Götter» völlig verändert. Sie sieht aus wie tot. Überall hängt starker Brandgeruch in der Luft. Die Stadt ist schwarz, bis in die Seele hinein. Seit Sonntag ist die Situation «unter Kontrolle», wie es im Militärjargon heißt. Die Volksbefreiungsarmee besetzt massiv das historische Zentrum von Lhasa und Beijing Lu, die Hauptarterie der Stadt, wo die meisten Läden geplündert und angesteckt wurden. Eine Sicherheitszone wurde geschaffen, und jede Kreuzung und Staßeneinfahrt wird von Kontrollposten bewacht. Vor strategischen Gebäuden stehen Panzer. Universität und Tankstellen sind umzingelt. Regelmäßig marschieren Patrouillen von 10 oder 15 Soldaten, mit Schild, Knüppel und Feuerwaffen ausgerüstet, eng geschlossen durch die Straßen. Die jungen Soldaten an den Kontrollposten (18 bis 20 Jahre) sind mit uns im Allgemeinen zuvorkommend, mit den Tibetern aber kurz angebunden. Manche verlangen den Pass, andere nicht, aber immer sind sie höflich. Was ich bei ihnen spüre, ist eiserne Disziplin und genaue Anordnungen.

Eine neue Woche beginnt (17. – 21. März). Die Geschäftsleute machen sich daran, ihre Fassaden wiederherzustellen, die Müllabfuhr reinigt die Straßen. Ladenbesitzer schätzen im Beisein der Belegschaft den erlittenen Schaden. Rikschafahrer lesen die verschiedensten Objekte auf: Metallstangen, Kleidungsstücke, Schaufensterpuppen, die aussehen wie Tote ... Einige Supermärkte öffnen wieder, Brot gibt es nicht und Milchprodukte wenig. Viele Hotels, Restaurants und kleine Läden, die Tibetern gehören und vor der Gewalttätigkeit verschont blieben, sind geschlossen. Alles scheint unwirklich. Noch vor kurzem drängten sich in den Straßen Nomaden, Mönche, ganze Familien, um *Losar*, das neue Jahr zu feiern, und heute ist alles leer. Nicht ein Mönch, nicht ein fliegender Händler lässt sich blicken. Der Verkehr hat nachgelassen, bedrückende Stille lastet auf der Stadt. Offiziell gibt es keine Ausgangssperre, aber die Polizei nennt den Ausnahmezustand *special traffic control*. Ab 7 Uhr abends ist das historische Lhasa ausgestorben. Freiwillige Sperrstunde.

Die Mehrzahl der Teilnehmer, die bei der bei der Übergabe der olympischen Flamme auf dem Everest dabei waren, wird auf dem Campus der Bergsteigerschule von Lhasa zurückgehalten. Sie unterstehen noch härteren Vorschriften als die restliche Bevölkerung.

Für die Tibeter werden die jüngsten Ereignisse noch lange katastrophale Folgen haben. Ich weiß, wie unbeugsam die chinesische Regierung ist, und befürchte, dass jetzt eine wahre Hexenjagd beginnt.

Die meisten Chinesen wissen noch immer nichts von der Invasion Tibets und dem Völkermord der fünfziger Jahre. Den Dalai-Lama kennen sie nicht und sie sind aufrichtig davon überzeugt, dass Tibet schon immer Teil ihres Landes war. Doch in der Volksrepublik China leben 55 ethnische Minoritäten, und das Problem ihrer Identität, Lebensbedingungen und Unzufriedenheit stellt sich nach wie vor in seiner ganzen Dringlichkeit und Schärfe.

Vor einem Geschäft, wo vier Chinesen und ein Tibeter ums Leben gekommen sind, hängen fünf Schwarzweißphotos. Ein Mann verteilt Blumen und fordert die Passanten auf der Opfer zu gedenken. Die Straßenverkäufer sind wieder da, die Läden öffnen ihre Pforten. Die Supermärkte haben neue Ware bekommen. Wie vorher, stehen die Angestellten in Reih und Glied stramm auf dem Gehsteig, um zu hören, was ihr Chef zu sagen hat. Andere vollführen, alle in der gleichen Uniform, zu Lautsprechermusik eine choreographische Darbietung. Das Leben geht weiter…

Der Schock der Ereignisse vom 14. März ist noch lange nicht zu Ende. Am 29. März, als ich in einem chinesischen Restaurant esse, sehe ich plötzlich, wie Hunderte von Passanten auf Beijing Lu davonrennen. Von Panik erfasst, lässt der Chef mit seinen Angestellten sofort die Metallrollos herunter und alle bewaffnen sich mit einem Knüppel. Die Angst steht ihnen im Gesicht geschrieben. Ich bitte sie, mich hinauszulassen, aber sie wollen mich schützen. «*Danger!*», sagen sie, das einzige passende Wort Englisch aus ihrem Vokabular. Auf mein Drängen lassen sie mich schließlich gehen. Die Straße erbebt mit tausend Schritten. Chinesen und Tibeter rennen, anscheinend von der gleichen Angst erfüllt. Ich laufe gegen den Strom, zum Tempel Jokhang, der von der Polizei bewacht wird, und wo alles nach Ruhe aussieht. Gegen 15 Uhr fahren zwei Busse, voll mit Anti-Aufstand-Sondertruppen der Polizei verdächtig langsam vorbei. Ihnen folgen Soldatenpatrouillen, die die Straßen abgehen. Zahllose *checkpoints* werden eingerichtet, vor allem rings um den Ramoche Tempel, wo sich viele Pilger versammeln. Die Tibeter müssen ihre Ausweispapiere an jedem *Checkpoint* vorzeigen, wodurch überall lange Warteschlangen entstehen. Die Durchgangsstellen werden von Soldaten bewacht, die mit Schusswaffen oder Schild und Knüppel ausgerüstet sind. Die Polizeitruppen, die seit einigen Tagen die Armee ersetzen, werden auch zahlreicher. Ein Militär behauptet, es seien mindestens zehn Fahrzeuge verbrannt worden. Wer will das nachprüfen.

Sobald die Nacht anbricht, lässt der Lärm der Stadt nach und alles wird still. Ich irre durch die Straßen und kenne mich beinahe selbst nicht mehr. Die brandgeschwärzten Mauern von Lhasa haben jetzt Ohren. Als ob die Worte des bekannten chinesischen Schriftstellers im Exil Ma Jian, die er in »*Chemins de poussiere rouge*» geschrieben hat, mit einem Mal verständlich würden: Wenn die Menschenmenge und die Busse verschwunden sind, liegt die Nacht schwer in den leeren Straßen. Die Mauern der Stadt scheinen verbraucht und besiegt. Der Boden ist so schwer, dass ich das Gefühl habe, in meinem Grab zu gehen.

Lhasa hat mich einige seiner geheimen Winkel entdecken lassen, so das traditionelle tibetanische Cafe in einer Höhle zu Füßen des Potala, welches von den Pilgern, die mit ihrer Gebetsmühle den Potala umlaufen, gerne besucht wird.

Eines Tages sitze ich dort an einem Tisch mit Mandy und Benny, als wir Zeugen einer seltsamen Begebenheit werden, die einem James Bond Film alle Ehre täte. Wie gewöhnlich ist das *tea-house* mit Tibetern berstend voll. Kaum haben wir unsere *toukpa* (Nudelsuppe mit Yakfleisch) serviert bekommen, da erhebt sich am anderen Ende des Raumes der einzige anwesende Chinese, schlendert lässig auf uns zu und stellt eine Thermosflasche Tee auf den Tisch, worauf er das Restaurant eilig verlässt. Da entdecken wir neben unseren Gläsern einen winzigen Chip, fünf Quadratmillimeter groß. Alles ging so schnell, dass ich mich überhaupt nicht an die Gesichtszüge des Menschen erinnere. Ich weiß nur, dass er dunkel gekleidet war. Dank Mandys Notebook erfahren wir bald den explosiven Inhalt des Chip: Aufnahmen eines Computerbildschirms, auf denen Lastwagen mit bewaffneten chinesischen Soldaten zu sehen sind, datiert 14. und 15. März, begleitet von einem seltsamen Dokument in chinesischer Sprache. Das einzige, was wir lesen können, sind die Jahreszahlen 1951 und 1959, die Jahre der chinesischen Militärinvasion Tibets und des Aufstands von Lhasa. Ich habe nicht die geringste Ahnung, mit wem wir es zu tun haben. Ist es ein glühender Verteidiger der Menschenrechte? Ein Spion? Ist er uns gefolgt? Und warum uns? Was hat er vor? In der latenten Spannung nach den Tumulten rasen uns diese Fragen durch den Kopf, machen unsere Sinne überempfindlich. Die Stadt hat ihre Disharmonie auf uns übertragen. Wir schicken das Dokument in verschlüsselter Form sofort an einen befreundeten Journalisten in der Schweiz. Mit Hilfe eines Sinologen versucht er, den Text zu übersetzen und die Bilder zu interpretieren. Er ist allerdings nie zu einer befriedigenden Schlussfolgerung gelangt.

Die Machthaber geben an, es seien 1.500 Personen verhaftet worden. Tsering weiß mehr. Es sprudelt nur so aus ihm heraus: «Es ist furchtbar. Die Tibeter, egal, wie schwer sie verletzt sind, wagen sich nicht mehr in die Krankenhäuser. Sie haben Angst, als Agitatoren denunziert und sofort verhaftet zu werden. Um sie nicht in Gefahr zu bringen, weigert sich sogar ein tibetanischer Arzt, sie zu empfangen … und schickt sie direkt nach Hause zurück. Die Chinesen werden behandelt.» Erregt fährt er fort. «Um seinen Vater zu schützen, nahm sein Sohn eine Schuld auf sich, und als er abgeholt wurde, jagte er eine Sprengladung in die Luft. Er ist tot und auch die vier Polizisten und die beiden Militärs, die im Auto dabei waren.»

Seltsam, als die chinesischen Behörden am 26. und 28. März eine Reise für die Presse nach Lhasa organisierten, um ausländischen Journalisten die «Wahrheit» zu präsentieren – der Besuch ausländischer Diplomaten gehörte auch dazu – verschwanden die Soldaten aus den Straßen, ... doch kaum hatten die Delegationen den Rücken gedreht, waren sie wieder da.

Der 50-Yuan-Schein zeigt den Widersinn der Situation: Auf der Rückseite der Potalapalast, Winterresidenz des Dalai-Lama, genannt «Meer der Weisheit», 1989 Friedensnobelpreisträger, auf der Vorderseite Mao Tse-tung, «der den Osten bewässert» und siebzig Millionen Menschenleben auf dem Gewissen hat...

«Wenn du Gott zum Lachen bringen willst, erzähl ihm Deine Pläne», sagt ein Sprichwort. Bis zum Sommer wollte ich es mir eigentlich oben auf dem Hochplateau schön machen, glückliche Tage verleben. Die ersten Frühlingstage im Himalaja hatten genügt, mich mit neuer Energie zu füllen! Aber genau wie die Anreise wird auch die Abreise aus Tibet ihre Tücken haben! Üble Vorzeichen lassen es mich bereits ahnen: Ein französischer Radler wurde in Osttibet festgenommen und aus China ausgewiesen; Mandy und Benny, die Lhasa per Rad verlassen haben mit der Absicht, die westlichen Gebiete zu durchfahren, wurden ebenfalls zurückgeschickt. Die Regierung zieht die Schraube an und überwacht die Agenturen, die bis jetzt jedem relativ legal für teures Geld ein Visum beschafften. Mein Pass kommt ohne Verlängerung zurück, und das Visum, das ich noch habe, geht seinem Ende zu. Der *«Tibetan Travel Permit»* für die Einreise nach Tibet, den fast alle Einzelreisenden seit mehr als fünfzehn Jahren einfach ignorierten, ist wieder Pflicht.

Die chinesische Regierung zeigt ihr wahres Gesicht; sie wird plötzlich nervös, weil sie befürchtet, die Kontrolle über die Situation zu verlieren. So lange alles gut geht, kehren die «Söhne des Himmels» die Probleme wie Staub unter den Teppich. Mit Geld werden die Dienste des einen und das Schweigen des andern erkauft, das System funktioniert, gestützt auf einen unausgesprochenen Konsens. Aber wenn die Rädchen der Maschinerie ins Stocken geraten, versteift sich die Regierung und zieht Gesetze, die man abgeschafft glaubte, wieder aus der Mottenkiste. Anfang der achtziger Jahre öffnete Deng Xiaoping zum ersten Mal 28 Städte für Ausländer, wobei aber unabhängiges Reisen verboten war ... ein für die damalige Zeit riskanter Schritt. Die Regierung kündigte an, ganz Tibet sei ab dem 1. Mai 2008 wieder für Ausländer offen, und schloss Westszetschuan, machte danach aber ihre Entscheidung rückgängig, und verschanzt sich jetzt hinter eisernem Schweigen. Ein Schritt vor, zwei zurück.

Ein Zeichen, das nicht täuscht: Die Bettler und Straßenverkäufer sind wieder an ihrer gewohnten Stelle außerhalb der Sicherheitszone. Die Rolläden zahlreicher Geschäfte bleiben allerdings noch einige Monate geschlossen

Als ich Lhasa nach diesen drei Monaten verlasse, werde ich traurig. Die Gesichter, das Echo in den Straßen, der helle Ton der Rikschaklingeln, die Gerüche aus den Küchen von Tibetern, Hui und Chinesen sind ein Teil von mir geworden. Die Frau an der Ecke, die selbstgemachten Joghurt verkauft, offeriert mir schon jedesmal einen *tchang*!

Die vielen frommen Menschen um den Potala, dichtgedrängt und solidarisch, bitten den Himmel mit tausend Gebeten um die Rückkehr ihres geistigen Oberhaupts, dessen Zimmer, an der höchsten Stelle des majestätischen Palasts, leer steht. Ma Jian schreibt: «Wenn das Unvorhergesehene da ist, suchen die Menschen eine Antwort in Steinen, in Bäumen, in den Sternen. Die Angst vor den Dingen, die wir sehen können, hält uns davon ab, Dinge zu fürchten, die für uns unsichtbar sind»

Für meine Freunde in der Schweiz befand ich mich – Andre Malraux war von dieser Vorstellung besessen – im Zentrum der Ereignisse. Ein schmeichelhaftes Bild, doch für mich ist alles nur dunkel und beunruhigend. Man sieht leicht in der großen Distanz zur Heimat den Beweis dafür, dass man keine Angst hat, sich auf Unbekanntes einzulassen – eine Idee, wie sie von Reisemagazinen auf Hochglanzpapier verbreitet wird. Die Wirklichkeit ist manchmal ganz anders. Sie zu beschreiben, sie in Worte zu fassen, ist keine leichte Sache. Aber ich muss erzählen, was ich erlebe, von der Exotik bis zur Tragik. Dieses Mal so schnell wie möglich, denn ich frage mich, ob der tibetanischen Kultur in Tibet nicht die Stunde geschlagen hat. Wie kann man da gleichgültig sein?

Der Frühling hält Einzug, als ich Lhasa verlasse, den Duft von Wacholder im Herzen. Dieser Geruch, untrennbar mit der Erinnerung an Tibet verbunden, macht mich traurig. Ich habe das Gefühl, dass ich dieses Land verlasse und nicht mehr weiß wohin.

Am Bahnhof von Lhasa photographiert mich die Polizei mit meinen schweren Taschen in den Händen ... Ich bin wütend, steige in den Zug, der für viele Touristen den Höhepunkt ihrer Reise bedeutet, den ich aber schon oft verunglimpft habe, und mit dem ich Tibet jetzt unfreiwilligerweise verlassen muss. Von den Worten des großen Lamas von Saskya (Jahr 1200) bin ich Lichtjahre entfernt: «Das größte Glück ist die inneren Ruhe.»

May I help you?

In weniger als 48 Stunden Bahnreise lasse ich den hohen strahlenden Himmel Tibets hinter mir und stehe etwas verdattert mitten in der Hauptstadt von Szetschuan, der grauen Viermillionenstadt Chengdu.

Das Wetter ist trüb, mit ohrenbetäubendem Gepfeife dirigieren Frauen in orangefarbenen Uniformen den Strom der Fußgänger und *silent killers* (elektrische Fahrräder). Chendu lässt ungute Erinnerungen wach werden. 1966 erleichterte mich die Polizei hier um 600 Dollar und verwies mich des Landes, weil ich die Gültigkeitsdauer meines Visums um 10 Tage überschritten hatte. Die Riesenstadt hat sich total verändert. In den Auslagen der Buildings aus Stahl und Glas wird luxuriöse Reizwäsche aus dem Westen ungeniert zur Schau gestellt. Die Statue des Vorsitzenden Mao, der auf dem Zentralplatz steht und die Menge grüsst, verschwindet vor der Kulisse hoher Betontürme. Das berühmte Wort von Deng Xiao Ping «Werdet reich!» ist nicht ungehört geblieben, noch immer hallt sein Echo durch die eintönige seelenlose Landschaft der chinesischen Städte, die – «in einer Nacht erbaut» – mehr versprechen als sie halten

Dennoch, zu Füßen der Vitrinen des triumphierenden Kapitalismus blüht emsiges Leben und Treiben wie auf dem Dorf. Es wird gekocht, geschustert, fliegende Händler machen sich mit Glöckchen bemerkbar usw. Diese Menschen allein sind in der Lage, der Modernität zu widerstehen, sie erobern sich Lücken und Freiräume im Dschungel von Beton und Stahl. In Straßen und Gassen riecht es nach *momos* – im Fett gebackene Ravioli mit einer Füllung aus Schweinefleisch, Knoblauch und Ingwer. In Massagesalons werden schwitzende Körper, knorrig und verzogen wie alte Olivenbäume, nach allen Regeln der Kunst durchgeknetet.

In jedem Land gibt es ein Fahrzeug, das, obwohl in keiner Statistik aufgeführt, für die Arbeit der kleinen Leute unverzichtbar ist: Schubkarren im Jemen, Kinderwagen in der Ex-UdSSR, Rikschas in Indien, Dreiräder in China… Der bengalische Friedensnobelpreisträger 2006 Mohammed Yunus nennt diese Welt der einfachen Leute, die sich mit Fleiß und Geschicklichkeit durchschlagen, den «neuen Sozialkapitalismus». Yunus gründete die Grameen Bank, die hauptsächlich Frauen Mikrokredite gewährt, um ihren Familien den Aufbau kleiner Unternehmen, oder einfach nur den Kauf von Hühnern oder einer Kuh für ihre Grundbedürfnisse zu ermöglichen.

Am frühen Morgen praktiziert die «alte Garde» in den städtischen Parkanlagen *Tai-Chi-Chuan*. Mit dem Säbel zeichnen die Teilnehmer Ellipsen in die dunstige Luft, machen mit dem Fächer harmonische Bewegungen. Die Alten, dunkelblau gekleidet, sitzen auf einem Stück Karton auf der Erde und spielen *mahjong*. So leisten sie der Zeit Widerstand. «Von den Chinesen kann man alles verlangen, so lange man ihnen ihr *mahjong* nicht verbietet!»

Die Hosenbeine übers Knie hochgekrempelt oder das Hemd über den Nabel hochgeschoben, zündet man sich eine Zigarette an, «Doppeltes Glück» mit Namen, raucht sie vornehm mit Zigarettenspitze oder steckt sie in ein mit Wasser gefülltes Stück Bambus: Die chinesische Wasserpfeife. Vor den Modegeschäften halten Bettler die Hand auf, während die jungen Angestellten in die Hände klatschen, um Kundschaft anzulocken.

Ein klarer Abstand trennt die alte «Maogeneration» – mit politischen Parolen groß geworden – und die Jugend, die jedes Wochenende Cyber-Cafes und Diskotheken füllt. Stecknadelabsätze, gefärbte Haarsträhnen, aufreizende Kleidung, jede Extravaganz ist erlaubt, nur Protest nicht, in keiner Form. Eine kühne Strategie, die auf ein ständiges Wirtschaftswachstum setzt und jeden Zweifel am Regime im Keim erstickt.

Im Frühling lernte ich durch Zufall Qiongmei und May kennen, zwei junge Frauen, deren Geschichte die Veränderungen des Landes beredt widerspiegelt. Durch sie habe ich gelernt, die Chinesen etwas besser zu verstehen. Qiongmeis Bekanntschaft machte ich in Lhasa, wo sie Fahrräder vermietete. Sie hatte viele Freunde, Chinesen und Tibeter. Sie steht noch immer unter dem Schock der Ereignisse vom 14. März, die so viele unschuldige Opfer forderten. «Die Tibeter hielten mich für eine Han-Chinesin, eine Kolonialistin, und lachten, wenn ich sagte, dass ich eine Hi bin, zu einer Minorität gehöre genau wie sie, von der sie aber nichts wissen.» Sie stammt aus einer bescheidenen Familie in Jünnan und erinnert sich, wie ihre Mutter bei der Nachricht von Maos Tod 1976 Zustände bekam. Hatte sie nicht, wie alle armen Bauern, vom Vorsitzenden Mao ein Fleckchen Erde erhalten? Mit Maos Tod brach ihre Welt zusammen. «Meine Mutter sagte immer: ‹Wenn der Magen knurrt, zählt nichts anderes mehr.› Die Leute im Westen sind reich. Die können sich leisten, für die Meinungsfreiheit auf die Barrikaden zu gehen!» Sie erinnert sich an ihre Kindheit, als sie mit geklauten Maiskolben ihren ewigen Hunger stillte. «Die Han lehrten uns eine neue Sprache und den Anbau neuer Pflanzen. Das machte uns Eindruck, wir fühlten uns rückständig.» Qiongmei gehört zu den Individualisten, die ihr Englisch in den Cafes mit Ausländern lernen und lieber hitzige Gespräche führen als sich mit Grammatik herumzuplagen. Ihre Eltern haben vor den Langnasen keine Angst mehr wie früher, sie befürchten einzig, dass ihre Tochter für immer nach Europa gehen könnte – in der chinesischen Gesellschaft, der die

Familie heilig ist, inakzeptabel. Sie schaut mich aus großen Augen fragend an, als ich sage, der Dalai-Lama – im Fernsehen als Anstifter der Unruhen bezeichnet – sei ein Weiser, ein Mensch mit Bewusstsein.

May, Chinesin aus Hongkong, 40 Jahre – ich werde sie später in Birma wiedersehen – erinnert sich, dass ihre Mutter bei Maos Tod nicht vom Fernseher wich, trotz der vielen Greueltaten seines Regimes. Sie hat mehr Reiseerfahrung als Qiongmei, war schon im Ausland und arbeitet für eine italienische Firma als «Kulturvermittlerin». «Wenn ein Problem auftaucht, muss man sich zusammensetzen und darüber sprechen. Um das Gesicht nicht zu verlieren, sagt ein Chinese grundsätzlich «*no problem*», wenn sein Vorgesetzter etwas von ihm verlangt, selbst wenn er weiß, dass er die Aufgabe nicht ausführen kann. Nie würde ihm einfallen, eine kompetentere Person hinzuzuziehen, um sich helfen zu lassen». May war letztes Jahr in Tibet, und sagt, sie könne nicht verstehen, wie die chinesischen Behörden Konflikte lösen. «In China nimmt man sich nie Zeit für eine Erklärung, für einen Dialog. Eine gute Kommunikation ist aber für beide Seiten von Vorteil». Sie sucht Harmonie, Ausländer sind für sie ernstzunehmende Gesprächpartner, mit denen sie sich austauschen und lernen kann, damit die Ignoranz abnimmt, die die Völker voneinander trennt. «Mein Land muss erst noch erwachsen werden, die Augen öffnen, darf nicht wie ein Kind handeln, das glaubt, es sei allein auf der Welt. Wenn man das Fenster aufmacht, kommt nicht nur frische Luft, die Stechmücken kommen auch!» Mit ihren ganzen eineinhalb Metern ist May eine erfahrene Globetrotterin, die scharf beobachtet und die Intelligenz hat, die richtigen Fragen zu stellen. Kindliche Freude am Kontakt mit anderen Menschen strahlt ihr aus den Augen.

Die chinesische Gesellschaft hat eine lange Geschichte hinter sich. Die drei letzten Generationen haben sich nur geplagt. Ergebnis: «Die chinesische Definition der Menschenrechte lautet: Konsumieren, unternehmen, Studium, Beruf oder Wohnort wählen und einen ausländischen Roman lesen, alles vor dreißig Jahren undenkbar. Die Partei verwaltete den Alltag des Bürgers von der Wiege bis zur Bahre. Daher die heutige Einstellung der meisten Chinesen, und das allgemeine Unverständnis für die westliche Auffassung von den Menschenrechten» (Pascale Nivelle, *Liberation*, Ausgabe vom 11. April 2008).

Mein Visum läuft in einigen Wochen aus. Zu früh, um in Chengdu eine Verlängerung zu beantragen. Die Zeit reicht gerade, die 1.000 Kilometer nach Kunming zu radeln, allerdings ohne große Hoffnung, dort die nötige Verlängerung zu bekommen.

Zur Hauptstadt von Jünnan führt eine nagelneue Autobahn, auf der ich meist alleine vor mich hinfahre, und die ich nur alle 50 Kilometer verlassen kann, um in ein Dorf abzuzweigen, zu schlafen und zu essen. China ist in Bewegung! Es baut große Verkehrsachsen und durchschneidet rücksichtslos die schönsten einsamen Täler. Doch diese Straßen mit ihren vielen Mautstellen, für die Chinesen Garant einer goldenen Zukunft, sind momentan noch eigenartig leer.

Wie Indien baut auch China *superhighways* und zertört dabei nach und nach jahrhundertealte Kulturen und Traditionen. Ich frage mich, ob die Radlerei in ein paar Jahren noch Sinn hat. Langeweile, Tabu des Globetrotters, schleicht sich ein.

Strahlende Sonne und sintflutartiger Regen wechseln ab. Die Vegetation wird immer üppiger, die Trägheit der Tropen spürbar. Ab und zu begegne ich Landstreichern mit erdfarbenen Gesichtern, die sich hier verirrt haben und vor Hunger und Einsamkeit eingehen. Die Sonne brennt auf mich nieder, der Asphalt wirft ihre Glut noch einmal auf mich zurück. Keiner kümmert sich um die alten gepflasterten Wege, die nirgends mehr hinführen.

In Kunming versuche ich ein letztes Mal, mein chinesisches Visum zu verlängern, doch vergeblich, das Gesetz wird jetzt buchstabengetreu befolgt. Keine Zeit für Träume: In einigen Tagen muss ich außer Landes sein! Die Reise im Sattel wird wieder unterbrochen: Nachdem ich Tibet mit dem Zug verlassen habe, muss ich jetzt den Bus zur laotischen oder birmanischen Grenze nehmen. Ich entscheide mich, zuerst Birma zu besuchen, die Zeit reicht gerade, um beim Konsulat ein Visum zu bekommen und es einem Freund zu scannen, der in Rangun lebt. Er verspricht mir, die Formalitäten für mich zu erledigen, damit ich auf dem Landweg einreisen kann.

Vor dem chinesischen Grenzposten spannt sich eine monumentale Konstruktion über die breite Fahrbahn, daneben sind Parkplätze, Läden und Restaurants, alles frisch aus der Erde gestampft. Das chinesische «Wirtschaftswunder» erreicht auch die abgelegensten Gegenden. «Hat es dir in China gefallen?» Der Grenzer beginnt ein Gespräch, obwohl er im Nieselregen steht. «Ja, vor allem in Tibet!» Er wird ernst. «Hast du Aufnahmen gemacht?» fragt er streng. «Zeig' die Kamera her!» Kein Problem. Er lässt die Bilder vorbeisausen, sieht ein Stück seines riesigen Landes, das er noch nicht kennt. Es fehlt uns die gemeinsame Sprache, aber wir unterhalten uns trotzdem. Durch unser Palaver, von Mensch zu Mensch, verschwindet für einen Augenblick das Gefühl, von diesem System erdrückt zu werden, das in Triumphbögen wie diesem zum Ausdruck kommt. Der Beamte schüttelt mir lange die Hand, als wäre ich Präsident der Schweizer Eidgenossenschaft – umso überraschender, als die Höflichkeit verlangt, die Hand des Gesprächspartners kaum zu berühren. Sein Lächeln kommt von innen und vertuscht nicht Verlegenheit, wie so oft in China. Ich spüre, dass seine guten Wünsche aus dem Herzen kommen, und seine Freundlichkeit begleitet mich noch weit über die Grenze hinaus. Ich werfe einen allerletzten Blick auf die rote Fahne und schon verschluckt das überdimensionale Zollgebäude den inzwischen winzig gewordenen Zollbeamten, der zu seinen Funktionen zurückkehrt.

Die ausgefahrene Asphaltstraße endet in einer Sackgasse, wie ein Sträßchen in einem Dorf am Ende der Welt. Seltsame Ankunft in der «Union von Myanmar». Der erste Eindruck ist der eines verlassenen Territoriums, wo alles zögernd vonstatten geht, ärmlich und klein neben dem großen China, das auf dem Höhepunkt seiner Macht steht. David und Goliath. In einem kleinen schäbigen Häuschen – sprich Zoll – sitzt der diensthabende Beamte hinter dem altersschwachen Schreibtisch im Lotussitz auf einem Hocker, der Wind wirbelt den Staub von den vielen Aktenstapeln, die sich rings um ihn auftürmen. Es herrscht eine Art institutionalisierte Unordnung, wo jeder alles hinlegt und nichts aufräumt. Selbst das gerahmte Photo des medaillengeschmückten General Than Shwe – des starken Mannes im Land – geht unter im allgemeinen Tohuwabohu. Trotz der phänomenalen Lethargie bringt der Zöllner ein mildes Lächeln zustande. «*Welcome*», begrüßt er mich, worauf er energisch den Stempel aufs Tintenkissen drückt. «Wieviele Radfahrer kommen bei Ihnen vorbei?» «Höchstens zwei oder drei pro Jahr. Sie sind heuer der erste!»

Paradoxerweise kann die Reise zu Land viel kostspieliger sein als jeder Flug. Über diesen Zoll einzureisen, der noch dazu mehrere hundert Kilometer von der Hauptstadt entfernt ist, erforderte komplizierte Formalitäten und kam mich ebenso teuer zu stehen wie eine Flugkarte… von Kunming nach Rangun!

Auf den ersten 170 Kilometern bis nach Lashio darf ich nicht frei fahren. Taxi ist Vorschrift. Also organisiert mir mein Schweizer Freund in Rangun für eine bestimmte Uhrzeit Taxi und Reiseführer. Von offizieller Seite bekomme ich immer das gleiche Lied zu hören: «Für Ihre Sicherheit!» Die Militärjunta will alles kontrollieren: die Reisen der Ausländer, die Gebiete der Minoritäten, die unstabilen Regionen unweit des goldenen Dreiecks. Ein Land mehr, wo man keine Fragen stellt. Herzlich willkommen!

Unweit der Grenze hält unser Fahrzeug. Es kommt ein Komplize auf dem Motorrad, um uns Informatikmaterial mitzugeben, dessen Einfuhr verboten ist. Das ist nur die Spitze des Eisbergs… Auf dieser Straße wird alles befördert, je illegaler umso ertragreicher: Heroin. Edelsteine, Jade und Teakholz verlassen das Land, aus China kommen Fertigwaren, Autoteile, Medikamente, Lebensmittel und Kleidungsstücke. Vor dem zweiten Weltkrieg war das «Goldene Land» der größte Reisexporteur der Welt. Die Engländer, die von der Junta verdammt werden, hatten ein leistungsfähiges Straßen- und Eisenbahnnetz, in Rangun war einiges los, man kam von weit her, um einzukaufen und sich eine Abwechslung zu gönnen.

Wir fahren auf dem südlichsten und unbekanntesten Teil der Seidenstraße, der 1938 von den Chinesen asphaltiert wurde, damit sie ihre Truppen im Kampf gegen den japanischen Angreifer mit Nachschub versorgen konnten. Viel später nannte man diese Verbindungsachse *Burma Road.* Nach langjähriger Erfahrung auf der Straße fällt mir eines wieder auf: Wir sind in einem buddhistischen Land, wo die Fahrer auf die Bremse gehen, wenn ein Tier über die Straße läuft.

Zweifellos ist Birma das einzige Land auf der Welt, in dem gegen jede Logik rechts gefahren wird, obwohl sich das Steuer auf der rechten Seite befindet. Die meisten Fahrzeuge sind zusammengeflickte Klapperkisten japanischen Fabrikats, die schon ein Vorleben in Thailand hinter sich haben (Linksverkehr). Bei der Unabhängigkeit des Landes entschied die neue Regierung – in einer antikolonialistischen Regung gegen die Engländer – und auch auf Anraten eines Astrologen – dass rechts gefahren werden muss.

In Ermangelung echter Tankstellen stehen hie und da unter einem Dach aus Palmwedeln ein paar Tonnen mit Treibstoff. Das meiste geht über den Schwarzmarkt. Jeder Birmaner beschafft sich, wenn er die Mittel hat, die zwei *galons* (etwa 8 Liter) Benzin, auf die er täglich Anrecht hat, um einen Teil davon teuer zu verkaufen.

Aus der Ferne scheint der *checkpoint* in der flimmernden heißen Luft wie ein Phantasiegebilde. Nebendran aktiviert sich eine Welt kleiner Geschäftsleute unter einfachen Wellblechdächern. Das Gesicht der Frauen ist mit *thanaka* gepudert, einem wohlriechenden Pulver, das sie mit der Zahnbürste auftragen. Ein Naturprodukt, aus Rinde gewonnen, wirkt es erfrischend und antiseptisch, schützt vor der Sonne und hemmt die Transpiration. Eine Nonne, mit bloßen Füßen und kahlrasiertem Kopf, in eine rosafarbene Tunika gehüllt, bittet um Almosen. Ein Stück weiter schiebt ein Mangosalat-Verkäufer seinen dreirädrigen Wagen und schlägt einen Gong. Am Kontrollpunkt liegen die Beamten mit dem Oberkörper auf dem Schreibtisch und warten unlustig und gleichgültig auf die Fahrzeuge. «*Are you happy*» radebrecht einer von ihnen, den Mund voll Betel, und bietet mir eine Zigarette an. Sein großes Lächeln entblößt Zähne voll mit blutroten Saft, den er urplötzlich auf den Boden spuckt.

In einem Shan Restaurant (dominierende ethnische Gruppe der Region) erhält jeder einen Suppenteller mit Reis und Sojasauce und bedient sich nach Belieben mit Fleisch und Gemüse. Auf jedem der niedrigen Tische steht eine Thermosflasche Tee mit Holzgeruch, aus der sich jeder selbst einschenkt. Für die Raucher hängt am Palmwedeldach ein Feuerzeug. Mein Reiseführer ruft den Ober, indem er die Lippen schürzt und ein küsschenartiges Geräusch erzeugt. Nach der feinen Art der Birmaner, die das Wort «Kuss» in ihrer Sprache nicht besitzen. Bei den Birmanern ist jede Bewegung sanft und harmonisch.

Ich sitze auf einem Hocker, der in ein Puppenhaus passen würde, und beobachte die ruhigen diskreten Bewegungen, die oft Worte ersetzen. Manchmal gibt man mir Wechselgeld zurück, ohne dass ich es merke. Der Ober nähert sich diskret, die linke Hand unter dem rechten Ellenbogen. Während mein Fahrer mit seinem Flaschenöffner (ein Brett mit Schraubenmutter) hantiert, geht ein junger Birmane, Notizbuch in der Hand, auf ihn zu und verlangt Photokopien meiner Dokumente. Ein Polizist in Zivil.

Die vielen Eisenbrücken sind in erbärmlichem Zustand. Wegen der schlechtsitzenden Holzbretter kann immer nur ein Fahrzeug im Schneckentempo passieren. «Brücken müssen hundert Jahre halten. Deswegen fährt der Zug so lahm über die Viadukte. *Crazy government!*» schreit mir ein Motorradfahrer zu. Uralte Laster der britischen Ära, ohne Kühlerhaube, keuchen bei der geringsten Steigung unter der Last der vielen Passagiere, die sich auf ihnen drängen.

Ich halte in Hispaw. «Es wird immer schlimmer! Big Brother is watching you!» sagt mir der einzige Buchhändler der kleinen Stadt bitter, nachdem er sich vergewissert hat, dass ihm keiner zuhört. In seiner Auslage liegt buddhistische Literatur, dazu mehrere Bücher von Georges Orwell, der in den zwanziger Jahren im Land lebte und als Polizist arbeitete, was ihn zu «Burmese days» inspirierte. «1984», fügt er hinzu, «genau das haben wir hier! Schau dir das Plakat an, am 10. Mai sollen die Bürger Ja sagen zur neuen Verfassung. Es wurde in der Nacht aufgestellt, als ich vom ersten Gebet aus der Moschee zurückkam. Mach bloß keine Aufnahme, sonst kriegst du Ärger!» Vor den Wahllokalen der Dörfer tönt aus den Lautsprechern abwechselnd Musik und regierungstreue Propaganda. Die Regierung hat schon ihre Mittelsmänner zur älteren Bevölkerung ausgeschickt, um Wahlversprechen zugunsten der Generale zu erhalten. Man braucht nicht Prophet zu sein, die Würfel sind vorher schon gefallen! Tatsächlich, ein paar Wochen später wählen 98,12% der Wahlberechtigten zu 92,4% Ja!!

Ich frage mein Gegenüber, ob er keine Angst hat, seine Meinung zu sagen. «Ach», winkt er ab, «hier kennt jeder jeden. Ich bin Sekretär der örtlichen Nationalen Liga für Demokratie. Wir sprechen offen miteinander. Unsere kleine Stadt ist in zwei Lager gespalten. Bei der Polizei und beim Militär sind in Wirklichkeit viele für uns. Manche haben uns sogar 1990 ihre Stimme gegeben. Aber sie müssen auch ihre Arbeit tun. Ich bin deshalb immer unter Druck. Meine Tochter hat ihre Stelle als Lehrerin verloren. Von mir verlangen sie 16 Dollar, damit ich meinen Laden führen darf, das heißt achtmal so viel wie vom Geschäft nebenan. Manchmal kommen der Bürgermeister und der Polizeichef und durchsuchen mir den Laden und die Wohnung.» Aber er gibt nicht klein bei. «Steter Tropfen höhlt den Stein!» meint er scharfsinnig und hält mir grinsend ein Blatt Papier vor die Nase, von behördlicher Stelle unterzeichnet, welches ihm verbietet, über Politik zu sprechen, bestimmte Personen der Stadt zu treffen, Touristen zu den Basen der Rebellen führen, das Bild von Aung San Shu Suu Kyi aufzuhängen und Ausländer, die Material spenden wollen, in eine Schule zu begleiten … «Die Junta hat schmutzige Hände: 1962 ermordete sie den letzten König der Shan, dessen Neffe noch in Hispaw lebt. Aber wir bleiben gewaltlos.»

Am Abend sehe ich ihn auf der Bank vor seinem Geschäft sitzen, den Longyi um die Taille geschlungen, einen Fächer in der Hand, den Hund an seiner Seite. Morgens und abends steckt er sich den Hörer ins Ohr, um andere Luft zu atmen: *Voice of America, BBC, Radio Free Asia.* «Technologisch sind die Generäle null. Den Empfang zu stören wie die Chinesen, dazu sind sie nicht fähig, stattdessen drehen sie das Internet ab wie einen Wasserhahn, indem sie den Server blockieren.» Mit ausdauerndem Lächeln wie alle Asiaten, wenn sie etwas Tragisches erzählen, beschreibt er in großen Zügen 46 Jahre Militärdiktatur, den Staatsstreich von 1962, die Explosion des Studentenverbandsgebäudes, wo viele bei lebendigem Leibe verbrannten und die Studentinnen von den Soldaten vergewaltigt wurden. «1991 bereitete die Junta die Wahlen 20 Monate lang vor, ihres Sieges sicher. Wir bekamen nur einen Monat für unsere Kampagne, aber die NLD und die Oppositionsparteien errangen mit Leichtigkeit 83 % der Sitze!» Wie ein birmanisches Sprichwort sagt: «Man muss sich immer genug Platz verschaffen, um beide Füße auf den Boden zu stellen. Wenn es zu eng wird, braucht man größere Schuhe!»

Ich fahre im Schneckentempo auf meinem *sagway*, meiner «Radmaschine», wie die Birmaner das Fahrrad nennen. Aus den Krügen, die im Schatten von Palmwedeldächern für die Passanten aufgestellt sind, trinke ich Wasser. Aus allen Poren rinnt mir der Schweiß. Mein Körper ist nass wie ein Monsunhimmel. Um die Hitze besser zu ertragen, habe ich alles ausprobiert: Betel kauen, Mangos kiloweise, frischgepressten Zuckerrohrsaft, aber nichts hilft.

Manchmal steigen Leute vom Rad und schauen zu, wie ich vorbeifahre – Zeichen für ihr isoliertes Dasein in einem Land, das nicht industrialisiert ist, einem der wenigen, die noch existieren. Oft fangen sie an zu lachen und können gar nicht mehr aufhören! Kinder, die angerannt kommen, um mir die Hand zu geben, sind Balsam unter der glühenden Maisonne, die mich völlig ausdörrt. Es ist der heißeste Monat des Jahres, «die Zeit, in der die Füße still stehen», die Männer Billard spielen oder auf Bambusstühlen einschlafen, deren Lehne um 45 Grad zurückgeneigt ist. Alte Frauen rauchen *Cheroot*, die einheimische Zigarre, bei der der Tabak mit Zucker gemischt, in ein Maisblatt eingerollt und mit exotischen Düften parfümiert wird. Die Zigarre in der schmalen Hand wirken sie noch vornehmer als sonst. Alle bringen der älteren Generation sehr viel Respekt entgegen. Zu jeder Stunde des Tages gehen die Männer in die Teehäuser, das ist der Ort, wo man Freunde trifft, Konflikte regelt, Verträge unterzeichnet. Heute erscheint auf dem Bildschirm, ständig von Strompannen unterbrochen, der Birmaner liebster Club, Manchester United. Das *tea house* hat sich in einen Kinosaal verwandelt, in dem die vielen Fans fast keinen Platz finden. Nach dem Match wird mit einem 11 cm-Ball aus Rathan *chinlon* gespielt. Dazu zieht man auf der Erde einen Kreis von 7 Meter Durchmesser, in dem sich die Spieler den Ball durch akrobatische Fuß- und Beinverrenkungen zuwerfen und verhindern müssen, dass er auf den Boden fällt. Das Spiel ist auf dem Fünfkyatschein abgebildet

Baumsavannen, Bambus und Reisfelder schmücken sich in den zartesten Farben. Jederzeit können Blitze über den tropischen Himmel zucken. Der Regenbogen ist verschwunden, und nach dem Wind prasselt eine apokalyptische Sintflut hernieder. Die Landschaft verschwindet hinter einer Regenwand. Aus dem nahen Wald kreischt und pfeift es schrill.

In den Tropen braucht man zum Schlafen nur eine Matte, ein Kissen und ein gutes Moskitonetz. Gestern Abend hat mich die Polizei, unter Missachtung des Gesetzes, schließlich im Kloster schlafen lassen. Morgens um vier Uhr beginnt hier das Leben, das vom Schlagen des Gong regiert wird. Bei Sonnenaufgang verlassen die Mönche, die Almosenschale in der Hand, im Gänsemarsch das Kloster. Aus einer Bevölkerung von 58 Millionen wiederholen etwa 400.000 Mönche allmorgendlich das gleiche Ritual: Ihre Nahrung, hauptsächlich Reis, bei Geschäftleuten und Privatpersonen zu erbetteln. Eine Frau kniet sich dreimal vor dem Abt auf den Boden und legt ein Büschel Bananen vor ihm nieder. Ich mache eine bescheidene Spende, er bittet mich, sie zu den Früchten zu legen, aber meine Visitenkarte darf ich ihm in die Hand geben. «*You are lucky*», ist sein Kommentar, als er Nathalies Bild entdeckt.

Buddha besuchte das Zentrum Birmas. Er soll vorausgesagt haben, dass zum 2.400sten Jahrestag seines Todes zu Füßen des Mandalay eine Stadt erbaut würde, um als Zentrum buddhistischer Lehre zu dienen. König Mindon erfüllte diese Prophezeiung. Thibaw, sein Nachfolger, ließ 72 Mitglieder seiner eigenen Familie ermorden, um seine Macht zu festigen. Später, bei der Annexion von Burma durch die Engländer im Jahre 1885, wurde er nach Indien ins Exil geschickt. Heute fordert am Eingang des neuerbauten Königspalasts eine Banderole, frei nach Orwells «1984» auf: «Tatmadaw (birmanische Armee) und birmanisches Volk, schließt euch zusammen und vernichtet alle, die der Union (von Myanmar) Schaden zufügen» … Der königlichen Tradition folgend, baut jede neue Dynastie eine neue Hauptstadt. Die Junta baut seit 2005 an der Stadt Naypyidaw, der «Königlichen Stadt», die einem Verteidigungslager gleicht, denn – so die machthabenden Generäle – «ein amerikanischer Angriff steht unmittelbar bevor»

Kurz vor meiner Ankunft in Mandalay erfahre ich vom Wirbelsturm Nargis. Als ich Freunden eine Nachricht schicken will, werde ich in allen Cyber-Cafes abgewiesen. Die Antenne des einzigen Servers im Land, in der Nähe von Rangun, sei vom Sturm zerstört worden ... Natürlich denke ich sofort an die Zensur, aber als ich in Mandalay ankomme, werden meine Vermutungen von den Augenzeugenberichten der wenigen Touristen widerlegt, die, noch unter dem Schock, aus Rangun kommen. Sie haben miterlebt, wie Teile der Stadt völlig zerstört wurden und sahen sich schon unter den Trümmern ihrer Hotels begraben. Die Regierung gab die Information absichtlich verspätet frei und bagatellisierte die Schäden. Durch ihre kriminelle Haltung wurde wissentlich die Ankunft der ersten Hilfe verzögert, was die Anzahl der Opfer beträchtlich erhöhte. Aus Angst vor den Journalisten wurde den Überlebenden die internationale Hilfe vorenthalten.

In den Straßen des historischen Mandalay, mit Recht auch *The Bicycle Cit* genannt, befördern Fahrräder mindestens drei Personen, Motorräder dagegen drei bis fünf. Die Pedalierer der Dreiradrikscha *trishaw* ruhen sich im Schatten riesiger Bäume aus, dösen in der unerträglichen staubigen Hitze auf ihren Fahrzeugen und warten auf Kundschaft. Man zählt hier 13.000 dieser Fahrzeuge, die alle in einem knappen Dutzend von Familienbetrieben gebaut werden, die schon seit den vierziger Jahren diesem Gewerbe nachgehen. Außerdem gibt es hier wie in allen Städten Birmas, Fahrräder mit Beiwagen, *said-ka*, auf denen zwei Passagiere Rücken an Rücken sitzen. Laut Georges Orwell ist Mandalay die Stadt der Ps: Der Pagoden, Parias, Priester und Prostituierten ... und Pedalierer, füge ich hinzu!

Wie die Chinesen dürfen Birmaner keine Ausländer bei sich beherbergen. Aber zum Essen werde ich oft eingeladen. Vor einem Teller Suppe mit Tamarindenblättern erzählt mir in Pagan ein Schneider mit tätowierten Armen folgende Geschichte: «Ein alter Mönch und ein junges Mönchlein stehen da und ein Büffel, von der Farbe ihrer Gewänder erregt, geht auf sie los. Der alte entscheidet sich für die Gewaltlosigkeit, aber dem Büffel ist das egal. Erst als der junge einen Stein wirft, ergreift der Büffel die Flucht.» Schlussfolgerung. «Wenn dich dein Feind mit einer Waffe angreift, nimm die gleiche Waffe, um dich zu verteidigen!»

Frauen im Sarong holen Heu mit Hilfe eines Tragjochs, ihre Holzsandalen klappern hell auf dem Asphalt. Männer klettern behend auf schmale Leitern, um den Saft der Zuckerpalme zu ernten, den sie anschließend kochen, um den Zucker herauszuziehen.

Die Bewohner der alten Stadt Pagan wurden von der Regierung zwangsumgesiedelt, um die reiche archäologische Fundstätte aus dem 11. bis. 13. Jahrhundert – mit über 2000 Stupas – zu einer Touristenattraktion zu machen. Eine T-Shirt-Verkäuferin bringt mich in der Kutsche – hier ein ganz gewöhnliches Verkehrsmittel – zu ihrem Haus. Ihr Dorf liegt am Irrawaddy, hat keinen Strom und die meisten Einwohner leben vom Fischfang. «Damals haben wir von der Regierung nur ein mickriges Stückchen Land als Entschädigung für unseren Besitz bekommen. Wir hatten kein Geld, mein Vater konnte sich keinen Arzt leisten. Damit mein Bruder weiterlernen kann, musste ich die Schule aufgeben. Am Monatsende müssen wir ausziehen, weil der Eigentümer das Haus verkauft, aber wir wissen nicht wohin.» Ihre Familie ist verschuldet wie viele andere. Vielleicht könnte ein Mikro-Kredit ihr Leben ändern? Ich fühle mich nicht wohl, als ich bei Kerzenlicht alleine esse, da ich weiß, dass ihre Mutter und ihre Brüder mich irgendwo aus dem Halbdunkel beobachten. Im Orient entsteht oft ein gewisses Schweigen, wo man nicht mehr wagt, sich in die Augen zu sehen. Die gemeinsame Sprache fehlt, es gibt nichts, was man sagen könnte.

Es wird dunkel. Ich gehe noch etwas trinken, und wie es der Zufall will, lerne ich Doktor Thar Phone Kyaw kennen, der genau gegenüber eine einfache Klinik hat. Die Fassade ist voll mit Plakaten über den Kampf gegen Malaria und Aids. Der Doktor nimmt sich kein Blatt vor den Mund und sagt klar seine Meinung über die Regierung: «Sie ist krank, sehr krank. Waffen statt Intelligenz, und große Taschen für das Geld!» Ich lasse mein Fahrrad in der Klinik, kaufe etwas Benzin und er fährt mich auf seinem Motorrad für die Nacht zum Berg Popa, einer heiligen Stätte, die, eine gute Stunde entfernt, für Ausländer erlaubt ist. Wie Meteoriten stehen Klöster und Stupas auf einem Felsen in über 1.500 m Höhe, als wären sie nicht von dieser Welt. Die Affen springen auf dem Wellblechdach über dem Pilgerweg umher und veranstalten einen höllischen Lärm. Am nächsten Morgen holt mich der junge Arzt wieder ab und lädt mich zum Kaffee ein. «Die schlimmsten Seuchen, die wir bekämpfen müssen», sagt er, «sind das Denguefieber, … und die Junta. Unsere Nachbarn machen alle wirtschaftliche Fortschritte, Thailand, Indien, China, Vietnam, nur wir sind bankrott und eines der zehn ärmsten Länder des Planeten.»

Auf dem Inlesee paddeln Fischer der Volksgruppe der Intha mit einer Hand und einem Fuß und klemmen das Ruder hinter die Ferse. Das ganze Leben spielt sich auf dem Wasser ab: Häuser auf Pfählen, schwimmende Tomatenpflanzen. Ich mache mich wieder auf den Weg in den Süden. Häufig begegne ich schweren Lkws mit Teakholzstämmen. Ich will Naypyidaw sehen, die mysteriöse neue Hauptstadt, die von den ausländischen Botschaften noch vor 2010 bezogen werden soll … eine totalitäre Utopie, die aber bald Wirklichkeit sein wird.

Wie ein Blinder fahre ich auf dem deformierten Asphalt der Nationalstraße Nr. 1, «der besten des Landes» durch die Nacht. Endlich zeichnet sich in der Ferne eine Straße ab, hell erleuchtet, mit zehn Fahrbahnen, groß genug, um als Landepiste für Überschallflugzeuge zu dienen. Schockierend in einem Land, wo nach der Dämmerung alles in absoluter Finsternis versinkt. Nur wer es sich leisten kann, überbrückt die ewigen Stromausfälle mit einem Generator. Kaum habe ich an der Kreuzung nach Naypyidaw angehalten, um einen Schluck zu trinken, da werde ich auch schon von einem argwöhnischen Polizisten in Zivil belästigt. «Nationalität? Zielort? Tourist?» Von jetzt an lässt mich die Polizei bis nach Rangun nicht mehr aus ihren Fängen, und das Ende meiner Myanmar-Reise wird ein harter Kampf. «In Burma gibt es nichts, was so wäre wie woanders», schrieb Kipling.

«Ich begleite Sie wegen Ihrer Sicherheit» sagt ein motorradfahrender Polizist, der mich zu meinem Hotel bringt. Dort angekommen, gibt man mir zu verstehen, es sei «für Ausländer nicht komfortabel genug», oder «leider belegt». In Wirklichkeit ist es Ausländern verschlossen. Habe ich mir doch gedacht! Ich sehe mich zurückversetzt nach China, vor 12 Jahren, wo ein Ausländer in erster Linie ein Problem war, das man so schnell wie möglich loswerden musste. Erschöpft setze ich mich zum Essen in die nächste Wirtschaft. Drei junge Polizisten nehmen am Tisch gegenüber Platz und verlangen meinen Pass. Sie ziehen ihr Heft heraus und schreiben angestrengt, wie gewissenhafte Schüler, die Mühe haben, die fremde Sprache zu entziffern, voller Angst, auch nur den geringsten Fehler zu machen. Dann begleiten sie mich zum Polizeiposten von Pyinmana, wo offenbar alle Beschränkten der Gegend versammelt sind. Ihr Chef hält mir ein Schulheft vor die Nase und bittet mich freundlich: «Würden sie so gut sein und Ihren Namen und Ihre Adresse in meine Ausländersammlung schreiben?» Eine Frau stillt ihr Kind. Ich habe nur einen Wunsch: Schlafen. Schlafen wie der Polizist, der sich mit der Mütze auf dem Gesicht der ganzen Länge nach auf einer Bank ausgestreckt hat. An manchen Tagen hat man wirklich nichts von der Radelei, nichts als Ärger. Meine Wut wächst, bis ich plötzlich die Beherrschung verliere. Ich gifte die Mannschaft an, drohe, einfach zu verschwinden. Worauf sich ihr Boss mit aller Gewalt zurückhält, um ja sein Gesicht nicht zu verlieren, und nur noch zwei Worte findet: «*Go away*». Gesagt, getan. Aber ich hatte nicht mit seiner Sturheit gerechnet. Wovor sie Angst haben, weiß ich nicht, aber jetzt verfolgen mich die professionellen Beschatter auf Distanz, ausgerüstet mit dem unentbehrlichen Instrumentarium ihres Berufs: Motorrad, Uhr, Notizbuch und Walkie-Talkie. Einer wagt es noch, sich mir zu nähern. «Wohin gehen Sie?» «Keine Ahnung». Ein businessman taucht aus der Dunkelheit auf. Offensichtlich mit der Polizei auf gutem Fuß, legt er ein Wort für mich ein. Zu guter Letzt bietet er mir an, in seinem Transportunternehmen zu übernachten. Ich kann mir an einer Wasserpumpe den Staub vom Leib spülen und auf der Hinterbank eines Lasters ausschlafen. Nach diesem Marathon … Aber nein, um ein Uhr früh erscheint der Polizeichef schon wieder. Ich werde geblendet. Drei Lampen werden gleichzeitig auf mich gerichtet, als wäre ich ein Dieb, den man in flagranti erwischt hat. Der Inspektor macht sich wichtig und wird nicht müde, mit meinen Pass in der Luft herumzufuchteln. Was das soll … «Zehn Polizisten gegen einen Radfahrer, haben Sie so Angst vor mir?» Jetzt bin ich die Ruhe selbst, im Schlaf ist auch das letzte Restchen Wut verraucht. Am Ende lassen sie mich in Frieden und verlassen den Ort, echt asiatisch, ohne ein Wort … die Verlegenheit des Inspektors verliert sich auf wundersame Weise in der stillen Nacht.

Unermüdlich wechseln die Polizisten einander ab und begleiten mich auf dem Motorrad, als ob ein einfacher Radfahrer in der Lage wäre, eine Diktatur zu stürzen. Wenn ich es könnte, käme ich mir wenigstens nützlich vor! Jedes Mal wiederholt sich das gleiche Szenario: Sobald ich absteige, um Kaffee zu trinken, zu essen, oder unter einem Baum Siesta zu machen, halten sie. Manche versuchen sogar, unbemerkt zu bleiben. Aber ich erkenne sie sofort an der Walkie-talkie Antenne, die über ihren *longyi* hinaussteht; nicht umsonst ist hier das Land, wo es so viele Spione wie Pagoden gibt. In der nächtlichen Finsternis gelingt es mir zuweilen, sie trotz ihrer Wachsamkeit für kurze Zeit hinters Licht zu führen. Eines Abends, als mein Moskitonetz bereits an einer Stupa aufgehängt ist, höre ich Motorradgeräusch. Der Chef der örtlichen Fremdenpolizei. «*May I help you*?» fragt er höflich. Eine Frage, über die viele Witze gerissen werden, sie ist nämlich sinnigerweise an jeder Polizeistation zu lesen. «*May I help you*» … «Ja, lassen Sie mich hier schlafen.» «Das ist zu gefährlich!» «Einen sichereren Ort gibt es auf der ganzen Welt nicht! Buddha ist meine Zuflucht!» «Sie sind Buddhist?» sagt er, sichtlich berührt von dieser unerwarteten Antwort, und verschwindet unauffällig. Andere Male geschieht es, dass ich aus dem Kloster weg muss, weil der Abt gehalten ist, die Polizei zu informieren, worauf ich mit dem Auto in das Hotel einer größeren Stadt verfrachtet werde, immer mit einem Lächeln, aber mit eiserner Bestimmtheit.

Das Verhältnis der Birmaner zur Militärjunta, die seit 1962 regiert, hat sich von der Wut zum Hass gesteigert, ihre buddhistische Religion der Toleranz hindert sie allerdings daran, in irgendeiner Form Gewalt anzuwenden, und gibt ihnen Trost. «Die Welt ist Vergänglichkeit» – eines Tages wird die Armee nicht mehr an der Macht sein. Der Mensch ist vergänglich!

Von den – gefälschten – Ergebnissen des Referendums größenwahnsinnig geworden, verweigern die Generäle jegliche humanitäre Hilfe aus dem Ausland und morden ihr eigenes Volk. Menschlich und wirtschaftlich herrscht unbeschreibliches Chaos. Die Birmaner erwarteten keine Hilfe von der Regierung und haben für die Opfer des Wirbelsturms selbst Konvois organisiert, um der betroffenen Bevölkerung privat Hilfe zu leisten. Was natürlich durch die Aufstellung zahlloser Kontrollposten zuerst aufgehalten, und dann einfach verboten wurde. Niemand glaubt es, wenn das offizielle englischsprachige Blatt *New Light of Myanmar* die mörderischen Generäle zu großzügigen Spendern und Beschützern der Nation macht.

30 Kilometer nördlich von Rangun sieht man die ersten Spuren des Wirbelsturms Nargis vom 2. und 3. Mai 2007: Entwurzelte oder zerschmetterte Bäume, umgefallenen Strommasten. Am Ende einer Straße hält mich ein Soldat der *Anti-terrorism taskforce* energisch an. Ohne es zu ahnen, steuerte ich geradewegs auf das Haus von Aung San Suu Kyi zu! Die birmanische Oppositionsführerin wurde am 24. Mai zu einem weiteren Jahr Hausarrest verurteilt. Zwölf Jahre sind es schon, seit sie vor neunzehn Jahren aus freien Stücken in ihr Land zurückkehrte.

Durch die fehlende Straßenbeleuchtung, wirkt die Ex-Hauptstadt wie eine Provinzstadt, von den Machthabern verlassen und vom Wirbelsturm verwüstet. An der Stadtausfahrt stehen auf einem riesigen goldenen Portal die Worte: «*Towards a New Modern Developed Nation*», wie in Orwells visionärem Roman 1984. Ein Birmane drückt es so aus: Die Generäle haben die Sterne alle für ihre Schultern vom Himmel heruntergeholt.

Die zerstörerische Politik der Generäle führt nirgends hin. Von Mao bis Ho-Chi-Minh haben die Diktaturen Millionen Menschen umgebracht. Unvorhersehbar und undurchsichtig wie ein Monsunregen könnte das Regime seine unüberlegte Haltung damit büßen, dass es eines Tages, wie Tibet, von China einfach annektiert wird. Schon Napoleon sagte – und meinte damit China: «Man muss aufpassen, der Drache wacht auf.»

Da mich das birmanische Gesetz leider verpflichtet, das Land auf dem Luftweg zu verlassen, entschließe ich mich, in den Norden Thailands, nach Chiang Mai zu fliegen.

In letzter Zeit sind mir viele üble Ereignisse begegnet: Unruhen in Lhasa, Wirbelsturm Nargis in Myanmar, Erdbeben in Szetschuan. Jetzt fliege ich aus Rangun ab und lasse ein sensibles buddhistisches Land hinter mir, das man gern haben muss und das leider in Unfreiheit lebt. Ich entferne mich auch vom traditionellen Asien, das durch die moderne Entwicklung immer mehr verschwindet. Der Astrologe des starken Mannes im Land, Than Shwe, hat eine interessante Prophezeiung gemacht: «Wenn der weise Mann im Delta ankommt, ist es mit der Diktatur zu Ende.» Ich frage mich, ob er bei diesen Worten auch daran gedacht hat, dass sich die Kultur seines Landes verändern wird.

Ohne jeden Übergang lande ich in Thailand, wo schamlos alles zubetoniert wird. Ich komme mir vor wie auf einem anderen Planeten.

Letzte Kurven

Vergesst nicht, bei jedem Schritt der Reise voll dabei zu sein, in jedem einzelnen Moment. Eine Abkürzung gibt es nicht.

Steve DeMasco

In der tropischen Feuchtigkeit glänzt die Stadt Chiang Mai wie ein Diamant, strahlt mit tausend Lichtern. Ich gehe ziellos durch die Straßen. Der Zerrspiegel des Opportunismus zeigt mir das Bild einer Welt, die entstellt ist durch Gemeinheit, Lüge und Übertreibung. Auf dem Trottoir begegne ich Männern aus dem Westen, mein Alter, oft mit Bauch, am Arm bildschöner Thaimädchen, die knapp der Pubertät entwachsen sind. Ein stillschweigender Vertrag zwischen Reich und Arm: Geld gegen Sex. Ein Strom nagelneuer Quatros fließt vorbei, an jeder Ecke hat ein kleiner *7-Eleven* aufgemacht, der alles hat, was der Mensch braucht, und nach amerikanischem Vorbild 24 Stunden geöffnet ist. Und Bars ohne Ende! Die jungen Frauen sitzen in superknappen Shorts auf hohen Hockern und ziehen mir mit schmachtenden Blicken die Kleider vom Leib. «*Boyfriend*» rufen sie aufdringlich, «*Boyfriend!*» Als ob sich das frühere Königreich Siam den harten Gesetzen des Kommerz ebenso pragmatisch beugte wie China, nur auf andere Weise, und als einzige Ware dem Tourismus Strände und Sex anzubieten hätte. Ich durchfahre Thailand in wenigen Tagen und das Land lässt mir nur verschwommene Bilder in der Erinnerung zurück. An der Grenze fragt mich ein Thai: «Wo gehst du hin?» «Nach Laos.» «Shopping?» fragt er.

Einfach verrückt, wie uns das Flugzeug in wenigen Stunden von einer Realität in eine andere katapultiert, ähnlich wie eine Zeitung, die den Leser ja auch in andere Welten versetzt. Sobald ich aus dem Flugzeug steige, scheint der Wirbelsturm unendlich weit weg, neue Bilder stürmen auf mich ein. Ab jetzt bewege ich mich auf den ausgetretenen Pfaden Südostasiens, wo sich die Globetrotter von heute vergnügen, alle mit dem gleichen Reiseführer in der Hand. Der Weg ist ausgeschildert, vorgekaut, ohne Reiz. Wie geplant, kaufe ich für Anfang Sommer eine Flugkarte nach Genf. Ich bin gewohnt, auf meinem Yak ohne festes Datum zu Hause einzutrudeln, doch jetzt nimmt die Reise eine Wendung, die nicht rückgängig zu machen ist und gibt mir das Gefühl, dass etwas fehlt. Die Zeit fängt plötzlich an zu rasen. Bin ich überhaupt noch Herr der Sache? Ich muss die Tage zählen, die Strecken planen. Ich beschließe, Laos zu besuchen und, wenn es die Zeit erlaubt, auch Kambodscha, um dann Bangkok anzusteuern. Nach Tibet und China scheinen mir diese Länder, die ich jetzt – zwar ein wenig schnell – durchquere, winzig. Die Regenzeit beginnt, eine wenig erfreuliche Perspektive.

Ein gewaltiger Wind lässt die ganze Erde erzittern und schüttelt die Blätter der Bananenstauden gleich einem Meer von Elefantenohren. Wie eine Welle läuft er über die Maisfelder. Ich fahre durch dichten Wald. Was für eine Wohltat, endlich kann ich aufatmen! Die Wildnis hat mir gefehlt in der Künstlichkeit der Städte. Blitze zucken über den Himmel. Ein Monsungewitter entlädt sich in seiner unerschütterlichen gewaltigen Polyphonie. Das Wasser rinnt von den Blechdächern, lässt den Spiegel der überfluteten Reisfelder erzittern. Hinter dem Regenvorhang Lebensmittelgeschäfte, ländlicher Wohlstand, hochzylindrige Limousinen auf gefliesten Vorplätzen.

Es schüttet, was es kann, der Regen erfüllt mich mit seiner Kraft, durchnässt mich bis auf die Haut, doch jubilierend trete ich in die Pedale, bis ich am Ufer des Mekong stehe, an der Grenze zu Laos.

Der Mekong entspringt in Osttibet und ist über 4.300 km lang. Er durchfließt die Südchinesische Provinz Jünnan, ist Grenzfluss zwischen Thailand und Laos, durchquert Kambodscha, um sich mit seinen tausend Armen in Südvietnam ins Südchinesische Meer zu ergießen. Etwa 70 Millionen Menschen wohnen an diesem Strom. Im 19. Jahrhundert meinten die Franzosen, er könnte für den Handelsverkehr mit China genutzt werden. Doch durch die Expedition von Doudard de Lagree und Francis Garnier 1866–67 erwies sich das Gegenteil: Schon in Südlaos machen zahlreiche Stromschnellen jede Schifffahrt unmöglich.

Ein Wunder ist geschehen! Kaum in Laos eingereist, bin ich schon Millionär, dabei habe ich nicht mehr als 120 Schweizer Franken gewechselt!

Der Straßenverkehr, mit Ausnahme der «Familienmotorräder», ist praktisch null. Die Häuser sind aus Holz und stehen auf Pfählen. Aus jeder Ecke kommt ein Dreikäsehoch hervor geschossen. «*Sabaidi*» (Guten Tag) ruft er fröhlich und strahlt dabei übers ganze Gesicht. Mein Tag besteht jetzt darin, «*Sabaidi*» zu antworten, mehrere Hundertmal, «*Sabaidi, Sabaidi!*» rechts, links, all den kleinen Knirpsen, die an der Straße auftauchen. Ein Dorf durchfahren ist nichts als ein einziges freudiges «*Sabaidi!*» Die finstersten Gedanken nehmen da Reißaus!

Die Menschen in Laos sind ebenso liebenswert wie ihre Ananas süß. Wie Königinnen regieren die Frauen ihre kleinen fahrbaren Essbuden, schneiden mit anmutigen Bewegungen die Baguette entzwei, um sie großzügig mit Mayonnaise, Pate, Fleisch und Salat zu belegen – meine einzige Mahlzeit, die ich zu jeder Tages- und Nachtzeit einnehme… und die mir herrlich schmeckt.

Justin, der kanadische Tourist, der in Lhasa von sich reden machte, weil mit großem Wagemut einem Chinesen das Leben rettete, wurde im Lauf der Zeit mein Freund. In Tibet hatte er mir vorgeschlagen, mit ihm gemeinsam den Noji Kangsang (7.191 Meter) zu besteigen, ein Abenteuer, auf das ich mich aber nicht einlassen wollte. Er versuchte den Aufstieg auf dem üblichen Weg im Alleingang und ohne echte Erfahrung, mit dem Ziel, sich 2009 ebenfalls alleine an den Everest zu wagen. Aber nachdem er den Gipfel erreicht hatte, brach ein furchtbarer Sturm los. Er verirrte sich, stieg auf einer ihm unbekannten Seite hinunter und war gezwungen, die Nacht in einer Felsspalte in Höhe von 6.800 Metern zu verbringen. Am frühen Morgen hatte sich der Wind gelegt, aber seine beiden Füße waren zu gefühllosen Klumpen erstarrt. Mit unmenschlichen Anstrengungen gelang es ihm, das Militärkrankenhaus von Lhasa zu erreichen. Seine Zehen sind von den Erfrierungen dritten Grades immer noch schwarz.

Justin empfängt mich in einem riesigen Teakholzhaus, das er in Vientiane am Mekong gemietet hat – ein Traum für einen Schriftsteller. Ein eigenartiges Gefühl, Justin in diesem Zustand in den Tropen wiederzusehen, bei der Erholung von seinen Abenteuern im Eis. Aber er bleibt dabei, er will immer noch auf den Everest, obwohl die Kälte seinen Füßen so zugesetzt hat. Misstrauisch zeigt er mir eine Depesche der offiziellen chinesischen Agentur Xinhua, in welcher der gerettete Chinese von Lhasa einen Aufruf ergehen lässt, um seinen unbekannten Retter zu finden «Ich will auf keinen Fall, dass sie mich für ihre Zwecke missbrauchen!» Damit meint er die chinesischen Medien, in die er kein Vertrauen hat. Nach acht Jahren in der Finanz hat Justin alles sausen lassen, um ein «freieres natürlicheres Leben zu führen», lebt aber paradoxerweise von Börseninvestitionen, … das heißt, der Computer ist immer dabei! Vor ein paar Monaten dachte er daran, in Lhasa ein Cafe aufzumachen, «nur so zum Spaß».

Ich genieße einige Tage der Ruhe in seinem weiträumigen «Palast» und bereite mich seelisch auf die Rückkehr in die Schweiz vor – in einigen Monaten ist es soweit! Obwohl ich zum dritten Mal von einer langen Fahrt zurückkomme, macht mir die Landung unheimlich Angst, denn die insgesamt fünfzehn Jahre auf Achse haben mir das Vagabundendasein zur zweiten Natur werden lassen. Ich verlasse Justin mit prallen Reifen Richtung Süden und trete nonstop – mein Visum läuft bald aus – bis zur kambodschanischen Grenze. Schnurgerade liegt die Route vor mir in der Sonne, wie ein endloses glänzendes Band. Wie viele Stunden saß ich schon im Sattel, einfach nur, um durch herrliche Landschaften zu radeln oder jemandem Netten zu begegnen.

In den Stunden der größten Hitze sieht man die Frauen neben dem Webstuhl ausruhen und das Jüngste schaukeln. Sie sitzen im Schatten ihrer Holzhäuser, die wie zu Urzeiten auf Pfählen stehen, denen aber die Satellitenantenne nicht fehlt. Die Männer haben sich in der Hängematte ausgestreckt. Das ganze Land döst und hat sich vor der Welt zurückgezogen, momentan für jeden äußeren Einfluss unempfänglich. Am Abend sitzt die Familie zu Hause am Bildschirm vor einer Serie aus Thailand. Die Welt aus künstlichen Bildern und Tönen erreicht und anästhesiert unerbittlich auch die entlegensten Winkel des Planeten. Fortschritt nennt man das…

Das kleine Land mit seiner heiteren Gelassenheit ist ständig den konkurrierenden Einflüssen seiner mächtigen Nachbarn ausgesetzt. Thailand und Vietnam wollen ihm ihre Produkte verkaufen, China baut seine Infrastrukturen. In den Außenbezirken von Vientiane ist der gigantische Nachbar dabei, «unentgeltlich», im Namen der sakrosankten «Freundschaft zwischen den Völkern», Sportanlagen für die 25. Südostasienspiele im Dezember 2009 (*SEA Games*) zu errichten. Als Gegenleistung verlangt China vor den Toren von Vientiane ein *Chinatown* für 10.000 Familien. Letztes Jahr asphaltierte China die Straße zur thailändischen Grenze, wodurch es auf dem Landweg Zugang zu Thailand bekommt. Und China wird demnächst ein Mobilfunknetz installieren! China leiht auch den Bauern Geld, damit sie Kautschukbäume pflanzen, und verspricht ihnen in der Zukunft aufregende Gewinne, obwohl die Kurse für Naturkautschuk bereits zurückgehen. Aber China schreckt vor nichts zurück. Es investiert selbst da, wo es keiner wagt, auch nicht die Weltbank!

Laos hat leider auch den traurigen Rekord des Landes, das, seit es Bomben gibt, die höchste Anzahl pro Einwohner abbekommen hat. In einem geheimen Krieg, der bis Ende 1971 von der CIA geführt wurde und die Nachschubwege Südvietnams über den Ho Chi Minh Pfad abschneiden sollte, diente Laos heimlich als Flugzeugbasis für die Maschinen, die insgesamt 280 Millionen Bomben abwarfen. Jede einzelne enthielt mehr als 600 Fragmentierungsminibomben, von denen ein Drittel nicht explodierte und noch immer neue Opfer fordert, meist Kinder, die das wertvolle Metall sammeln, aus dem die Geschosse hergestellt sind, um das Kilo für 2.000 *kips* (ca. 15 Cent) zu verkaufen.

Der Tourismus nimmt zu und verändert das «Land mit einer Million von Elefanten» von Grund auf. Seit etwas mehr als zehn Jahren gibt es überall Wasser in Flaschen und Internetzugang. Das hat, hier wie anderswo, zu einem neuen Verhältnis zu Gesundheit, Zeit und Raum geführt.

In Veng Viang zum Beispiel ist durch den Tourismus ein neuer Sport entstanden, das «*tubbing*»: Man lässt ich auf Lkw-Schläuchen auf dem Fluss dahintreiben. Zuweilen rühmen sich die Cafes mit einem Schild *«Recommended by Lonely Planet»*, dem Reiseführer, der inzwischen die Globetrotterbibel schlechthin geworden ist. Ein paar Backpackers, kleben, auf ein Kissen zusammengesunken, vor der lausigen amerikanischen Serie *Friends*, die in allen touristischen Restaurants aus der Röhre kommt. Sobald es Nacht wird, sitzen die modernen Asienreisenden am Holzfeuer und machen High Life. Die Hütten wurden eigens für sie eingerichtet und mit allen Schikanen ausgestattet. Westliche Frauen stolzieren in Abendroben aufgedonnert umher, oder im Badeanzug, in einem Land, das wie ganz Asien traditionell jede Zurschaustellung ablehnt. Techno, dazu Bier in Strömen, dann ist die Welt in Ordnung. Hedonismus ist einzige Lebensphilosophie, die innere Welt Notstandsgebiet, Neugierde nicht vorhanden, auf diese Weise kann man, «Südostasien machen» ohne sich zu fremd zu fühlen ... Den Freunden erzählt man bei der Rückkehr: «Laos? Ich sage dir, exotisch ...» Touristische Ghettos dieser Art verbreiten sich epidemieartig über den ganzen Planeten. Reisen, seiner Substanz beraubt, wird reiner Konsum. Was ich da sehe, ist ein nicht sehr erfreulicher Spiegel des Westens, wo ich mich fehl am Platze fühle. Ich fahre lieber weiter. Wie der Philosoph (und Amateurradler) Peter Sloterdijk schreibt: «Für mich ist das Rad ein Schritt zurück in die Epoche der Jäger, wo der Mensch den ganzen Tag durch die Savanne streift und unaufhörlich berauscht ist von seiner Anstrengung.

In Südlaos fahre ich zusammen mit einem jungen Amerikaner Richtung kambodschanische Grenze. Seine angenehme Gesellschaft lässt die Monotonie der kurven- und hügellosen Straße leichter ertragen. David hat die letzten Jahre auf den Philippinen für das *Peace Corps* (amerikanische ONG) Englisch unterrichtet und in einer einfachen Hütte gelebt. Jetzt macht er Ferien und gönnt sich eine kleine Radtour vom Norden Vietnams bis nach Bangkok.

Die leere Straße scheint nirgendwo hinzuführen, und schon gar nicht in ein anderes Land. Die Markierungssteine sind zwar frisch gestrichen, aber Entfernungen stehen nicht drauf. Keine Fahne, kein Schlagbaum, kein Schild. Laos scheint wenig Selbstbewusstsein zu haben, wenig darauf aus zu sein, sich in der internationalen Welt durchzusetzen, entschuldigt sich beinahe für sein Dasein ... Es gibt eine Redensart, die die Mentalitäten der Völker des früheren Indochina etwas überspitzt beschreibt «Die Vietnamesen pflanzen Reis, die Kambodschaner schauen zu, wie er wächst, und die Laoten hören ihn wachsen.«

Wir kommen zum Zoll. Ein einfaches Hüttchen, weiter nichts. Der Beamte verlangt von uns illegalerweise 10.000 kips (etwas weniger als einen Euro), um den Ausreisestempel in unseren Pass zu drücken. Trotz der lächerlich kleinen Summe weigere ich mich entschieden. Wir haben Zeit und demonstrieren unsere Entschlossenheit, indem wir vor dem Schalter stur stehen bleiben. Der Mann mit dem Stempel zwingt sich aus Verlegenheit zu einem Lächeln, gibt aber schließlich auf. Dass wir so stur sind, damit hat er nicht gerechnet. Er lächelt weiter, aber jetzt, um die ungewohnte Niederlage zu verbergen.

Oft geht der Ruf einer Person oder einem Land voraus, bevor man sie überhaupt kennengelernt hat … Kambodscha ist keine Ausnahme. Die Korruption gehört tatsächlich hier zur Tagesordnung und es scheint nur ein Gesetz zu geben, das da heißt: Dollar. Mit dem Grenzer entwickelt sich sofort ein Dialog wie zwischen Schwerhörigen: «*How Much?*» «*21 dollars.*» «*No, 20!*» «*No, 21*!». Der Zöllner ist unbeugsam. Pedantisch genau stellt er Quittungen aus, mit der unschuldigsten Miene der Welt, gewohnt, dass die «lieben» Touristen ihm den Willen tun, und die Sache meistens gar nicht durchschauen. Die Visumsgebühren sind nirgends an der Wand angeschlagen. Der Stoß ausländischer Pässe (an die dreißig) bringt ihm in Rekordzeit das hübsche Sümmchen von 30 Dollar ein, ebensoviel wie er monatlich verdient … Innerlich koche ich wie ein Vulkan, aber ich beherrsche mich eisern, genau wie er. Schließlich überlassen wir ihm unsere Pässe, dazu 21 Dollar pro Nase für ein Visum von einem Monat. Er ergreift meinen Pass, klebt das Visum hinein, und reicht ihn mir träge hin, ohne mich eines Blickes zu würdigen. Aber er lässt die Scheine liegen und arbeitet mechanisch weiter. Das ist ein Fehler! In meinem Pass entdecke ich sofort das Visum. Königreich Kambodscha. Gebühr 20 Dollar. Hier steht schwarz auf weiß. Der Schurke ist ertappt. Blitzschnell hole ich mir den Eindollarschein wieder und sause davon. Der Beamte ist verblüfft. Zu spät! Ich weiß, dass er es nicht wagt, mich zu verfolgen, er ist viel zu wütend, dass ich ihn durchschaut habe. … David hat natürlich nichts zu lachen, als er an die Reihe kommt. Der gute Mann ist geladen!

Die Partie ist allerdings für mich noch nicht gewonnen. Ich brauche noch den Einreisestempel nach Kambodscha. Als ich die Grenzer drei Mann hoch in ihrem Häuschen erblicke, weiß ich schon, was mir blüht. Einer drückt mit akribischer Exaktheit die drei für meine Einreise erforderlichen Stempel auf mein Visum, und verlangt einen Dollar. «Wofür?» «Für meine Arbeit», gibt er prompt zurück, und trommelt mit den Fingerspitzen auf dem Schreibtisch, um mir seine Ungeduld zu zeigen. Ich werde wütend, fest entschlossen, mich nicht reinlegen zu lassen. «Ihre Regierung zahlt Ihnen ein Gehalt für Ihre Tätigkeit. Passen Sie bloß auf, ich setze mich mit meiner Botschaft in Verbindung. Ich kenne die Gesetze des Landes. Sie haben nicht das geringste Recht, von mir Geld zu verlangen!» Die drei Faulenzer erbeben. Mein Pass wird mir augenblicklich ausgehändigt. Aus lauter Gerechtigkeitsgefühl empfehle ich ihnen, es ja nicht mit David zu versuchen, der neben mir steht. So bleibt auch ihm erspart, diese betrügerische Kommission zu zahlen. Endlich passieren wir die Zollschranke. Am ersten Kilometerstein mache ich eine Verschnaufpause; David lässt nicht lange auf sich warten. 40 Grad zeigt das Thermometer, aber in unserer Seele ist es noch viel heißer. Lächerlich, denke ich, so ein Theater, wegen einem Dollar … Und wie auf Verabredung brechen wir in schallendes Gelächter aus!

In Stung Treng, der ersten Stadt auf unserem Weg, ist Markt. Das bunte Leben mit viel Atmosphäre und rauchenden Abfallhäufen erinnern David an die Philippinen und mich an Indien. Wir fahren weiter bis Sandan. Um die Hauptachse zu vermeiden, zweigen wir auf eine Piste ab, deren Zustand zwar zu wünschen übrig lässt, dafür aber bis in die Höhe von Phnom Penh am Mekong entlangführt. Die Julihitze ist gewaltig. Der Staub klebt uns auf dem verschwitzten Körper.

Kambodscha hat viel erlebt: Von den Amerikanern während der Nixon-Kissinger Ära bombardiert, vom Pol Pot Regime (1975–79) traumatisiert und dezimiert, war es bis 1989 von der vietnamesischen Armee besetzt. Wie Laos steht es jetzt unter dem Einfluss seiner einflussreichen Nachbarn. Man kann nicht durch Kambodscha fahren, ohne seiner tragischen Geschichte nachzugehen.

Die roten Khmer trieben den Maoismus bis aufs Äußerste. Sie wollten den «neuen Menschen» schaffen und machten tabula rasa mit der Vergangenheit. Mehrere Jahre lang wussten die Kambodschaner nicht, wie die führenden Politiker mit Namen hießen. Die Spitze der Hierarchie wurde einzig durch die nebulöse *Angkar Lem* repräsentiert, die oberste Organisation, die über alles entschied. Ihre vier Leader, vorher armselige Studenten in Frankreich, erfanden neues Vokabular, schafften das Geld ab, verbrannten Bücher und verbannten jegliche Technologie aus dem Westen … Mit Ausnahme von Lkws und Schusswaffen.

Die Bauern, die vielfach nicht lesen und schreiben konnten, hatten plötzlich alle Rechte und hießen «Menschen der Basis» – im Gegensatz zu den Städtern, den «neuen Menschen», die als «geistig verdorben» galten, aus den Städten hinausgejagt und gezwungen wurden, auf dem Land zu arbeiten. Die radikalen Ideologen der roten Khmer behaupteten, intensiver Reisanbau und die Schaffung eines dichten Kanalnetzes könne die Grundbedürfnisse decken und jegliche Form von Wohlstand ermöglichen.

Traurige Wahrheit aber ist, dass Kambodscha außer den berühmten Tempeln von Angkor und einigen Stränden im Süden den Touristen heute noch eine Sehenswürdigkeit zu bieten hat: Seine entsetzlichen Folterkammern. Unter dem Geheimnamen S-21 war eine ehemalige Schule Ort der entsetzlichsten Greueltaten. Mit zugeschnürter Kehle betrete ich Räume, wo die Gefangenen, an den Füßen angekettet, nebeneinander auf dem nackten Boden liegen mussten. Jahrelang floss in diesem Gebäude das Blut der Opfer, hallten ihre Schreie. An den Wänden hängen Aufnahmen verstümmelter, zerstückelter Körper. Wie die Nazis photographierten die Henker auch hier systematisch die Gefangenen. Zu sehen sind Schwarzweißbilder, alle in einer Reihe, mit abgemagerten, angsterfüllten Gesichtern, der Blick leer und verloren. Es gibt keine Worte, um die Grausamkeit der Methoden, zu beschreiben, die hier eingesetzt wurden. Die Handgelenke auf dem Rücken festgebunden, wurden die Gefangenen mit Hilfe eines Seilzugs in die Luft gehoben, bis sie das Bewusstsein verloren, worauf man ihnen den Kopf in Jauche tauchte, damit sie schneller zu sich kamen. Säuglinge wurden ihren Müttern entrissen, vor ihren Augen in die Luft geworfen und mit Bajonetten aufgespießt. Auszug aus den zehn Regeln des Folterzentrums S-21: «Sie müssen meine Fragen sofort beantworten, ohne nachzudenken. Wenn Sie ausgepeitscht oder elektrokutiert werden, dürfen Sie keinen Laut von sich geben.» Zwischen 16.000 und 20.000 Personen – Männer, Frauen, Kinder und Greise – wurden hier gefoltert und getötet. Als die vietnamesischen Truppen ankamen, fanden sie in S-21 nur sieben Überlebende.

15 Kilometer von Phnom Penh entfernt haben die Kambodschaner eine Stupa errichtet, die mit den Schädeln der Gemordeten gefüllt ist. Von den furchtbaren Massengräbern, in die die Toten hineingeworfen wurden, sind nur noch Wassergräben zu sehen. Touristen wie Einheimische verharren in stiller Sammlung, die Kambodschaner gedenken ihrer Verwandten. Es gibt wohl kaum eine Familie, die hier nicht einen oder mehrere ihrer Angehörigen verloren hat. In fünf Jahren hat die Terrorherrschaft von Pol Pot ein bis zwei Millionen Kambodschaner umgebracht, ein Viertel der Bevölkerung…

Ich bereite mich auf meine letzte Tour vor, Bangkok ist mein Ziel. Zum ersten Mal liegen nicht mehr Tausende, sondern nur noch Hunderte von Kilometern vor mir. In Siem Reap bleibe ich einige Tage, um die herrlichen Tempel von Angkor (9. bis 15. Jahrhundert) anzuschauen. Bis jetzt wurde wenig restauriert, und trotz des großen Touristenstroms fühlt man sich inmitten der alten von Ficuswurzeln umwachsenen Steine in eine vergangene Welt versetzt, von der ein unsäglicher Zauber ausgeht. Gerne hätte ich einen passionierten Archäologen bei mir, der mich in diese Herrlichkeiten einweiht, damit ich sie gebührend würdigen kann!

Was mich in Kambodscha mehr berührt hat als Archäologie, ist die Tätigkeit von Doktor Beat Richner. Dieser Arzt ist einer der außergewöhnlichen Menschen, die durch ihre innere Bereitschaft die Welt in ihrer Umgebung entscheidend verändern

Sein unglaubliches Engagement beginnt 1990, als er hier seine Ferien verbringt. Er entdeckt ein Land in Blut und Tränen, traumatisiert vom Völkermord der Roten Khmer und von der vietnamesischen Besatzung und kehrt erschüttert nach Hause zurück. Ein Land, das von dreißig Jahren Krieg verwüstet wurde, das er schon kennengelernt hatte, als er 1974/75 als junger Arzt für das Rote Kreuz arbeitete. Als Beat Richner einem Freund in der Schweiz sagt, er wolle in Kambodscha ein Krankenhaus aufbauen, meint der, er sei übergeschnappt.

Heute, sechzehn Jahre später, will der Doktor nicht als Held gelten, er sieht sich eher als «Opfer seines Gewissens». Mit Leib und Seele widmet er sich den fünf Kinderspitälern, die er in Phnom Penh und Siem Reap geschaffen hat, und in denen 85 % aller pediatrischen Behandlungen des Landes erfolgen. Jeden Samstag wird aus Beat Beatocello – sein Künstlername – er gibt nämlich ein Gratis-Cellokonzert für Touristen, bei dem scharfe politische Stellungnahmen nicht fehlen. Jeder Heuchelei abhold, nimmt er die Gelegenheit wahr, um seinen hippokratischen Eid zu bekräftigen. Die Konzerte bringen seiner Stiftung alljährlich 5 Millionen Dollar ein. Er wirft einen nüchternen Blick auf das Land, in dem wahnsinnige Korruption herrscht, eine Geißel der Menschheit schlimmer als Tuberkulose, die häufigste Ursache der Kindersterblichkeit im Land. Die Parlamentswahlen stehen unmittelbar bevor. Dr. Richner spricht schnell, mit Nachdruck und Überzeugung. Er protestiert heftig gegen die internationalen Stellen und ihre Fachleute, die monstruöse Bürokratie, die das Geld der Steuerzahler verschwendet (Die Bedienstetengehälter verschlucken oft einen Großteil des Haushalts!). WHO, Unicef und World Vision wollen eine Medizin, «die mit dem Entwicklungsstand des Landes im Einklang steht». «Jedoch», kontert er, «wird dadurch nicht investiert in Untersuchungs- und Diagnoseeinrichtungen!» Die Organisationen, sagt er, sind für das Prinzip der Bezahlung für die Behandlung, «damit sich der Patient verantwortlich fühlt». «Das ist kriminell», empört er sich. Er hat bereits wegen passivem Mordes an kambodschanischen Kindern beim internationalen Gerichtshof in Den Haag gegen die WHO Klage eingereicht, womit er wohl keinen Erfolg haben wird, die giftigen Reaktionen der Angeklagten ausgenommen. Dr. Richner spricht auch von der Mittäterschaft der Schweizer Pharmaindustrie, die sich trotz enormer Gewinne weigert, ihm nennenswerte Rabatte zu gewähren.

Einige Tage später empfängt er mich in Jayavarman VII – seinem jüngsten Krankenhaus – nach dem König des Landes benannt, der sein Volk zum Buddhismus bekehrte. Ich bin beeindruckt von der Ruhe, die hier herrscht, von der Sauberkeit, bin erstaunt, dass die Mütter bei ihren Kindern bleiben, «für die kleinen Patienten ist das besonders wichtig», sagt Richner. Ein Ort des Friedens mit der Atmosphäre einer Pagode, im lauten Verkehr der *tuktuk*, Anhängertaxis, Motorräder, der genau so chaotisch ist wie die Politik in diesem leidgeprüften Land, wo 45 % der Bevölkerung jünger sind als 15 Jahre. Der Arzt führt mich durch seine Klinik, «die einem menschlichen Körper ähnelt», in der täglich zwischen 200 und 400 Kinder empfangen werden. Die einzelnen Trakte sind räumlich so verteilt, dass sich Bakterien möglichst wenig vermehren und verbreiten können. Die Pavillons sind rund, in der Mitte steht ein Tisch für Ärzte und Krankenschwestern. Die Betten der kleinen Patienten, die von ihrer Mutter begleitet werden, sind kreisförmig angeordnet. Durch die wohldurchdachte Raumaufteilung können sich Personal und Patienten immer sehen und hören. Das ist nicht nur beruhigend, sondern reduziert auch die Kosten für den Papierkrieg auf 5 % des Gesamtbudgets des Spitals. Die Untersuchung einer unabhängigen Stelle in mehr als 100 Ländern hat es bestätigt: Dr. Richners Krankenhäuser sind bei weitem die kostengünstigsten. So etwas hat es noch nie gegeben, doch die internationalen Gremien und das kambodschanische Gesundheitsministerium weigern sich, es anzuerkennen, und statt sich daran zu inspirieren, kritisieren sie. «Wenn der Gesundheitsminister von einem Projekt nicht 30 % des Gesamtbetrags kassieren kann, ist er automatisch dagegen!» Mit seinen 61 Jahren verbirgt Dr. Richner hinter seiner gutmütigen Art außergewöhnliche Spannkraft. Er ist unheimlich kreativ und – immer eilig – schafft er es, in Rekordzeit die größten Aufgaben zu bewältigen, unter Bedingungen, bei denen so mancher davonliefe. In seinem Logo hat er die Palme (Sicherheit), die Seerose (Liebe) und den Stern (Hoffnung). Sein Weg ist voller Hindernisse, für ihn ist der tägliche Kampf eine Selbstverständlichkeit und von denen, die für die Tragödien der Vergangenheit verantwortlich sind, fordert er das gleiche, was er selbst in seinem Alltag lebt: Wiedergutmachung, Gerechtigkeit und Frieden.

Nach einer Stunde verabschiedet er sich herzlich. Seine tägliche Ärzteversammlung wartet auf ihn.

Fast drei Jahre ziehe ich schon durch die Welt. Unter den Menschen, die ich nie vergessen werde, ist neben Dr. Beat Richner der sudanesische Rapper Abbas, der gegen den Krieg in seiner Heimat Darfur singt, Heinrich Harrer (Autor von «Sieben Jahre in Tibet, mein Leben am Hofe des Dalai Lama»), der Äthiopier Haile Gebrselassie, schnellster Langstreckenläufer aller Zeiten, und natürlich Tintin, der schon vor ihnen meine Träume beflügelte. «Alles Schöne und Gute, was der Mensch zustande brachte, ist das Werk seiner Träume», schrieb Bernard Moitessier.

Bangkok. Der Dschungel dieser Stadt kennt keine Bäume, Menschen wohnen hier mehr als in der ganzen Schweiz. Mein prähistorischer Yak tut auch in diesem gigantischen Teilchenbeschleuniger aus Stahl und Glas treu seine Pflicht. Sich mit dem Rad in das Monster hineinzuwagen, wo 2,5 Millionen Motorfahrzeuge die Straßen füllen, ist wahrscheinlich die unvorteilhafteste Art und Weise, die Stadt zu entdecken, aber auch die realistischste. Die Konfrontation mit diesem Ort, wo nur das Geld zählt, hat auf mich eine positive Auswirkung: Ich werde wieder mit beiden Beinen auf den Boden der Tatsachen gestellt, bevor ich nach Europa zurückfliege. Die Augen röten sich, die Kehle ist zugeschnürt, die verchromten Stoßstangen reflektieren die gleißenden Sonne. Von mehrstöckigen Autobahnzubringern gelangt man direkt in klimatisierte Supermärkte. In dieser Megalopolis gibt es nur Superlative, alles ist nagelneu, funktionell, zu wirklich.

Anders als bei vorherigen Reisen, wo ich bis nach Hause radelte, endet diese abrupter als sie begann. Am Morgen in den Tropen, mittags in der Wüste in Abu Dhabi, am Abend in Genf. Das Flugzeug hat etwas Unwiderrufliches an sich. Physisch bin ich in meiner Heimat angekommen, aber Geist und Seele sind noch unterwegs.

Epilog

Ich bin wie ein Rad
Rolle, rolle meinen Weg
Ich weiß, dass ich am Ende immer
Ankomme, immer zurückkomme
Ich bin alles, was ich erlebt habe
Und dazu noch meine Zweifel
Ich weiß, dass ich immer der gleiche bin
Wenn es am Ende eine Antwort gibt

Astor Piazzola

Der enge Weg am Ende der Welt

Die Straße ist unendlich, daher das herrliche Gefühl der Freiheit. Ich könnte ewig weiteradeln. Wenn ich den Fuß auf die Erde setze, verdichten sich alle Bilder der Reise in einem kurzen Moment: Drei Jahre und 35.000 Kilometer, ein kurzer Augenblick, ein kurzer Traum. Ein Traum, in Schweiß gebadet, vom Staub verkrustet, voller Freude, Zweifel und Kameradschaft...

Beim Nachhausekommen beginnt die Trauerzeit. Aber nicht nur die Reise will betrauert werden, auch meine Beziehung zu Nathalie. Unsere Geschichte ist zu Ende. Dazu die brutale Rückkehr, wie soll ich das verkraften? Ich kenne mich nicht mehr aus, wie ein Matrose oder ein Astronaut, der beim Aussteigen merkt, dass die innere Uhr abhanden gekommen ist. Plötzlich klammere ich mich krampfhaft an etwas, was ich gar nicht mehr praktiziere: Das Nomadenleben, dessen Rhythmus nur von der Bewegung der Pedale und von den Jahreszeiten bestimmt wird. Ich suche neue Energie, neue Inspiration, fühle mich aber zerrissen und allein mit meinen Erinnerungen – so vielen Orte und Personen, bei denen ich ein Stück von mir gelassen habe.

Bei der Ankunft scheint alles vorhersehbar: Die Welt schrumpft ein auf Briefkasten, Schlüssel und vier Wände. Zeit und Raum verdichten sich. Mir wird es zu eng, ich brauche Bewegung. Ich bin wie eine Lokomotive, die mit Volldampf gefahren ist und Zeit braucht, um anzuhalten.

Was zählt, ist der erste Tritt in die Pedale, der letzte allerdings fällt schwer ... *Ad aeternum* unterwegs? Ewig reisen? Ich weiß, keine Piste führt ans Ende meines Weges, aber trotzdem, ich liebe diesen Rausch!

Auch nach dieser Fahrt bin ich noch der gleiche, aber ich habe begriffen, dass ich gefühlsmäßig und kulturell Wurzeln habe, die etwas wichtiger sind als ich dachte.

Mein Dank gilt

Meinen Eltern für ihre unerschütterliche moralische Unterstützung, ganz besonders meiner Muter für ihre wertvolle Koordinierungsarbeit.
Nathalie Pellegrinelli, meiner Reisegefährtin, die mich durch ihre Gegenwart bereicherte, und die mich lehrte, das Leben mit anderen Augen zu sehen,
Ciro Annichiarico, meinem Reisegefährten im Sudan und in Äthiopien,
Bertrand Soulié, der freundlicherweise bereit war, diesen Band zu illustrieren.

Ganz herzlich danke ich Anke Namendorf und Pieter-Jan Rijpstra von Koga-Myata für die finanzielle Unterstützung und unsere schönen Fahrräder, Salomé Derrer, Estelle Rosa und Roberto d'Elia von DHL, Schweiz, für das Senden von Ersatzteilen in alle Welt, Jürg Buschor und Corina Buff von Salewa Suisse für das Zelt und die Sportkleidung, Kerstin Engl und Christoph Schleidt von Ortlieb für die widerstandsfähigen Fahrradtaschen und sonstige wasserdichte Taschen, Thomas Fiechter von Intercycle für die Fahrradkleidung und die Ersatzteile. Carsten Zahn von Bohle für die unverwüstlichen Schwalbe-Reifen, Silvia Tagliabule und Danielle Notaris von Newrocksport für Kleidungsstücke und Schuhe, Thorsten Altheide vom Verlag Reise Know-How für die Landkarten, Ruedi Thomas von Transa für das Outdoor Material, Velobüro für die unzerstörbaren Flaschenbefestigungen.

Ebenso danke ich Georges Blanc, dem Chefredakteur des Sportteils von *La Liberte,* für sein Vertrauen, Peter Eland von *Velo Vision Magazine* für seine Treue, Jules Belier, Catherine Frechet und Gilbert Pidoux von *Velo Romand*, Pete Mijnssen von *Velojournal*, Philippe Thevoz von *Panorama*, Frank Lorentz von *Air – The Magazine of Blue Wings,* Delphine Klopfenstein von *Pro Velo* Geneve.

Ein großes Dankeschön gilt Sylviane Janin, Monique Dupraz und Matthias Huber von Editions Olizane; sowie für die deutsche Ausgabe meiner Übersetzerin Irmengard Iwaya Nussbaumer und Maxi Kutschera vom MAXIME-Verlag – ohne die dieses Buch nicht zustande gekommen wäre.

Außerdem danke ich von ganzem Herzen allen, die uns halfen und auf unserem Weg ermutigten und so unsere Fahrt möglich machten.

WEB SITES

www.yaksite.org Claude Marthaler
www.baladavelo.net Christine Tavernier und Eric Estivalet
www.r4e.org Stephen McCutcheo

Inhaltsverzeichnis

Heinrich Horstmann
Meine Radreise um die Erde
Der Bericht des ersten deutschen Fahrradweltreisenden anno 1895

316 Seiten, Hardcover
15 Abbildungen
19,95 €
ISBN 978-3-931965-06-8

Ohne Geld um die Welt

Vor mehr als 100 Jahren ging Horstmann blutjung und mit nur 16 kg Gepäck auf Weltreise. Seine Aufzeichnungen, sind Abenteuerbericht und Zeitdokument zugleich. Horstmanns Energie und Lebenslust halten den Leser bis zur letzen Seite in Bann. Hans Erhard Lessings biographisches Nachwort rundet den ehrlichen und erfrischenden Bericht des Lebenskünstlers Horstmann ab.

Kürzlich aufgetaucht sind die Aufzeichnungen von Heinrich Horstmann, dem ersten Deutschen, der 1895 auf dem Fahrrad um die Welt fuhr. Nicht mal volljährig und gegen den Willen seiner Eltern schloss Horstmann eine notarielle Wette über 20.000 Mark ab: ohne einen Pfennnig starte er und käme doch vermögend wieder.

Am 2.Mai 1895 begann sein waghalsiges Unterfangen mit 16 Kilogramm Gepäck – in den amerikanischen Südstaaten kamen Colts, die ‚Winchester' und eine Machete hinzu … Ohne diese ‚peacemaker' hätten seine Eltern ihn bestimmt nicht wiedergesehen. Von seinem sensationellem Bericht, den er vor mehr als hundert Jahren selbst publizierte, ist allein ein Exemplar erhalten. Wieder aufgelegt und ergänzt durch biographische Angaben, Presseberichte und Fakten, die er selbst verschwieg, ist dieses Buch die Erfolgsstory eines aufgeweckten und wagemutigen Jugendlichen. Der Leser wird verstehen, warum dieser junge Mann es in seinem weiteren Leben noch bis zur Achtzylinder-Horch-Limousine mit Chauffeur brachte.

Peter Zheutlin
Mit dem Fahrrad um die Welt
Die außergewöhnliche Reise der
Annie Londonderry anno 1895

aus dem Englischen von Renate Franz
und Matthias Kielwein

276 Seiten, Hardcover
mit 15 farbigen Abbildungen
19,95 €
ISBN 978-3-931965-07-5

Die erste Frau, die per Fahrrad die Welt umrundet

Annie Londonderry war eine unverbesserliche Geschichtenerzählerin und eine meisterhafte Schöpferin ihres eigenen Mythos. Ihre Reise per Fahrrad um die Welt wurde so zu einem der unglaublichsten Kapitel in der Geschichte des Fahrradfahrens, und sie selbst damit eine der schillerndsten Persönlichkeiten des ausgehenden 19. Jahrhunderts.

Als jüdische Einwanderin und berufstätige Mutter beteiligte sie sich an „einer der ungewöhnlichsten Wetten, die je gemacht wurden“: Zwei Kaufleute hatten gewettet, dass eine Frau nicht fähig sei, die Welt auf einem Fahrrad zu umrunden.

Aus Annie Kopchovsky wurde Annie Londonderry, und eine Legende war geboren. So begann eines der größten Abenteuer und der größte Werbefeldzug des Viktorianischen Zeitalters. Als Annie im Juni 1894 Boston verließ – „Ich hatte keine Lust, mein Leben zu Hause zu verbringen, jedes Jahr mit einem neuen Baby unter der Schürze.“ – war sie eine kecke junge Frau mit einem etwa 42 Pfund schweren Fahrrad, einem Revolver, Unterwäsche zum Wechseln und einem Traum von Freiheit. Eine bezaubernde, wahre Geschichte über eine Frau die allen Widrigkeiten zum Trotz ihrem Leben einen neuen Sinn gab und die die viktorianischen Vorstellungen von Schicklichkeit über Bord warf.

Werner Aidn
Diamant
Fahrräder, Motorräder, Radsport

288 Seiten, Hardcover
über 1.000 meist farbige Abbildungen
59,80 €
ISBN 978-3-931965-25-9

Das Kultbuch zur Kultmarke

DIAMANT gehört zu den ältesten und traditionsreichsten Zweiradherstellern in Deutschland. Viele Modelle dieser innovativen Firma sind heute längst Kultobjekte geworden, so zum Beispiel das klassische Rennrad Modell 67 der Vorkriegszeit – oder auch das Modell 167, das legendäre Rennrad der DDR, mit dem Täve Schur seine Siege errang.
Mehr als 100 Jahre Zweiradgeschichte werden durch rund 1.000 Fotos, historische Abbildungen und Werbeplakate eindrucksvoll präsentiert.
Dieses Buch bietet einen kompletten Überblick über alle Bereiche und Modelle der Zweiradproduktion bei DIAMANT.
Ausgewählte Kataloge und eine komplette Modellübersicht mit spezifischen Detailbildern und technischen Daten sowie Steuerkopfschildern und einer Liste der Rahmennummern ermöglichen die Identifizierung und zeitliche Einordnung und machen dieses Buch somit zum Nachschlagewerk.
Neben der ausführlichen Behandlung der Fahrrad- und Motorradproduktion widmet sich ein großer Abschnitt auch dem Thema Radsport, denn schließlich hat dieser zu einem erheblichen Teil den Mythos der Marke geprägt.
Ein leidenschaftliches Buch nicht nur für Liebhaber historischer Fahrzeuge und technikgeschichtlich Interessierte – auch Fahrrad- und Motorradenthusiasten sowie Radsportbegeisterte werden voll auf ihre Kosten kommen.

Günter von Lonski
Gib Speiche, Alter!
Fahrradgeschichte(n) von den Anfängen bis heute

112 Seiten; Hardcover
33 Abbildungen
12,90 €
ISBN 978-3-931965-38-9

Spannend erzählte Fahrradgeschichte

Liebevoll illustriert enthält dieses Geschichtenbuch 13 authentische, unterhaltsame, lustige, dramatische, traurige oder spektakuläre Geschichten und vermittelt ganz nebenbei einen fundierten Überblick über die Fahrrad- und Radsportgeschichte. Eine spannende Reise durch die Jahrhunderte.

Inhalt:

Vor der Fahrradzeit: Jetzt geht's los!
1817 Karl Drais: Zwei Räder statt vier Hufe
1874 Eugène Meyer: Hochrad kommt vor dem Fall
1885 Clemens Seeber: Das rollende Fotoatelier
1894 Josef Fischer: Mein Rad hat schnellere Beine!
1895 Heinrich Horstmann, 1951 Heinz Helfgen: Mit dem Fahrrad um die Welt
1897 Amalie Rother: So fahren die Damen
1910 Eugène Christophe: Mailand – San Remo
1940 Albert Richter: Der Tod eines Weltmeisters
1975 Wolfgang Lötzsch: ... aber entschuldigt hat sich keiner!
1989 Laurent Fignon gegen Greg LeMond: Was sind schon 121 Meter
2006 Fahrradkuriere: Gib Speiche, Alter!!
Willis Wunsch: Nun macht mal voran!